Réception interne des GPA réalisées à l'étranger

Entre ordres étatiques et désordres juridiques

Droit privé et sciences criminelles

Collection dirigée par Yves Strickler

Créée fin 2011 par Yves Strickler et le Centre d'études et de recherches en droit privé (devenu le Centre d'études et de recherches en droit des procédures en 2013) de la Faculté de Droit et Science politique de Nice, la présente collection a pour vocation principale de publier des ouvrages en liaison avec le thème retenu pour dénomination de la collection. Cette dernière rassemble des recherches originales, tirées notamment de travaux de recherche, de manifestations scientifiques ainsi que d'ouvrages collectifs sur les interrogations actuelles que rencontre la science juridique, spécialement dans le domaine du droit privé et des sciences criminelles.

Dernières parutions

L'obligation de prêter. Contribution à l'étude des obligations du prêteur, Thomas Puech, nov. 2023, 356 pp
L'effacement des dettes (dir. P. Cagnoli et P.-M. Le Corre), janv. 2023, 324 pp
Résilience, rebond des TPE ET PME en difficulté. Faut-il sauver l'entreprise quoi qu'il en coûte ? Regards croisés Droit et Gestion (dir. A. Rivet et K. Lafaurie), janv. 2023, 274 pp
La nouvelle justice pénale des mineurs. (dir. P. Oudot et L. Sebag), oct. 2022, 132 pp
La gestion du risque pénal et de la conformité à 360° : de l'audit à l'audience, David Marais, Préf. J.-P. Raffarin, mars 2022, 168 pp.
La notion de promoteur immobilier, Delphine Pelet, janv. 2022, 720 pp.
Le divorce du XXIe siècle (dir. L. Antonini-Cochin et M.-C. Lasserre), janv. 2022, 102 pp.
JUSTICE ET LITTÉRATURE - Nos gloires littéraires et leurs juges. De Chateaubriand à Zola, Marcel Foulon, déc. 2021, 546 pp.
La responsabilité pénale du chef d'entreprise, Victoria Ligny, oct. 2021, 408 pp.
Émotion et sciences. Interactions (dir. Y. Strickler, J.-S. Bergé et M. Ortolani), oct. 2021, 271 pp.
L'action civile en droit pénal des affaires (dir. C. Ambroise-Castérot), août 2021, 140 pp
Les juridictions au cœur des interactions sociales. Approche franco-russe (dir. X. Latour et A.-S. Siew-Guillemin), avril 2021, 184 pp
Le renouveau du droit des obligations. Perspectives franco-japonaises (dir. G. Chantepie, M. Latina, A. Ohsawa), septembre 2020, 208 pp
Le droit et la science politique à l'épreuve des crises du XXIe siècle (dir. N. Monnerie et C. Ponzo), juillet 2020, 192 pp
Nouvelles procédures civiles, nouvelles pratiques professionnelles ? Bilan et perspectives (dir. N. Fricero et M.-C. Lasserre), juin 2020, 176 pp
Équilibre(s) et déséquilibres(s) en droit : regards croisés Droit et Gestion (dir. Anne-Sophie Siew-Guillemin, Alexandra Baile, Cédric Chapelle, Caroline Fabre), mai 2020, 260 pp
Les difficultés des petites entreprises : regards croisés Droit et Gestion (dir. Gulsen Yildirim et Alain Rivet.), mai 2020, 184 pp
Les sanctions de l'inexécution après la réforme du droit des contrats, Louise Bottin, mai 2020, 152 pp
Presse et procès pénal (dir. Ch. Courtin, F. Ghelfi et C. Porteron), févr. 2020, 280 pp
Université et prétoire, *Mélanges en l'honneur de Monsieur le Professeur Claude LIENHARD* (dir. I. Corpart, C. Lacroix et M.-F. Steinlé-Feuerbach), janvier 2020, 422 pp

Florian BOSMEL

Réception interne des GPA réalisées à l'étranger

Entre ordres étatiques et désordres juridiques

L'Harmattan

« L'université n'entend donner aucune approbation ou improbation aux propos tenus dans le présent mémoire. Ceux-ci sont propres à leur auteur. »

5-7, rue de l'École-Polytechnique, 75005 Paris
http://www.editions-harmattan.fr
ISBN : 978-2-336-45853-3
EAN : 9782336458533

REMERCIEMENTS

Effectuer un travail de recherche sur la thématique de la gestation pour autrui était un objectif depuis ma première année en Faculté de Droit et sciences politiques à Nice. Les différents enjeux liés à cette méthode procréative ont réveillé en moi un intérêt tant personnel que professionnel. Par conséquent, je suis particulièrement reconnaissant d'avoir été autorisé à approfondir ce sujet et à présenter, par ce présent ouvrage, des tentatives de réponses pour assurer une sécurité juridique à l'égard des enfants nés de la GPA et pour assurer un accès égalitaire à chaque parent d'intention aux assistances médicales à la procréation.

Ce travail de recherche est le fruit d'une année d'investissement qui a été rendu plus agréable et confortable grâce aux personnes qui m'ont entouré. Vient alors le moment de présenter mes plus chaleureux remerciements à mes amis, mes collègues de travail ainsi qu'à ma famille qui m'ont supporté, conseillé et réconforté durant cette dernière année de Master. Aussi, j'ai une pensée particulièrement pour ma sœur qui a accepté de jouer le rôle de relectrice ainsi qu'à cet ami qui m'a autorisé à partager dans cette recherche son contrat de GPA conclu en Colombie.

Enfin, mes plus sincères remerciements sont adressés à ma directrice de Master 2 et de mémoire, Madame Marie-Cécile Lasserre, Maître de conférences HDR, qui m'a transmis sa passion du droit de la famille depuis plusieurs années et qui a accepté de m'encadrer dans mes diverses recherches. Ses précieux conseils et sa bienveillance m'ont permis de me surpasser et continuent de motiver ma réflexion juridique puisque j'ai de nouveau l'honneur et le plaisir d'être sous sa direction dans le cadre d'une thèse de doctorat avec pour thématique : « *L'enfant dans l'espace judiciaire européen* ».

TABLE DES ABRÉVIATIONS

Aff.	Affaire
AJ	Actualité juridique
Al.	Alinéa
AJ Fam.	Actualité juridique famille
AJCT	Actualité juridique des collectivités territoriales
AJDA	Actualité juridique droit administratif
AMP	Assistance médicale à la procréation
Anc.	Ancien
Art.	Article
Ass.	Assemblée
Ass. Plén.	Assemblée plénière de la Cour de cassation
Assoc.	Association
Bull. civ.	Bulletin des arrêts de la Cour de cassation, chambres civiles
C. civ.	Code civil
C. pén.	Code pénal
CA	Cour d'appel
Cass.	Cour de cassation
Cass. 1ère civ.	Première chambre civile de la Cour de cassation
Cass. 3ème civ.	Troisième chambre civile de la Cour de cassation
CDFUE	Charte des droits fondamentaux de l'Union européenne
CE	Conseil d'État
CE, réf.	Procédure de référé devant le Conseil d'État
CECSH	Centre d'Études et de Conservation du Sperme Humain
Cf.	*Conferre*
Ch. civ.	Chambre civile de la Cour de cassation
CIDE	Convention internationale des droits de l'enfant
CJCE	Cour de Justice des communautés européennes

CJUE	Cour de Justice de l'Union européenne
COJ	Code de l'organisation judiciaire
Collect. Territ.	Collectivité territoriale
Comm.	Commentaire
Communic.	Communication
CNB	Conseil national des barreaux
Concl.	Conclusion
Cons. Const.	Conseil constitutionnel
consid.	Considérant
Convention EDH	Convention européenne des droits de l'homme
Coord.	En coordination
Cour EDH	Cour européenne des droits de l'homme
CSP	Code de la santé publique
D.	Dalloz
déc.	Décision
DEF	Revue Defrénois
DIP	Droit international privé
dir.	Sous la direction de
doct.	Doctrine
doss.	Dossier
Dr. Fam.	Droit de la famille
Éd.	Édition
EM	États membres de l'Union européenne
Et al.	Autres (doctrine)
Et s.	Et suivant
Ex.	Exemple
FIV	Fécondation *in vitro*
GAJC	Grands arrêts de la jurisprudence civile
Gaz. Pal.	Gazette du Palais
GPA	Gestation pour autrui
Gr. Ch.	Grande chambre
IA	Insémination artificielle
Ibid.	Même source que la note précédente, mais localisation différente
Intern.	International
JA	Juris associations
JDI	Journal de droit international (anciennement Clunet)
JCI	*Journal of Clinical Investigation*

JCP	JurisClasseur périodique
JCP E	La Semaine juridique – Entreprise et affaires
JCP G	Semaine juridique, Édition générale
JCP N	JurisClasseur périodique, édition Notariale
JORF	Journal officiel de la République française
jurisp.	Jurisprudence
LEFP	L'essentiel droit de la famille et des personnes
LGDJ	Librairie générale de Droit et de jurisprudence
n°	Numéro
obs.	Observation
op. cit.	Dernière source citée du même auteur
ord.	Ordonnance
p.	Page
PMA	Procréation médicalement assistée
PPA	Procréation pour autrui
préf.	Préface
PUAM	Presse universitaire d'Aix-Marseille
PUB	Presse universitaire de Bordeaux
PUF	Presse universitaire de France
Rapp.	Rapport
RDSS	Revue de droit sanitaire et social
Rec.	Recueil
Rép.	Répertoire
Rép. DIP	Répertoire de droit international privé
Req.	Requête
Rev.	Revue
Rev. Crit.	Revue critique
Rev. Intern.	Revue internationale
RFDA	Revue française de droit administratif
RJPF	Revue Juridique Personne et Famille
RTD Civ.	Revue trimestrielle de droit civil
RTD Com.	Revue trimestrielle de droit commercial
RTD Eur.	Revue trimestrielle de droit européen
ss.	Sous
sect. civ.	Section civile

TA	Tribunal administratif
TGI	Tribunal de grande instance
Trib. Correct.	Tribunal correctionnel
UE	Union européenne
Univ.	Université
V.	Voir
vol.	Volume

SOMMAIRE

INTRODUCTION

1. Pratique séculaire – La gestation pour autrui (GPA) est un terme générique qui regroupe toutes les formes d'assistance médicale à la procréation nécessitant la participation d'une mère porteuse extérieure au couple désireux d'avoir un enfant. Dans une conception sociale, la GPA serait une « *technique mise en vogue aux États-Unis* »[1]. Cette conception réductrice de la gestation pour autrui méconnaît les réelles origines de cette pratique séculaire[2]. En effet, cette méthode procréative est apparue à l'époque de la Mésopotamie ancienne, à travers le Code Hammurabi qui y faisait référence[3]. Il autorisait les couples infertiles ou stériles à demander à une autre femme de porter un enfant qui leur sera remis à la naissance. Cette pratique a également été préconisée à travers des Genèses de la Bible[4] et a été pratiquée sous la période de l'Antiquité. Il ressortait notamment du droit romain que « *la maternité [...], sous l'angle de la filiation entre une femme et un enfant, est instituée par le droit et non par la réalité de l'accouchement* »[5]. Cette perception du lien de filiation établi par le droit permettait aux citoyens romains de s'assurer une descendance successorale en dehors de toute procréation charnelle[6].

2. Pratique intrafamiliale – Cette méthode procréative s'est développée au fil des siècles et a connu certaines évolutions. Jusqu'au XIXe siècle, cette pratique était qualifiée de « *maternité de substitution* » ou de « *maternité pour autrui* ». La maternité de substitution illustre la situation suivant laquelle un homme conçoit un enfant avec une femme, autre que sa compagne, pour récupérer cet enfant au sein de son couple. Cette technique était principalement

---

[1] BÉNABENT Alain, *Droit de la famille*, LGDJ, Précis Domat droit privé, 4ème Éd., 2018.
[2] MÉCARY Caroline, *La GPA, données et plaidoyers*, Dalloz, À savoir, 2020, p. 5.
[3] ANDRÉ-SALVINI Béatrice, *Le code de Hammurabi*, RMN, Solo, 2008.
[4] Les Genèses 16 et 30 de la Bible mettent en lumière les histoires d'Abraham et de son petit-fils Jacob. Ces deux personnages bibliques ont eu des rapports charnels avec leur servante pour obtenir un enfant.
[5] MÉCARY Caroline, *op. cit*, p. 8.
[6] Cette conception historique s'oppose radicalement à l'adage latin *mater semper certa est* qui est apparu à la même époque. Selon cet adage, la mère légale est nécessairement celle qui a accouché de l'enfant.

réalisée dans la sphère privée[7] puisqu'il s'agissait d'une pratique intrafamiliale où la mère porteuse était généralement un parent proche du couple. Pour limiter cette pratique, l'infraction criminelle de supposition de maternité[8] a été créée en droit français. L'infraction de supposition avait pour objectif d'attribuer légalement la maternité à une autre femme que celle qui avait réellement accouché de l'enfant. Toutefois, malgré cette répression, la maternité de substitution s'est poursuivie et s'est transformée au regard des progrès scientifiques qui se sont développés au cours du XXe siècle.

3. Distinction PMA et PPA – Au gré de ces innovations scientifiques, l'expression de « *procréation pour autrui* » (PPA) a succédé à celle de maternité de substitution. De fait, à partir des années 1970, des chercheurs ont découvert une nouvelle technique de procréation médicalement assistée[9] (PMA) appelée l'insémination artificielle (IA). Il s'agit d'une « *technique d'assistance médicale consistant à féconder un ovule* in vivo, *dans l'utérus maternel, par injection médicale de spermatozoïdes, sans qu'il y ait de rapports sexuels* »[10]. Il existe deux formes d'insémination artificielle : une IA sans tiers donneur et une IA avec tiers donneur. En effet, le gamète masculin utilisé dans cette pratique peut provenir d'une personne extérieure au couple demandeur. À l'origine, ce progrès scientifique a été créé pour pallier les difficultés de procréation au sein d'un couple. Or, la méthode de la procréation pour autrui est une pratique parallèle puisque, dans ce cas, une femme recourt à une insémination artificielle avec le gamète masculin d'un parent d'intention aux fins que l'enfant né du processus procréatif soit remis au parent d'intention. Dans cette configuration, la mère porteuse est nécessairement biologiquement liée à l'enfant à la différence de la fécondation *in vitro* (FIV).

4. Fécondation *in vitro* – À la suite de la découverte de l'insémination artificielle, les chercheurs ont développé une nouvelle assistance médicale à la procréation : la fécondation *in vitro*[11]. Cette FIV est

---

[7] MÉCARY Caroline, *op. cit.*
[8] C. pén. de 1810, anc. art. 345.
[9] Ou encore « assistance médicale à la procréation ».
[10] DEBARD Thierry et GUINCHARD Serge, *Lexique des termes juridiques 2022-2023*, Dalloz, Lexique, 30ème Éd., 2022, (V. Insémination artificielle), p. 584.
[11] Louise Brown est le premier enfant né en 1978 à l'issue d'une fécondation *in vitro* pratiquée en Grande-Bretagne.

également une technique d'assistance médicale à la procréation qui consiste à créer un embryon en laboratoire avant de l'implanter dans l'utérus d'une femme[12]. Elle est endogène lorsque cette technique est pratiquée avec les gamètes du couple ; elle est exogène lorsque l'ovule fécondé *in vitro* appartient à une donneuse et que le gamète masculin appartient à l'un des membres du couple d'intention. Finalement, la FIV est entièrement exogène lorsqu'un embryon est conçu en laboratoire à la suite de dons d'ovocyte et de spermatozoïde à l'intention d'un couple. En droit français, la condition intangible permettant le recours à une FIV est que la femme gestatrice est la femme du couple demandeur. Cette précision exclut *de facto* la gestation pour autrui. En effet, la GPA est une pratique suivant laquelle une femme, extérieure à un couple, procède à une FIV aux fins de remettre l'enfant à ce couple à la naissance. Dans ce cas, la mère porteuse peut exclusivement être gestatrice – il s'agit d'une « *GPA de deuxième génération* »[13] - lorsque la mère porteuse n'assure que la grossesse de ce processus procréatif sans que celle-ci ait un lien génétique avec l'enfant.

5. Annonce – Face à ces diverses formes de méthodes procréatives à l'égard d'une femme extérieure à un couple, l'expression de « *gestation pour autrui* » est à privilégier. Cette expression permet d'englober toutes les facettes de cette méthode procréative et de conférer le rôle premier de la gestation à la mère porteuse. Les multiples formes de cette méthode procréative engendrent certaines difficultés pour établir une définition juridique unanime en doctrine d'autant plus qu'aucune définition légale de cette pratique n'existe en droit français **(§1)**. Ces difficultés sont accentuées par les multiples formes de GPA qui sont pratiquées, notamment du fait de l'internationalisation de cette méthode procréative **(§2)**, laquelle a provoqué un véritable conflit entre les différents ordres juridiques **(§3)**.

---

[12] DEBARD Thierry et GUINCHARD Serge, *op. cit.* (V. Fécondation *in vitro*) p. 490.
[13] MEHL Dominique, « La famille contemporaine au prisme des procréations médicalement assistées », *Cliniques méditerranéennes* 2011/1 (n°83), p. 95 et s.

§1. L'ABSENCE D'UNE DÉFINITION LÉGALE

6. Définition doctrinale – La GPA est une technique[14], un procédé[15], une pratique[16] voire une « *pratique légitime* »[17] qui n'est pas légalement définie en droit français. Malgré une nullité prononcée à l'encontre des conventions de GPA[18], aucune définition juridique de cette méthode procréative n'est instituée en droit interne. Dès lors, l'élaboration d'une telle définition a été confiée à la doctrine. Dans une cinquantaine d'ouvrages relatifs au droit de la famille et des personnes[19], seuls vingt-

---

[14] COURBE Patrick, GOUTTENOIRE Adeline et FARGE Michel, *Droit de la famille. Droit interne, européen et international*, Sirey, Sirey université. Série droit privé, 8ème Éd., 2022.

[15] DUMOULIN Antoine, *Le droit de la famille : en cartes mentales*, Ellipses, Le Droit en cartes mentales, 2021.

[16] BENILLOUCHE Mikaël (coord.), *Leçon de droit de la famille*, Ellipses, Leçons de Droit, 2012.

[17] BANDRAC Monique, « Réflexions sur la maternité », in *Mélanges en l'honneur de P. Raynaud*, Dalloz Sirey,1988, p. 27 : l'auteur indique que cette pratique pourrait être légitime uniquement lorsque la mère porteuse n'est pas biologiquement liée à l'enfant.

[18] C. civ., art. 16-7 : « *toute convention portant sur la procréation ou la gestation pour le compte d'autrui est nulle* ». Or, l'absence de définition juridique de la GPA interroge sur la valeur de cette disposition qui prévoit une sanction à l'égard d'une notion ajuridique.

[19] COURBE Patrick, GOUTTENOIRE Adeline et FARGE Michel, *op. cit.* ; CARBONNIER Jean, *Droit civil. Volume 1, [Introduction. Les personnes. La famille, l'enfant, le couple]*, PUF, Quadrige. Manuel, 2004 ; CORNU Gérard, *Les personnes*, Montchrestien, Domat droit privé, 13ème Éd., 2007 ; ALLIX Nathan et TOUZAIN Antoine, *Les sources, le droit des personnes et de la famille en cas pratiques : plus de 40 exercices corrigés sur les notions clés du programme*, Dalloz, Réussir !, 2021 ; ANCIAUX Nicolas, *Essai sur l'être en droit privé*, LexisNexis, Perspective(s). (Paris. 2016), 2019, préf. TEYSSIÉ Bernard ; ARNOUX Irma, *Les droits de l'être humain sur son corps*, PUB, 1 vol., 1995, préf. AUBY Jean-Marie ; BATTEUR Annick, *Droit des personnes, des familles et des majeurs protégés*, LGDJ, Manuel (Paris), 10ème Éd., 2019 ; BATTEUR Annick (dir.), *Les grandes décisions du droit des personnes et de la famille*, LGDJ-Lextenso éd., Les Grandes décisions, 2012 ; BEIGNER Bernard et BINET Jean-René, *Droit des personnes et de la famille*, LGDJ, Cours (Montchrestien), 4ème Éd., 2019 ; BELLIVIER Florence, *Droit des personnes*, LGDJ, Lextenso éd., Domat droit privé, 2015 ; BERNARD-XÉMARD Clara, *Cours de droit des personnes et de la famille*, Gualino, Amphi LMD, 8ème Éd., 2022 ; BONFILS Philippe et GOUTTENOIRE Adeline, *Droit des mineurs*, Dalloz, Précis (Dalloz. En ligne), 3ème Éd., 2021 ; BRUSORIO-AILLAUD Marjorie, *Droit des personnes et de la famille*, Bruylant, Paradigme (Manuels), 12ème Éd., 2022 ; COURBE Patrick et JAULT-SESEKE Fabienne, *Droit civil : les personnes, la famille, les incapacités*, Dalloz, Mémentos, 9ème Éd., 2015 ; DEKEUWER-DÉFOSSEZ Françoise, *Les droits*

sept d'entre eux ont tenté d'établir une définition juridique de la GPA. Toutefois, ces définitions doctrinales souffrent de subjectivité selon l'angle d'approche choisi et d'un manque de précision en raison du

---

de l'enfant, PUF, Que sais-je ?, 2010 ; COURBE Patrick et JAULT-SESEKE Fabienne, *Droit des personnes, de la famille et des incapacités*, Dalloz, Mémentos Dalloz. Série droit privé, 10ème Éd., 2018 ; DOUCHY-OUDOT Mélina, *Droit civil. 1re année : introduction, personnes, famille*, Dalloz, HyperCours, 10ème Éd., 2019 ; DRUFFIN-BRICCA Sophie et LASSERRE Marie-Cécile, *Introduction générale au droit : droit des personnes et de la famille : licence 1 : droit objectif, droits subjectifs, droit des personnes, droit de la famille*, Gualino, Annales corrigées et commentées, 2022 ; GARÉ Thierry et RAYNAUD Anaïs, *Droit des personnes et de la famille*, Ellipses, Spécial droit, 3ème Éd., 2021 ; LOISEAU Grégoire, *Le droit des personnes*, Ellipses, 1 vol., 2ème Éd., 2020 ; MARAIS Astrid, *Droit des personnes*, Dalloz, Cours (Éd. Dalloz), 3ème Éd., 2018 ; MAUCLAIR Stéphanie, *Droit des personnes*, Ellipses, 100% droit, 2019 ; RENAULT-BRAHINSKY Corinne, *Droit des personnes et de la famille*, Gualino, Fac universités. Série Mémentos, 17ème Éd., 2018 ; *Ibid.*, 20ème Éd., 2021 ; RENAULT-BRAHINSKY Corinne, *L'essentiel du droit de la famille*, Gualino, Les Carrés, 20ème Éd., 2021 ; TERRÉ François et LASZLO-FENOUILLET Dominique, *Droit civil : les personnes : personnalité, incapacité, protection*, Dalloz, Précis Dalloz. Série droit privé, 8ème Éd., 2012 ; VOIRIN Pierre et GOUBEAUX Gilles, *Droit civil. Tome 1, Introduction au droit, personnes, famille, personnes protégées, biens, obligations, sûretés*, Manuel LGDJ, Manuel (Paris), 40ème Éd., 2020 ; BATTEUR Annick et MAUGER-VIELPEAU Laurence, *Droit des personnes, des familles et des majeurs protégés*, LGDJ, Manuel (Paris), 11ème Éd., 2021 ; BÉNABENT Alain, *Droit de la famille*, LGDJ, Précis Domat droit privé, 5ème Éd., 2020 ; BONNET Vincent, *Droit de la famille*, Bruylant, Paradigme (Manuels), 7ème Éd., 2018 ; COURBE Patrick et GOUTTENOIRE Adeline, *Droit de la famille*, Sirey Dalloz, Université (Sirey. En ligne), 7ème Éd., 2017 ; DIONISI-PEYRUSSE Amélie, *Le droit de la famille en schémas*, Ellipses, Le Droit en schémas, 2ème Éd., 2020 ; MURAT Pierre (dir.), *Droit de la famille*, Dalloz, Dalloz action, 8ème Éd., 2019 ; DUMOULIN Antoine, *op. cit.* ; ÉGÉA Vincent, *Droit de la famille*, LexisNexis, Manuels (Paris. 2001), 4ème Éd., 2022 ; LAZSLO-FENOUILLET Dominique, *Droit de la famille*, Dalloz, Cours Dalloz. Série droit privé, 4ème Éd., 2019 ; BENILLOUCHE Mikaël (coord.), *op. cit.* ; HESS-FALLON Brigitte et SIMON Anne-Marie, *Droit de la famille*, Sirey, Aide-Mémoire, 9ème Éd., 2014 ; LEROYER Anne-Marie, *Droit de la famille*, PUF, Licence, 2011 ; MALAURIE Philippe et FULCHIRON Hugues, *Droit de la famille*, LGDJ, Droit civil, 7ème Éd., 2020 ; MIKALEF-TOUDIC Véronique, *Droit de la famille et des régimes matrimoniaux*, Bruylant, Collection Paradigme, 2017 ; TERRÉ François, GOLDIE-GENICON Charlotte et LAZSLO-FENOUILLET Dominique, *Droit civil : la famille*, Dalloz, Précis Dalloz. Série droit privé, 9ème Éd., 2018 ; VANNIER Patricia, *Le droit de la famille en tableaux*, Ellipses, Le Droit en fiches et en tableaux, 2018 ; VANNIER Patricia, *Fiches de droit de la famille : rappels de cours et exercices corrigés*, Ellipses, Fiches, 6ème Éd., 2021 ; BRUNETTI-PONS Clotilde (dir.), *Le* « droit à l'enfant » *et la filiation en France et dans le monde : rapport final*, LexisNexis, 1 vol, 2018.

pluralisme intrinsèque à la GPA. Ces difficultés portent principalement sur les acteurs, les conditions de recours ainsi que sur la finalité de cette pratique.

7. Acteurs de la GPA – D'abord, la méthode procréative de GPA requiert deux[20] à cinq acteurs[21]. Classiquement, la doctrine qualifie ces acteurs de « *destinataires* »[22], de « *couples receveurs* »[23], de « *couple d'accueil* »[24] ou encore de « *parents d'intention* »[25]. Pour autant, une partie de la doctrine, opposée à cette méthode procréative, qualifie les acteurs de la GPA de « *couples sponsors* »[26] ou de « *couples commanditaires*[27] »[28]. À ces expressions engagées, l'expression de « *parent d'intention* » devrait être privilégiée puisque celle-ci présente une objectivité notable et permet de souligner l'intention première de ces acteurs qui est de recourir à cette méthode procréative distincte de l'adoption[29]. Parmi ces ouvrages, une seule définition reconnaît que cette pratique relève de l'initiative d'une « *autre femme ou [d']un couple* »[30]. Cette référence a pour principal intérêt d'inclure une femme célibataire dans les acteurs de la GPA. Finalement, que cette méthode procréative soit initiée par un ou des parents d'intention, la GPA requiert inévitablement la participation d'une « *mère porteuse* »[31]. Cette tierce personne est communément qualifiée ainsi par la doctrine.

[20] Situation dans laquelle une personne célibataire recourt à une mère porteuse.
[21] Situation dans laquelle un couple d'intention recourt à une mère porteuse par fécondation in vitro à l'aide de dons d'ovocyte et de spermatozoïde.
[22] VOIRIN Pierre et GOUBEAUX Gilles, *op. cit.*
[23] TERRÉ François, GOLDIE-GENICON Charlotte et FENOUILLET Dominique, *op. cit.*
[24] MARAIS Astrid, *op. cit.*
[25] V. notamment DOUCHY-OUDOT Mélina, *op. cit.*
[26] GARÉ Thierry et RAYNAUD Anaïs, *op. cit.*
[27] Le terme de « *commanditaire* » renvoie à la forme juridique d'une société par commandite simple. En effet, l'auteur démontre que les gamètes utilisés dans cette pratique peuvent être considérés comme des apports en capitaux au sein d'une société organisée par les parents d'intention.
[28] BENILLOUCHE Mikaël (coord.), *op. cit.*
[29] En effet, la principale distinction entre le choix du recours à la GPA ou à l'adoption réside principalement dans le lien biologique liant l'enfant à ses parents d'intention.
[30] RENAULT-BRAHINSKY Corinne, *op. cit.*
[31] RENAULT-BRAHINSKY Corinne, *op. cit.* 20ème Éd., 2021.

Toutefois, en fonction des gamètes utilisés, cette mère porteuse peut être soit génitrice[32] soit gestatrice[33].

8. Conditions divergentes – Ensuite, la doctrine peine à définir la GPA au regard des différentes conditions propres à chaque auteur. Ces conditions sont finalement définies de manière aléatoire et empreintes d'une forte subjectivité. À titre d'exemple, la stérilité de la femme du couple d'intention peut être exigée[34] ou non[35]. Une des définitions doctrinales prévoit notamment que cette pratique peut être réclamée dès lors qu'une femme ne souhaite pas « *subir* » elle-même une grossesse[36]. Cette partialité des auteurs s'apprécie également au niveau de l'orientation sexuelle des parents d'intention. En ce sens, une seule définition sur les vingt-sept étudiées prévoit un tel recours pour un couple homosexuel[37]. Cette singularité est intéressante puisque, généralement, la GPA est rejetée au motif qu'elle permet à des couples homosexuels d'obtenir des enfants.

9. Finalité de la pratique – Enfin, la volonté d'obtenir un enfant par ce processus procréatif constitue la finalité de la GPA. Toutefois, l'objectif poursuivi par cette pratique est, une nouvelle fois, condamné par la subjectivité des auteurs. Certaines définitions indiquent singulièrement que la GPA requière un prêt d'utérus[38], une « *location de ventre* » ou bien une mise à disposition du matériel génétique de la mère porteuse[39]. De plus, une dualité entre les auteurs s'anime en ce qui concerne la motivation de la mère porteuse. Les auteurs estiment que la mère porteuse participerait volontairement à cette pratique de manière altruiste tandis que d'autres indiquent qu'elle y participerait pour assurer un « *service* »[40] financier. Dès lors, la motivation de la mère porteuse peut être appréciée sous trois ordres[41] : un ordre altruiste, un

---

[32] COURBE Patrick et GOUTTENOIRE Adeline, *op. cit.*
[33] BRUNETTI-PONS Clotilde (dir.), *op. cit.*
[34] MIKALEF-TOUDIC Véronique, *op. cit.*.
[35] BRUSORIO-AILLAUD Marjorie, *op. cit.*
[36] HESS-FAILLON Brigitte et SIMON Anne-Marie, *op. cit.*
[37] COURBE Patrick et GOUTTENOIRE Adeline, *op. cit.*
[38] DIONISI-PEYRUSSE Amélie, *op. cit.*
[39] MALAURIE Philippe et FULCHIRON Hugues, *op. cit.*
[40] ALLIX Nathan et TOUZAIN Antoine, *op. cit.*
[41] AUSTIN Candice, COLMAN Sarah, DURET Isabelle et al., « Au cœur du don, la dette ? Étude exploratoire autour de la motivation des mères porteuses », *Dialogue* 2016/3 (n°213), p. 105 et s.

ordre social qui consiste en la simple volonté d'assurer une grossesse et un ordre financier. Cette question tenant à l'altruisme ou au financement de la mère porteuse dépend de l'encadrement juridique qui pourrait être établi en la matière[42]. Finalement, il ressort objectivement de ces définitions que la mère porteuse s'engage à assurer la gestation d'un enfant[43] en vue de le remettre au parent d'intention à la naissance de celui-ci[44].

10. Tentative de définition – Finalement, l'ensemble de ces éléments atteste qu'une définition juridique unanime est, à ce jour, difficilement envisageable. Il est notoire d'observer qu'en droit allemand, malgré une interdiction de cette méthode procréative, une définition juridique a été établie. Conformément à cet ordre juridique, la GPA représente la situation où une « *femme qui, sur le fondement d'une convention, est prête, soit à se soumettre à une insémination, naturelle ou artificielle, soit à accepter le transfert d'un embryon ne provenant pas de ses propres ovocytes, puis à remettre à autrui l'enfant qu'elle a porté* »[45]. Cette définition générale a pour mérite d'inclure toutes les pratiques d'assistance médicale à la procréation, les différents liens génétiques existants entre les acteurs de la GPA ainsi que le cadre juridique de cette pratique organisé par convention[46]. En somme, la GPA pourrait être définie comme une forme d'AMP qui requiert la participation d'une tierce personne qui s'engage contractuellement à assurer la gestation d'un enfant en vue de le remettre à un ou des parents d'intention à l'issue de l'accouchement. Cette définition est nécessairement large pour prendre en compte toutes les spécificités issues de l'internationalisation de cette pratique.

---

[42] *Cf.* n°13 sur la GPA altruiste et la GPA commerciale.

[43] RENAULT-BRAHINSKY Corinne, *op. cit.*

[44] La remise de l'enfant est également un terme rejeté par certains auteurs qui préfèrent invoquer les termes d'abandon ou de livraison.

[45] LOUBERSAC Romain, *La maternité de substitution internationale : étude des interactions entre systèmes juridiques européens*, Thèse de doctorat, Droit, Univ. Paris-Est, 2020, p. 425.

[46] Les conventions de GPA font l'objet d'une interdiction de principe en droit français. Mais, pour autant, cette méthode procréative est nécessairement encadrée par une telle convention que celle-ci soit réalisée en France ou à l'étranger. Ces conventions permettent d'assurer une sécurité juridique entre les rapports personnels, économiques et organisationnels.

§2. UNE PRATIQUE INTERNATIONALE

11. Panorama non exhaustif – La méthode procréative de GPA est considérée comme une pratique internationale puisqu'elle se pratique dans plusieurs pays du monde. En raison de la mondialisation, la réalise est devenue une pratique transfrontière. En effet, les parents d'intention recourent à une telle méthode dans le pays qu'ils souhaitent avant de revenir dans leur pays d'origine : on parle du « *tourisme procréatif* »[47]. À titre d'exemple[48], cette pratique est autorisée en Argentine, en Belgique, au Brésil, au Canada, dans certains États des États-Unis[49], au Mexique, au Royaume-Uni, en Thaïlande ou encore en Ukraine.

12. GPA étatique – Étant donné que cette méthode procréative n'est pas autorisée de manière universelle, chaque ordre juridique national détermine les contours de sa GPA : il s'agit d'une GPA étatique puisqu'elle correspond aux mœurs d'un État. Au sein de l'Europe, sept États européens interdisent formellement cette pratique[50] tandis qu'une quinzaine d'autres pays[51] la « *tolère[nt]* »[52]. En Grande-Bretagne[53] et la Grèce[54] ont formellement autorisé cette méthode procréative. Ces positions divergentes sont nées de réflexions morales qui se sont également illustrées au moment de la légalisation de la GPA en droit portugais. En effet, une première loi du 13 mai 2016 avait autorisé cette pratique. Toutefois, cette loi a fait l'objet d'un droit de veto par le

---

[47] SINDERS David, « Le tourisme procréatif et le droit international privé », *Journal du droit international (Clunet) n°2*, 2015, doct. 4.

[48] NORD Nicolas et PROCHERON Delphine, « GPA, panorama de droit comparé », *AJ Fam.* 2018, p. 586 et s.

[49] Par ex., l'État de New York a récemment autorisé la GPA commerciale : https://www.ied-eib.org/fr/actualite/debut-de-vie/gestation-pour-autrui/la-gpa-commerciale-desormais-autorisee-a-new-york-1778.html.

[50] Il s'agit de la France, de l'Allemagne, de l'Espagne, de Malte, de la Bulgarie, de l'Autriche.

[51] Il s'agit notamment du Danemark, de la Hongrie, de l'Irlande, de la Lituanie, des Pays-Bas, de la Finlande, de la Belgique ou encore de la Suède.

[52] https://www.francetvinfo.fr/societe/loi-sur-la-famille/gestation-pour-autrui/carte-la-gestation-pour-autrui-en-europe-qui-l-autorise-et-sous-quelles-conditions_708845.html.

[53] Cette pratique a initialement été instituée par le *Surrogacy Arrangements Act* de 1985 : https://www.legislation.gov.uk/ukpga/1985/49/pdfs/ukpga_19850049_en.pdf.

[54] Loi grecque n°3089/2002 du 19 décembre 2002 portant sur l'assistance médicale à la procréation et loi grecque n°3305/2005 du 27 janvier 2005 sur la mise en œuvre des méthodes de reproduction médicale assistée.

président Marcelo Rebelo[55] puisque ce dernier estimait que cette loi n'était pas « *conforme aux conditions formulées par le Conseil national d'éthique et des sciences de la vie* »[56]. Ainsi, une seconde loi a été adoptée le 22 août 2016. Cependant, cette loi a été jugée inconstitutionnelle à deux reprises[57]. Aujourd'hui, une GPA devrait être autorisée en droit portugais par une loi du 26 novembre 2021. Toutefois, la GPA est soumise à de nouvelles conditions plus restrictives qu'auparavant puisque désormais cette pratique n'est autorisée qu'aux ressortissants portugais dont la femme du couple demandeur est dans une « *situation clinique empêchant de manière absolue et définitive [sa] grossesse* »[58]. En plus de ces difficultés sociales, des divergences se sont révélées au niveau de l'aspect économique de cette méthode procréative.

13. Altruisme ou financier – Une des principales conditions conflictuelles entre les différents ordres juridiques nationaux porte sur le financement du recours à la GPA. En ce sens, il est nécessaire de distinguer les GPA altruistes des GPA commerciales. Lorsqu'il s'agit d'une GPA commerciale, la mère porteuse est rémunérée directement par le ou les parents d'intention. À l'inverse, lorsque la GPA est dite altruiste, aucun financement direct n'est alloué à la mère porteuse alors même qu'un financement demeure nécessaire à l'égard des agences intermédiaires et des cliniques spécialisées qui organisent et pratiquent cette méthode procréative. En revanche, certains ordres juridiques permettent d'allouer à la mère porteuse une indemnisation proportionnelle aux frais de grossesse, d'accouchement et de perte de revenu du travail[59]. La distinction entre la rémunération et l'indemnisation de la mère porteuse est poreuse. Cependant, l'intérêt de cette division est de distinguer les pratiques excessivement onéreuses des pratiques proportionnées au geste altruiste d'une mère porteuse. Concernant les exemples en droit comparé, la GPA commerciale existe

---

[55] BRUNETTI-PONS C (dir.), *op. cit.*

[56] https://www.genethique.org/portugal-un-veto-presidentiel-contre-la-gestation-pour-autrui/.

[57] V. Acórdão do Tribunal Constitucional, 7 maio 2018, n°225/2018 : https://dre.pt/dre/detalhe/acordao-tribunal-constitucional/225-2018-115226940 ; V. aussi Acórdão do Tribunal Constitucional, 18 outubro 2019, n°465/2019.

[58] https://www.ieb-eib.org/fr/actualite/debut-de-vie/gestation-pour-autrui/le-portugal-autorise-a-nouveau-la-gpa-pour-raison-medicale-2092.html.

[59] LOUBERSAC Romain, *op. cit*, point 697.

en Russie[60], en Ukraine[61] ou encore en Géorgie[62] alors que la GPA altruiste est exigée en Grèce[63] ainsi qu'au Royaume-Uni[64].

14. Conditions internationales – En plus de ces conditions sociales et économiques, d'autres conditions propres à chaque législation internationale sont prévues. Par exemple au Royaume-Uni, la commercialité et les pratiques exercées dans un cadre privé de cette méthode procréative sont réprimées par le droit anglo-saxon. Aussi, cet ordre juridique impose d'autres conditions pour qu'une GPA soit légale. D'abord, il faut que les parents d'intention apportent la preuve d'une durabilité de leur relation familiale. Cependant, cette condition est à nuancer puisque la GPA est désormais autorisée pour les personnes célibataires[65]. Ensuite, au moins un des deux parents d'intention doit être biologiquement lié à l'enfant et au moins l'un d'entre eux doit résider au Royaume-Uni ou sur les îles anglo-normandes ou sur les îles de Man. Enfin, le ou les parents d'intention doivent être majeurs.

15. Règles particulières de la filiation – Ces différentes conditions présentées portent exclusivement sur les contours du recours à la GPA, mais, pour assurer un régime juridique complet de cette méthode procréative, les ordres juridiques doivent s'intéresser aux liens de filiation qui unissent les acteurs de la GPA. Cependant, pour certains États qui tolèrent cette méthode procréative de manière informelle, aucune règle juridique relative à la filiation des enfants nés de la GPA n'est prévue[66]. Cette lacune n'est pas uniforme puisque d'autres ordres juridiques ont établi des règles juridiques pour lier le ou les parents d'intention avec cet enfant[67]. Par exemple au Texas, les juges

---

[60] Loi fondamentale sur la protection de la santé des citoyens du 22 juin 1993, art. 35 ; Loi relative aux actes d'état civil du 15 novembre 1997, art. 16.

[61] C. civ. Ukrainien, art. 281.

[62] *Law on Healthcare* de 1997, art. 143.

[63] Loi grecque n°3089/2002 du 19 décembre 2002 portant sur l'assistance médicale à la procréation et loi grecque n°3305/2005 du 27 janvier 2005 sur la mise en œuvre des méthodes de reproduction médicale assistée.

[64] https://www.legislation.gov.uk/ukpga/1985/49/pdfs/ukpga_19850049_en.pdf.

[65] *Human Fertilisation and Embryology Act* (*Remedial Order*) de 2008 : https://www.legislation.gov.uk/ukpga/2008/22/pdfs/ukpga_20080022_en.pdf.

[66] Il s'agit notamment du cas de la Belgique et du Brésil.

[67] Les exemples suivants ont été évoqués par : NORD Nicolas et PROCHERON Delphine, *op. cit.*

américains sont au préalable saisis pour valider les conventions de GPA avant de pouvoir accorder, par simple ordonnance, un statut de parents légaux aux parents d'intention. En Argentine et au Québec, les juges peuvent également ordonner l'inscription des parents d'intention sur les actes d'état civil de l'enfant. Toutefois au Québec, cette modalité n'est permise qu'à l'égard d'un seul parent d'intention puisque l'autre parent doit recourir à une procédure d'adoption. En droit mexicain et surtout dans la région du Sinaloa, ce lien juridique peut être établi par acte notarié. Pour finir, le droit thaïlandais est l'unique ordre juridique qui prévoit des règles particulièrement protectrices en cas de décès de l'un ou des deux parents d'intention. Finalement, l'énumération de ces différentes GPA illustre un phénomène d'internationalisation exponentielle de cette méthode procréative. Cette globalisation s'accompagne d'un phénomène de tourisme procréatif qui module les contours de la GPA et engendre de nombreux conflits entre les ordres juridiques nationaux.

§3. UN CONFLIT PROBLÉMATIQUE ENTRE LES ORDRES JURIDIQUES

16. Problématique initialement interne – À l'origine, la GPA est une méthode procréative dont la légalisation relève de la compétence des droits nationaux. En effet, les AMP sont des techniques qui portent sur le vivant et sont influencées par les mœurs d'une société : il s'agit de l'étude de la bioéthique[68]. La bioéthique est définie comme une « *réflexion pluridisciplinaire [...] ayant pour objectif de poser un certain nombre de principes théoriques et de résoudre des questions pratiques apparues dans les sociétés développées suite aux avancées des techniques sur le vivant* »[69]. Il est admis que ces réflexions pluridisciplinaires doivent être débattues au cœur d'un droit interne. En droit français, la GPA est largement disputée sur le terrain de la notion d'éthique en droit français[70] et, dans cet ordre juridique, cette pratique est interdite sur le fondement de principes essentiels au droit français.

[68] L'étymologie bas latine du terme « *bioéthique* » est -*bios* qui veut dire « *relatif au vivant* » et -*ethicus* qui veut dire « *relatif aux mœurs* ».
[69] BORRILLO Daniel, *Bioéthique*, Dalloz, À savoir, 2ème Éd., 2022, p. IX.
[70] SALVAT Christophe, « L'éthique à l'épreuve de la Gestation pour autrui (GPA) », *Raison publique* 2018/1 (n°23), p. 161 et s.

17. Intérêt de l'ordre juridique – L'expression d'ordre juridique est définie comme un « *ensemble ordonné et structuré de tous les éléments qui contribuent à la construction du droit* »[71]. En ce sens, le droit est une matière qui doit être ordonnée et structurée dans le but d'assurer une sécurité juridique. Cette sécurité juridique est atteinte lorsque le droit est suffisamment clair, stable et prévisible par rapport à une situation donnée. Cet objectif a été reconnu comme ayant une valeur constitutionnelle[72]. Toutefois, l'ordre juridique est fluctuant puisqu'il est confronté à d'autres ordres tels que l'ordre social, l'ordre moral ou encore les autres ordres juridiques étrangers[73].

18. Désordre et insécurité juridique – Ces interactions entre ordres juridiques peuvent engendrer une forme d'insécurité juridique dans les droits internes. En effet, « *en ce début du XXIe siècle, le désordre est fréquemment dénoncé* »[74]. Cette problématique du désordre est transposable en matière de GPA. En ce sens, l'interdiction de principe de l'ordre juridique français est confrontée aux autres ordres juridiques et notamment à l'ordre juridique de l'Union européenne. Cet ordre de l'Union européenne, autrefois ordre juridique communautaire, est un « *ordre juridique de droit international, au profit duquel les États ont limité, bien que dans des domaines restreints, leurs droits souverains, et dont les sujets sont non seulement les États mais également leurs ressortissants* »[75]. Par conséquent, « *le législateur français n'est plus le seul maître à bord* »[76] et, finalement, le maintien de l'interdiction de la GPA en droit interne suscite de nombreuses insécurités juridiques qui doivent être résolues, soit au niveau interne soit au niveau européen. L'objectif étant de trouver une solution propice à assurer, à conserver et à protéger les intérêts de chaque acteur de la GPA.

---

[71] LASSERRE-KIESOW Valérie, « L'ordre des sources ou Le renouvellement des sources du droit », *Recueil Dalloz* 2006, p. 2276 et s.

[72] Cons. Const., déc., 16 décembre 1999, n°99-421 DC, *Loi portant habilitation du Gouvernement à procéder, par ordonnances, à l'adoption de la partie législative de certains codes*, consid. 13.

[73] LASSERRE-KIESOW Valérie, *op. cit.*

[74] *Ibid.*

[75] CJCE, 5 février 1963, *Van Gend de Loos*, Aff. n°26-62 : *D. 1963, jurispr. p. 621, note J. Breban.*

[76] MALAURIE Philippe et MORVAN Patrick, *Introduction générale*, Defrénois, Droit civil, 2ème Éd., 2005.

19. Annonce – Ainsi, l'internationalisation de la GPA suscite d'importants conflits entre les ordres juridiques nationaux et européens **(Partie 1)** et, face à cette mondialisation, deux solutions juridiques complémentaires entre l'ordre juridique français et l'ordre juridique européen doivent être établies en faveur de la GPA **(Partie 2)**.

PREMIÈRE PARTIE – LE CONFLIT DES ORDRES JURIDIQUES FACE À L'INTERNATIONALISATION DE LA GPA

20. « *Dénationaliser* »[77] le droit – L'internationalisation du droit oblige les États à se questionner sur la valeur juridique de leur propre législation face au reste du monde. Logiquement, chaque État dispose d'un pouvoir souverain en matière de création du droit. Toutefois, aujourd'hui, les États sont concurrencés par les autres ordres juridiques étatiques en tout domaine. En matière de commerce, plusieurs conventions internationales, voire européennes ont été adoptées pour trouver des règles communes dans le but de faciliter les transactions internationales[78]. La multiplication des sources internationales bouleverse les droits nationaux dès lors qu'ils ratifient des conventions internationales ou européennes. Par conséquent, de nombreuses modifications législatives internes se sont révélées nécessaires et l'étude de ces différents systèmes juridiques est devenue une discipline aisée[79].

21. Développement du « *tourisme procréatif* »[80] – Parmi les domaines transformés par le phénomène de la mondialisation se trouve le droit de la famille. De prime abord, la matière familiale relève du droit interne d'un État. Dès lors et *a priori*, chaque État légifère souverainement en ce domaine. Cependant, l'influence des droits fondamentaux proclamés par les institutions européennes modifie *de facto* les mœurs. Les exemples concrets de la PMA et de la GPA prouvent assurément cette influence. En matière de procréation, le phénomène du tourisme procréatif est apparu. Ce phénomène s'illustre par des situations suivant

---

[77] ANCEL Pascal, « Dénationaliser l'enseignement du droit civil ? Réflexions autour d'une expérience québécoise », *RTD Civ.*, 2011, p. 701 et s.

[78] V. par ex., la Convention de Bruxelles de 1968, la Convention de Lugano de 2007, le règlement Bruxelles I bis de 2012.

[79] L'enseignement exclusif d'un droit national semblerait inadapté dans le monde actuel. C'est la raison pour laquelle l'Université québécoise McGill a instauré un enseignement transsystémique à travers lequel les étudiants en droit étudient tant le système juridique du droit civil que le système juridique du Common Law. Cet enseignement permet d'envisager un droit global et de comprendre les influences étrangères sur les droits nationaux.

[80] SINDERS David, *op. cit.*

lesquelles des personnes partent à l'étranger pour recourir à une pratique d'AMP interdite au sein de leur pays d'origine. À leur retour dans leur État d'origine, les parents d'intention présentent une situation de fait, soit la prétention d'être parent d'un enfant né d'une telle pratique prohibée, qui emporte nécessairement des insécurités juridiques. Ces situations représentent de réelle « *quête de la parentalité [qui] surpasse les frontières* »[81].

22. Annonce des chapitres – Concernant la méthode procréative de la GPA, la France revendique une position réfractaire à l'encontre de cette pratique puisqu'elle l'interdit formellement depuis 1994[82]. Cependant, cette prohibition étatique française est menacée par la réception forcée des situations étrangères **(CHAPITRE 1)**. Cette menace venant des autres ordres juridiques étatiques est doublée par une intégration forcée de cette méthode procréative par l'ordre juridique européen **(CHAPITRE 2)**.

---

[81] PHILIPPOT Alice, « La famille en droit international privé », *Droit de la famille* n°1 janv. 2018, doss. 1.

[82] Loi n°94-653 du 29 juillet 1994 relative au respect du corps humain, JORF, n°175, 30 juillet 1994 ; Loi n°94-654 du 29 juillet 1994 relative au don et à l'utilisation des éléments et produits du corps humain, à l'assistance médicale à la procréation et au diagnostic prénatal, JORF, n°175, 30 juillet 1994.

CHAPITRE I. L'INTERDICTION ÉTATIQUE FRANÇAISE DE LA GPA MENACÉE PAR LES RÉCEPTIONS FORCÉES

23. Nouvelles formes de parentalité – En raison de l'internationalisation de la méthode procréative de la GPA, de nouvelles formes de parentalité sont apparues. Ces nouveautés ont donné naissance à d'importants contentieux en droit interne français. En effet, des personnes qui souhaitent devenir parents ont recours à des méthodes procréatives autorisées à l'étranger pour contourner les interdictions posées par l'ordre juridique français. Il s'agit d'une situation de fraude à la loi comparable au mécanisme du « *law shopping*[83] »[84], issu du droit international privé.

24. Interdiction catégorique de la GPA– Depuis 1988, les juridictions françaises, tant civiles qu'administratives, ont formellement interdit la GPA en droit interne. Et pour répondre à l'effervescence de ces recours à la GPA à l'étranger pour contrecarrer cette interdiction, la France maintient sa position avec fermeté. L'ordre juridique français n'est pas le seul ordre étatique européen qui refuse de légaliser cette méthode procréative. En effet, sur 41 états européens, seule une quinzaine d'entre eux autorisent ou tolèrent la GPA[85].

25. Réception des situations étrangères discutée – Par conséquent, lorsqu'une GPA est réalisée à l'étranger, deux points de vue s'affrontent quant à l'effectivité de cette réception[86]. D'une part, les réfractaires à la légalisation de la GPA souhaiteraient renforcer la répression à l'encontre des acteurs de la GPA en se fondant principalement sur l'article 16-7 du Code civil qui sanctionne par la

---

[83] En droit international privé, le *law shopping* qui est un mécanisme par lequel des individus peuvent choisir eux-mêmes la loi applicable pour encadrer une situation transfrontière. Cette notion se distingue du *forum shopping* qui représente la possibilité pour des individus de déterminer le juge compétent par rapport à une situation qui présente un élément d'extranéité.

[84] CHAIGNEAU Aurore, « Pour un droit du lien : le débat sur la GPA comme catalyseur d'un droit de la filiation renouvelé », *RTD civ.* 2016, p. 263 et s.

[85] AVENA-ROBARDET Valérie, « Quid des demandes d'aide médicale à la procréation transnationale ? », *AJ Fam.* 2021, p. 602.

[86] FOYER Jacques, « Filiation - Effets en France des filiations établies à l'étranger par GPA et PMA », *Rép. DIP*, 2015 (actualisation : 2023), p. 216 et s.

nullité les contrats de GPA. D'autre part, les approbateurs de la légalisation de la GPA prônent l'argument de l'intérêt de l'enfant pour faciliter la réception de ces situations étrangères et ainsi reconnaître pleinement les effets de cette pratique.

26. Annonce des sections – Malgré ces oppositions frontales, le droit français fait le choix d'une interdiction supposée inébranlable. Et pourtant, la pratique démontre que cette prohibition fait preuve d'inadaptabilité face au phénomène de l'internationalisation de cette méthode procréative **(SECTION 1)** et que son régime répressif est finalement inefficace face à ces réceptions internationales forcées **(SECTION 2)**.

SECTION 1. L'INADAPTABILITÉ DE LA PROHIBITION FACE AU PHÉNOMÈNE DE L'INTERNATIONALISATION

27. « *Réflexion sous contrôle de l'État* »[87] – Par principe, l'État français est garant des libertés individuelles qui, lorsqu'elles résultent « *d'un choix libre et informé* », doivent être considérées comme étant morales à la condition qu'elles ne lèsent pas autrui[88]. Ces libertés pourraient s'appliquer dans le domaine de la procréation, mais l'ordre juridique français s'est immiscé dans ce domaine par le biais des réformes relatives à la bioéthique. Ces réformes ont permis à l'État français de strictement encadrer les relations intrafamiliales et les modes de conception des enfants au regard des nouvelles technologies reproductives. Par cet encadrement de ces modes de conception, le droit français a développé un ordre public rigoureux tendant à la protection du corps humain et à l'interdiction de toute liberté procréative. Dès lors, il est possible de se demander si cette liberté individuelle n'a pas disparu[89].

28. « *Bioéthique ou biopouvoir* »[90] – Au regard de la position française, l'encadrement juridique du corps humain est qualifié de biopouvoir selon un auteur. L'intérêt en utilisant cette expression est de critiquer l'immixtion de l'État dans les droits individuels de ses ressortissants, et notamment en ce qui concerne la libre disposition du corps humain. Notamment, l'établissement d'un ordre public du corps a été le moyen juridique pour l'État d'interdire la gestation pour autrui. En effet, conformément à cet ordre public, une femme ne peut pas accepter de porter un enfant pour autrui et d'y consentir par convention[91]. Cette interdiction est applicable alors même que le consentement de la mère porteuse est libre[92].

29. Immixtion des pouvoirs publics dans la GPA – Ainsi, en raison de cet ordre public croissant du corps, la jurisprudence a progressivement mis en place un encadrement répressif autour de la

---

87 BORRILLO Daniel, *op. cit.* p. 70.
88 *Ibid.*, p. 117.
89 *Cf.* n°174 et s. pour l'émergence de la notion de liberté procréative.
90 *Ibid.*, p. 115.
91 C. civ., art. 16-7.
92 *Cf.* n°180 sur le recueil du consentement de la mère porteuse.

GPA **(§1)** qui, par la suite, a été codifiée pour limiter la réception forcée des GPA réalisée à l'étranger **(§2)**, en vain.

§1. LA MISE EN ŒUVRE PROGRESSIVE D'UN ENCADREMENT RÉPRESSIF JUDICIAIRE

30. Première mère porteuse – La méthode procréative de la gestation pour autrui s'est largement développée au cours des années 1980. En 1984, une femme appelée Patricia a été interviewée par le magazine *Parents*. Elle serait la première mère porteuse en France[93]. Elle a raconté avoir été mise en relation avec le docteur Sacha Geller, reconnue pour avoir pratiqué plusieurs GPA de manière informelle[94], étant précisé que cette pratique ne faisait l'objet d'aucune réglementation particulière à cette époque.

31. Développement des associations promouvant la GPA – En raison du développement de ces pratiques informelles, des associations ont été créées avec pour objectif de mettre en relation des mères porteuses et des parents d'intention. Il s'agissait notamment des associations nommées Sainte Sarah[95], Alma Mater ou encore les Cigognes.

32. Ferme répression juridictionnelle – À partir de 1988, plusieurs affaires impliquant ces associations et la pratique de GPA ont été portées devant les juridictions civiles et administratives. En réponse, les juges français ont sanctionné les associations qui jouaient un rôle d'intermédiaire dans ce processus procréatif **(A)** et ont, par la suite, directement réprimé la méthode procréative de la GPA **(B)**.

A. LA RÉPRESSION INDIRECTE DE LA GPA PAR LES INTERMÉDIAIRES

33. Condamnation des associations – Dans un ordre chronologique, le Conseil d'État est la première juridiction à avoir sanctionné une association qui jouait ce rôle d'intermédiaire entre des parents

---

[93] https://www.youtube.com/watch?v=tsnRb6Kb2T0.

[94] https://www.gynger.fr/meres-porteuses-il-y-a-30-ans-elle-fut-la-premiere-en-france/index.html.

[95] Ce nom renvoie à la femme d'Abraham qui est le premier personnage biblique à avoir eu recours à la GPA avec sa femme Sarah.

d'intention et des mères porteuses. Cette position a été suivie par la Cour de cassation qui s'est également prononcée sur l'illicéité de l'objet d'une telle association **(1)**. Pour motiver sa décision, la Haute juridiction civile s'est fondée sur un principe préexistant suivant lequel l'état des personnes est indisponible **(2)**.

1. L'ILLICÉITÉ DE L'OBJET DES ASSOCIATIONS ENTREMETTEUSES

34. Objet des associations de GPA – Dans les années 1980, l'insémination artificielle et la fécondation *in vitro* ont été appréhendées comme des solutions pour pallier l'infertilité ou la stérilité d'un membre d'un couple désireux d'avoir un enfant. Cet objectif initial a été contourné et réappréhendé par des associations qui ont développé une mise en relation entre les acteurs de la GPA. Ces associations se sont multipliées en vertu du principe de la liberté d'association[96] qui a valeur constitutionnelle[97]. Or dans le cadre de la création d'une association, malgré l'absence d'autorisation préalable, l'acquisition de la personnalité morale requiert une inscription sur le registre des associations dressé auprès du tribunal judiciaire[98].

35. Refus d'enregistrement – Une telle demande d'inscription a été formulée par l'association Les Cigognes qui reconnaissait avoir pour objet social cette mise en relation entre acteurs de la GPA. Cette inscription a été portée devant les juridictions administratives françaises qui se sont posé la question de savoir si un tel objet social pouvait être valide. Cette difficulté a été portée jusqu'au Conseil d'État[99] qui s'est prononcé le 22 janvier 1988[100]. Dans sa décision, la Haute juridiction administrative a indiqué que l'objet de cette

---

[96] Loi du 1er juillet 1901 relative au contrat d'association, JORF du 2 juillet 1901.

[97] Cons. Const., déc. 16 juillet 1971, n°71-44 DC, *Liberté d'association*, consid. 2.

[98] Depuis le 24 octobre 2009, il s'agit du Répertoire National des Associations (RNA).

[99] En premier lieu, cette demande d'inscription avait été favorablement accueillie. Cependant, et en second lieu, le préfet du Bas-Rhin s'est opposé à cette décision aux motifs que l'objet d'une association qui consiste à promouvoir un délit pénal d'abandon de l'enfant à la naissance doit être qualifié d'illicite.

[100] CE, ass., 22 janv. 1988, *Assoc. « Les cigognes »*, req. n°80936 ; *Lebon 37* ; *RDSS* 1988, note Dubouis.

association était de favoriser *in fine* une situation d'abandon de l'enfant à naître et qu'un tel objet devait être qualifié d'illicite.

36. Alignement de la juridiction civile – En parallèle de ce refus d'inscription de l'association Les Cigognes, une affaire similaire concernant l'association Alma Mater a été portée devant la Cour de cassation. En l'espèce, l'objet de cette association était sanctionné par une nullité en première instance et en appel en raison de son caractère illicite, contraire aux lois et aux bonnes mœurs[101]. Malgré les prétentions suivant lesquelles l'objet de l'association Alma Mater répondait à un but humanitaire non lucratif, la Cour de cassation a estimé à son tour, dans un arrêt du 13 décembre 1989, que « *l'activité de l'association, qui tend délibérément à créer une situation d'abandon [...] sur le fondement de l'article 3 de la loi du 1er juillet 1901 [...] était nulle en raison de l'illicéité de son objet* »[102]. Ainsi, la Haute juridiction civile a reconnu que cette association incitait les parents d'intention à détourner l'institution de l'adoption. De surcroît, et sans y avoir été invitée, la Cour de cassation a incidemment prononcé la nullité de la convention de GPA sur le fondement de l'ancien article 1128 du Code civil. Malgré cette motivation *ultra petita*, l'intérêt du prononcé de cette nullité était d'initier une première interdiction de cette méthode procréative sur le fondement du principe d'indisponibilité de l'état des personnes par convention.

2. *UNE MOTIVATION FONDÉE SUR LE PRINCIPE PRÉEXISTANT D'INDISPONIBILITÉ DE L'ÉTAT DES PERSONNES*

37. Intérêt du principe – Le principe d'indisponibilité de l'état des personnes avait été préalablement invoqué par la Cour de cassation dans un arrêt du 16 décembre 1975[103] concernant le changement de sexe d'un

[101] CA Aix-en-Provence, 1ère ch. civ., 29 avr. 1988, *Gaz. Pal.* 1989. I. 44, note Biasca, *JCP* 1989.21191, note Pedrot, *RDSS* 1989.266.
[102] Cass. 1re civ., 13 décembre 1989, n°88-15.655, P : *D.* 1990. AJ 273, rapp. Massip ; *RTD com. 1990. 223, obs. Alfandari et Jeantin ;* JCP 1990. II. 21526, note Sériaux.
[103] Cass. 1re civ., 16 décembre 1975, n°73-10.615 : *D.* 1976. 317, note R. Lindon ; *JCP* 1976. II. 18503, note J. Penneau ; *RTD civ.* 1976. 119, obs. R. Nerson.

individu[104]. L'état des personnes renvoie à tous les éléments qui permettent d'identifier un individu et de le distinguer des autres. Ainsi, « *les éléments qui concourent à cette individualisation constituent, ensemble, l'état de personne* »[105]. Ces éléments sont le nom, le prénom, le sexe, la situation maritale, la nationalité ou encore le lien de filiation. « *La fiabilité de ces éléments suppose qu'ils ne puissent être modifiés unilatéralement par la personne et que celle-ci ne puisse même influer, par sa volonté, sur leur détermination* » [106]. Dès lors, la Cour de cassation a interdit ces modifications par convention de leur état en vertu de ce principe d'indisponibilité de l'état des personnes.

38. Filiation en tant qu'état d'une personne – La filiation, considérée comme un état, est également soumise à ce principe d'indisponibilité. Dans son arrêt du 13 décembre 1989, la Cour de cassation était saisie pour déterminer l'illicéité ou non de l'objet de l'association Alma Mater en sa qualité d'intermédiaire dans le processus d'une GPA. Toutefois, par une motivation *ultra petita*, la première chambre civile de la Cour de cassation a également condamné les conventions de GPA au motif qu'elles tromperaient l'état de la filiation de l'enfant à naître. Elle a indiqué que ces conventions avaient pour incidence d'établir un lien de filiation entre l'enfant né de GPA et ses parents d'intention qui déroge aux règles classiques d'établissement de la filiation. De surcroît, le fait d'exclure la mère porteuse de l'acte de naissance pourrait être considéré comme une réticence dolosive relative à l'état de la personne de l'enfant né de GPA. Par conséquent, cette omission pouvait, selon les juges français, nuire à l'intérêt de l'enfant.

39. Nullité incidente de la convention – C'est pour cette raison que les juges français ont poursuivi leur raisonnement en sanctionnant, de manière incidente, la convention de GPA par une nullité. En tout état

---

[104] En l'espèce, il s'agissait d'une action d'état menée par une personne ayant changé de sexe à l'étranger pour obtenir la modification de son acte de naissance conformément à son nouvel état. La plus haute juridiction civile a estimé que « *le principe de l'indisponibilité de l'état des personnes, au respect duquel l'ordre public est intéressé, interdit de prendre en considération les transformations ainsi obtenues* ». Par conséquent, la cour a rejeté la demande de modification de son état en raison d'un détournement de la loi française. Aujourd'hui, cette pratique est autorisée sous certaines conditions.

[105] LOISEAU Grégoire, *op. cit.*, point 99.

[106] *Loc. cit.*

de cause, le simple problème de droit posé à la Cour de cassation quant à la licéité de l'objet de cette méthode procréative a permis aux juges de sanctionner, de manière exceptionnelle, le processus procréatif de GPA dans son ensemble. Pourtant surprenante sur le fond du droit, cette solution jurisprudentielle a été renouvelée pour sanctionner définitivement le processus procréatif de la GPA.

B. LE PROCESSUS PROCRÉATIF DIRECTEMENT SANCTIONNÉ PAR LES JURIDICTIONS FRANÇAISES

40. Répression directe des acteurs – Cette nullité des conventions de GPA, indirectement reconnue par la Cour de cassation en 1989, a été confirmée par une seconde décision datant de 1991[107]. Dans cette seconde affaire, la question posée aux juges français portait directement sur le mécanisme de la GPA puisqu'il s'agissait d'une demande d'adoption de l'enfant par le parent d'intention. Une nouvelle fois, les juges français ont confirmé le prononcé de la nullité des conventions de GPA **(1)** sur, cette fois-ci, un nouveau principe fondamental qui a pour intérêt de rendre le corps humain indisponible **(2)**.

1. LA CONFIRMATION DE LA NULLITÉ DES CONVENTIONS DE GPA

41. Rejet de la demande d'adoption – Le 31 mai 1991, la question présentée à la Haute juridiction civile était de savoir si une adoption pouvait être accordée à l'égard du parent d'intention ayant eu recours à une GPA réalisée à l'étranger. Cette adoption avait fait l'objet d'une autorisation par les juges du fond aux motifs qu'en « *l'état actuel des pratiques scientifiques et des mœurs, la méthode de la maternité substituée doit être considérée comme licite et non contraire à l'ordre public* » [108] et que cette décision était conforme à l'intérêt de l'enfant. Cette affaire a été portée devant la Cour de cassation, formée en

---

[107] Ass. Plén, 31 mai 1991, n°90-20.105 P: *R.* p. 247 ; *GAJC*, 12e éd., n° 50 ; *D.* 1991. 417, rapp. Chartier, note Thouvenin ; *JCP* 1991. II. 21752, communic. Bernard, concl. Dontenwille, note Terré ; *Defrénois* 1991. 948, obs. Massip ; *RTD civ.* 1991. 517, obs. Huet-Weiller ; *RRJ* 1991/3. 843, note Barthouil.

[108] CA Paris, 15 juin 1990 : *JCP* 1991. II. 21653, note Edelman et Labrusse-Riou.

Assemblée plénière, par le parquet français[109] qui s'est pourvu en cassation[110]. L'assemblée plénière a finalement décidé que l'adoption plénière de l'enfant né de GPA à l'étranger par la mère d'intention était contraire à l'article 353 du Code civil et représentait la phase ultime d'un processus procréatif interdit. Elle considère qu'une adoption ne peut être autorisée que lorsqu'un enfant est dépourvu de famille[111]. Cette décision confirme le raisonnement évoqué par la Cour de cassation dans sa décision de 1989 suivant lequel la GPA aboutit à un « *détournement de l'institution de l'adoption* »[112].

42. Encadrement jurisprudentiel contestable – Même si l'assemblée plénière de la Cour de cassation n'était pas, une nouvelles fois, tenue de se prononcer sur la validité des conventions de GPA, elle a confirmé sa jurisprudence précédente en sanctionnant par la nullité ces conventions en se fondant sur les articles 6, 1128 et 353 du Code civil. Par ces deux premiers articles, les conventions contraires à l'ordre public sont frappées d'une nullité absolue. Dès lors, l'utilisation de ces dispositions paraît inappropriée puisque le jugement en cause portait exclusivement sur l'adoption plénière de l'enfant né de GPA à l'étranger. Finalement, ces fondements ont eu pour objectif de légitimer le raisonnement des juges français de 1989. Cependant, la Cour de cassation a minutieusement détaillé sa motivation pour justifier le prononcé de la nullité des conventions de GPA.

43. Nullité confirmée, justifiée et fondée – En effet, la décision de 1989 a prononcé la nullité des conventions de GPA sans y être invitée. Aussi, elle a profité d'une absence de visa puisqu'il s'agissait d'un arrêt de rejet. Toutefois, elle a précisé dans son dispositif que ces conventions étaient contraires à l'ancien article 1128 du Code civil qui indiquait, dans sa version antérieure à la réforme de 2016, qu'« *il n'y a que les choses qui sont dans le commerce qui puissent être l'objet des*

---

109 THOUVENIN Dominique, « Nullité de la convention par laquelle une femme s'engage à concevoir ou à porter un enfant pour l'abandonner à sa naissance », *D.* 1991, p. 417 et s. (ss. Ass. Plén, 31 mai 1991, n°90-20.105)

110 Ce pourvoi en cassation était formulé par le Procureur de la République dans l'intérêt de la loi et dans l'intérêt général.

111 ALFANDARI Elie, « Associations d'encouragement aux mères porteuses. Illicéité de l'activité », *RDSS.* 1990, p. 223 (ss. Cass. 1re civ., 13 déc. 1989, n°88-15.655).

112 Cass. 1re civ., 13 décembre 1989, *op. cit.*

conventions » [113]. Ainsi, c'est cette notion de chose dans le commerce qui a permis à la Cour de cassation de créer un nouveau principe suivant lequel le corps humain est indisponible.

2. *UNE MOTIVATION FONDÉE SUR LE NOUVEAU PRINCIPE D'INDISPONIBILITÉ DU CORPS HUMAIN*

44. Distinction entre indisponibilité et non-patrimonialité – L'indisponibilité du corps humain est définie comme un « *principe traditionnel qui devrait signifier, au sens strict, que le corps humain, ses éléments ou ses produits sont indisponibles, c'est-à-dire qu'ils ne peuvent faire l'objet d'une transaction, que ce soit à titre gratuit ou à titre onéreux* »[114]. Cependant, seule la non-patrimonialité du corps humain est inscrite dans le Code civil au troisième alinéa de l'article 16-1. Cette disposition énonce que « *le corps humain, ses éléments et ses produits ne peuvent faire l'objet d'un droit patrimonial* ». Ces deux définitions ont été modifiées au gré des progrès scientifiques et, tout compte fait, le législateur a « *substitué le principe de la non-patrimonialité du corps humain à la règle traditionnelle de l'indisponibilité de l'enveloppe charnelle* »[115] pour protéger les recherches sur le corps humain.

45. Application du principe de non-patrimonialité à la GPA – En effet, en créant le principe d'indisponibilité du corps humain, la Haute juridiction civile avait amputé le développement de la science sur le corps humain. C'est la raison pour laquelle le législateur n'a pas codifié ce principe et a privilégié le fait d'instituer une sorte de chosification du corps humain et de ses éléments dans la limite du respect de la non-commercialité. Dès lors, le législateur crée des régimes juridiques particuliers relatifs au corps. Par exemple, il existe des législations relatives aux recherches embryonnaires ou encore aux divers dons de cheveux ou autres éléments du corps humain. La GPA, quant à elle,

---

[113] Ordonnance n°2016-131 du 10 février 2016 portant réforme du droit des contrats et du régime général de la preuve des obligations, JORF n°0035, 11 février 2016.
[114] DEBARD Thierry et GUICHARD Serge, *op. cit.*, (V. Indisponibilité de l'état des personnes) p. 572.
[115] DUBERNAT Sandrine-Alexia, La non-patrimonialité du corps humain [en ligne], Thèse de doctorat, Droit, Univ. Bordeaux 4, 2000, résumé [consulté le 15.04.2023].

serait interdite puisqu'il s'agirait d'une pratique qui commercialise le corps de la mère porteuse[116]. Par conséquent, les conventions de GPA ne peuvent pas porter sur le corps de la mère porteuse, et ce d'autant plus lorsqu'une transaction économique est pratiquée. En revanche, en considérant que la GPA est soumise au principe de l'indisponibilité du corps humain, une question se pose concernant la GPA dite altruiste, qui répondrait aux exigences du principe de non-patrimonialité du corps.

46. Intensification de la répression – Nonobstant cette question relative à la gratuité d'une GPA, l'Assemblée plénière a motivé sa décision, en 1991, sur le principe d'indisponibilité du corps humain. Il s'agit d'une création jurisprudentielle qui permettait de renforcer l'argument de l'illicéité des conventions de GPA en toutes circonstances[117]. De plus, dans cette affaire dédiée à l'adoption d'un enfant par un parent d'intention, l'assemblée plénière de la Cour de cassation a précisé que le contrat de GPA tend à l'abandon de l'enfant à sa naissance par sa mère gestatrice, ce qui est également contraire au principe d'indisponibilité du corps humain[118]. Ainsi, la mère porteuse et l'enfant à naître doivent être appréhendés comme des personnes étant « *hors commerce* » [119] au sens de l'ancien article 1128 du Code civil. Par conséquent, la mise à disposition des fonctions reproductrices de la mère porteuse dans un contrat est sanctionnée sur le fondement de ce principe d'indisponibilité du corps humain en raison de son caractère commercial.

Finalement, dans la continuité de cette construction jurisprudentielle du principe de l'indisponibilité du corps humain, cette interdiction de la GPA a été expressément codifiée à travers les lois relatives à la bioéthique[120]. Toutefois, malgré cette codification, l'encadrement

---

[116] LAVROFF-DETRIE Sandra, *De l'indisponibilité à la non-patrimonialité du corps humain* [en ligne], Thèse de doctorat, Droit, Univ. Paris 1, 1997, résumé [consulté le 15.04.2023].
[117] AUBERT Jean-Luc, « Nullité de la convention par laquelle une femme s'engage à concevoir et à porter un enfant pour l'abandonner à sa naissance », *D.* 1991, p. 318 et s. (ss. Ass. Plén, 31 mai 1991, n°90-20.105).
[118] Ass. Plén, 31 mai 1991, *op. cit.*
[119] ALFANDARI Elie, *op. cit.*
[120] AUBERT Jean-Luc, *op. cit.*

juridique de la GPA est limité par la réception forcée des GPA réalisées à l'étranger.

§2. LA CODIFICATION D'UN ENCADREMENT JURIDIQUE LIMITÉ PAR LA RÉCEPTION DES GPA RÉALISÉES À L'ÉTRANGER

47. Institution du CCNE – L'élaboration d'un encadrement juridique des pratiques scientifiques et des modes de conception fait nécessairement appel à deux institutions françaises : le Comité national d'éthique[121] (CCNE) et les États généraux[122]. Ce comité national a pour ambition de « *fournir un éclairage utile aux décideurs et au débat public sur les enjeux éthiques de ces progrès [scientifiques]* »[123]. Dès lors, cette institution n'émet que des avis non impératifs[124]. En plus de ces avis, le législateur français se réfère désormais aux avis émis par les États généraux. Ces États généraux sont des consultations citoyennes organisées par le CCNE. À l'issue de ces consultations, le comité national doit rendre un rapport objectif. *In fine*, le législateur s'empare de ces avis pour édifier les nouvelles lois dites bioéthiques.

48. Avis nécessaires, voire indispensables – Parmi les avis rendus par le CCNE, un d'entre eux relatif aux demandes sociétales de recours à l'assistance médicale à la procréation, a été publié le 15 juin 2017[125]. Dans ce rapport, le comité a constaté « *avec une extrême inquiétude l'expansion rapide du marché international de la GPA sous la pression d'agences à but commercial et de groupe de pressions attachés à présenter et mettre en valeur dans les médias des images positives de ce marché* »[126]. Il recommande d'ailleurs à l'ordre juridique français de

---

[121] Ce comité a été créé par un décret du 23 février 1983 par le Président de la République français Mitterrand.

[122] Les États généraux de la bioéthique ont été créés par la ministre de la Santé, Madame Roseline Bachelot, le 8 décembre 2008.

[123] https://www.ccne-ethique.fr/node/351?taxo=48.

[124] Le CCNE composé de 45 membres bénévoles et désignés en raison de leur expertise dans des domaines scientifiques tels que la médecine, le droit ou encore la philosophie. Ces membres doivent être indépendants du pouvoir politique pour assurer le respect d'indépendance et pour éviter toute influence.

[125] CCNE, avis n°126, 15 juin 2017.

[126] *Ibid.*, p. 40.

mener des négociations internationales pour parvenir à une interdiction internationale de cette pratique. *A contrario*, les États généraux ont publié un rapport en juin 2018[127] à l'issue duquel les citoyens sembleraient vouloir instaurer un principe d'égalité dans l'accès aux AMP et souhaiteraient permettre cet accès à toute personne justifiant d'un projet parental.

49. Annonce des parties – Face à ces avis dissidents, le législateur a mis en place une élaboration périodique des lois bioéthiques **(A)** pour répondre aux GPA réalisées à l'étranger et qui menacent l'ordre juridique français **(B)**.

A. L'ÉLABORATION PÉRIODIQUE DES LOIS DITES BIOÉTHIQUES

50. Codification de l'interdiction de principe – Avant 1994, aucune loi civile n'encadrait expressément l'interdiction de la GPA. Toutefois le rapport Lenoir, relatif aux frontières de la vie et publié le 11 juin 1991[128], a mis en avant une volonté d'encadrer les innovations scientifiques et de codifier l'interdiction de la GPA. À la suite de ce rapport, deux lois relatives à la bioéthique ont été instituées en 1994[129]. Ces lois ont instauré l'interdiction de principe de la GPA dans l'ordre juridique français à travers la création de l'article 16-7 du Code civil conformément auquel « *toute convention portant sur la procréation ou la gestation pour le compte d'autrui est nulle* »[130].

51. Renforcement de l'ordre public – Cette interdiction a été portée au rang d'ordre public français[131], mais elle ne concerne que les

---

127 CCNE, Rapp. de synthèse, juin 2018.

128 Rapp. Noëlle Lenoir, Aux frontières de la vie : éthique biomédicale à la française, 11 juin 1991.

129 Loi n°94-653 du 29 juillet 1994 relative au respect du corps humain, *op. cit.* ; Loi n°94-654 du 29 juillet 1994 relative au don et à l'utilisation des éléments et produits du corps humain, à l'assistance médicale à la procréation et au diagnostic prénatal, *op. cit.*

130 Cette disposition a été intégrée dans un nouveau chapitre relatif au respect du corps humain.

131 C. civ., art. 16-9 : « *Les dispositions du présent chapitre sont d'ordre public* ».

conventions de GPA. Ainsi, les conséquences sur l'adoption par le parent d'intention ou encore sur les réceptions internationales des situations étrangères n'ont pas été appréhendées par le législateur. Aucune modification n'a été apportée sur ces points dans les différentes autres lois relatives à la bioéthique. En effet, dès leur instauration en 1994, le législateur français avait consacré un principe de réexamen périodique de ces lois pour assurer une évolution juridique fidèle aux progrès scientifiques et aux mœurs de la société française. Malgré des révisions en 2004[132] et en 2011[133], les modifications phares concernant les AMP sont issues de la loi du 2 août 2021[134]. Cette loi a drastiquement modifié le cadre juridique des AMP, tout en maintenant l'interdiction de principe de la GPA[135].

52. Théorie du « *juste milieu* »[136] – En ce qui concerne les conditions d'accès à ces AMP pour des couples homosexuels, ces modifications ont été engagées en raison des recommandations citoyennes des États généraux de 2018[137]. Cette évolution juridique est représentée par une modification des conditions de recours à ces pratiques médicales. Désormais, les parents d'intention souhaitant avoir recours à une telle AMP doivent justifier d'un projet parental[138] et ne sont plus obligés d'apporter la preuve d'une infertilité ou d'une stérilité de l'un des membres du couple. De plus, cette possibilité est ouverte aux couples de femmes ainsi qu'aux femmes non mariées. Cependant, l'accès aux AMP pour les couples d'hommes n'est pas autorisé et l'interdiction de la GPA est maintenue. Cette solution serait justifiée par une théorie dite du juste milieu suivant laquelle le droit français serait « *détenteur de la posture moyenne* »[139] entre les traditions religieuses et les revendications progressistes. Le but de cette position étant « *[d'] accompagner le progrès des mœurs sans bouleverser l'ordre*

---

[132] Loi n°2004-800 du 6 août 2004 relative à la bioéthique, JORF, n°182, 7 août 2004.
[133] Loi n°2011-814 du 7 juillet 2011 relative à la bioéthique, JORF, n°0157, 8 juillet 2011.
[134] Loi n°2021-1017 du 2 août 2021 relative à la bioéthique, JORF, n°0178, 3 août 2021.
[135] *Cf.* n°205 et s. sur les modifications apportées par la loi bioéthique de 2021 en matière d'AMP.
[136] BORRILLO Daniel, *op. cit.*, p. 62.
[137] CCNE, Rapport de synthèse, *op. cit.*
[138] *Cf.* n°211 et s. sur la notion du projet parental.
[139] BORRILLO Daniel, *op. cit.*, p. 64.

social»[140]. Cependant, l'ordre social du droit français est nécessairement menacé par les réceptions forcées des GPA réalisées à l'étranger.

B. LA MENACE DES GPA RÉALISÉES À L'ÉTRANGER DANS L'ORDRE JURIDIQUE FRANÇAIS

53. Distinction entre parents d'intention – Malgré les évolutions récentes en la matière, les GPA réceptionnées de manière forcée dans l'ordre juridique français sont tant pratiquées par des couples hétérosexuels **(1)** que par des couples homosexuels **(2)**.

1. LES GPA RÉALISÉES AU SEIN D'UN COUPLE HÉTÉROSEXUEL

54. Union entre deux personnes de sexe différent – Certains pays étrangers autorisent la gestation pour autrui, à condition qu'elle soit pratiquée en faveur d'un couple hétérosexuel. Il s'agit d'une condition d'ordre public. Généralement, dans la plupart de ces ordres juridiques étatiques, ceux-ci n'accordent aucun droit aux personnes homosexuelles. À titre d'exemples[141], la Russie autorise une forme de GPA commerciale conformément à l'article 35 de la loi fondamentale russe sur la protection de la santé des citoyens. En l'occurrence, le couple hétérosexuel en question doit obligatoirement être marié et, étant donné que le mariage homosexuel n'est pas reconnu en Russie, il s'en suit que la GPA leur est interdite. De même, l'Ukraine autorise expressément la GPA aux couples hétérosexuels et interdit formellement ce recours aux couples homosexuels. Toutefois, une précision est pertinente. Le droit ukrainien accepte le recours à la GPA aux couples mariés, aux couples concubins ainsi qu'aux personnes célibataires, qu'il s'agisse d'un homme seul ou d'une femme seule. Dès lors, l'autorisation accordée aux hommes célibataires est un moyen de contourner l'interdiction formelle de l'accès à la GPA pour les couples

140 *Ibid.* p. 63.
141 LOUBERSAC Romain, *op. cit.*, p. 418 et s.

uniquement composés d'hommes puisqu'un homme en couple avec un autre homme pourrait, seul, engager un tel processus procréatif.

55. Une pratique exclusivement gestationnelle – De surcroît, la Russie et l'Ukraine imposent une condition supplémentaire quant au recours à la GPA. Ils astreignent notamment les parents d'intention à recourir à des gamètes différents de ceux de la mère porteuse. En d'autres termes, seule la pratique suivant laquelle la mère porteuse est exclusivement gestatrice est autorisée au sein de ces pays. Ces gamètes proviennent souvent, voire exclusivement des parents d'intention. Cette condition est également imposée par le droit géorgien qui autorise cette GPA gestationnelle depuis 1997[142].

56. Procréation naturelle imposée – Pour une grande majorité des ordres juridiques étrangers qui autorise cette méthode procréative à l'égard des couples hétérosexuels, la raison principale réside dans la volonté de remédier à l'infertilité ou bien de trouver une solution pour éviter la transmission d'une maladie à un enfant. Au Portugal, la législation relative à la gestation pour autrui a subi plusieurs difficultés[143], mais, en toutes circonstances, le droit portugais présente le recours à la GPA comme un moyen de pallier l'infertilité d'une femme. D'ailleurs, la mère d'intention doit démontrer qu'elle est atteinte d'un dysfonctionnement de son utérus voire d'une absence totale d'utérus. Au regard de ces différentes conditions pratiques, il est évident que celles-ci sont totalement réadaptées lorsque le processus procréatif est initié par un couple homosexuel.

2. LES GPA RÉALISÉES AU SEIN D'UN COUPLE HOMOSEXUEL

57. Problématiques similaires – De manière générale, les couples composés d'hommes sont ceux qui recourent le plus fréquemment à la GPA. En effet, les couples homosexuels composés de femmes peuvent désormais recourir à la procréation médicalement assistée depuis la loi

[142] LOUBERSAC Romain, op. cit., p. 420 et s.

[143] *Cf.* n°12 sur les difficultés législatives en droit portugais.

du 2 août 2021[144]. Toutefois auparavant, des couples de femmes avaient également recours à des PMA à l'étranger pour contourner l'interdiction française et pouvaient également recourir à une autre mère porteuse à l'étranger au même titre que les couples composés d'hommes. De ce fait, les PMA qui étaient réalisées à l'étranger, en contradiction avec l'ordre juridique français, emportaient les mêmes problématiques juridiques au moment de leur retour sur le territoire français avec un enfant né d'une AMP interdite en droit interne[145]. Désormais, seuls les couples de femmes bénéficient d'une facilité pour concevoir un enfant en droit français.

58. Solution pour les couples d'hommes – Concernant les couples homosexuels composés d'hommes, ceux-ci sont autorisés à recourir à une GPA aux États-Unis puisque près d'une quinzaine d'États fédérés l'autorisent. L'État de New York a récemment pris la décision de légaliser une forme de GPA commerciale tant pour les couples stériles que pour les couples homosexuels. Cette autorisation est entrée en vigueur en février 2021[146]. En dehors des États-Unis, les couples homosexuels peuvent se rendre au Mexique ou encore en Colombie pour devenir parents. En ce sens, l'article 42 de la Constitution colombienne dispose que « *les enfants nés dans le mariage ou hors mariage, adoptés et procréés naturellement ou avec une assistance médicale, ont les mêmes droits et obligations* »[147]. Aussi, la Cour constitutionnelle colombienne a confirmé en 2009 que cette disposition était applicable à la maternité de substitution et, en 2015, a ajouté que cette gestation pour autrui pouvait être réalisée tant par des couples hétérosexuels que des couples homosexuels[148]. La particularité du droit colombien est que cette faculté de recours à la GPA est autorisée tant pour les ressortissants colombiens que pour les personnes étrangères conformément à l'article 100 de la Constitution colombienne. Dès lors, les couples homosexuels français peuvent se rendre en Colombie pour engager ce processus procréatif. Toutefois, dans cet ordre juridique, la GPA doit obligatoirement altruiste.

---

[144] Loi n°2021-1017, *op. cit.*

[145] *Cf.* n°201 et s. sur l'évolution juridiques des PMA.

[146] https://www.ieb-eib.org/fr/actualite/debut-de-vie/gestation-pour-autrui/la-gpa-commerciale-desormais-autorisee-a-new-york-1778.html.

[147] https://www.constituteproject.org/constitution/Colombia_2015.pdf?lang=en.

[148] https://worldcenterofbaby.fr/droit-sur-la-maternite-de-substitution-en-colombie/.

59. Pratique altruiste nécessaire – De la même manière au Royaume-Uni ainsi qu'au Brésil, ces ordres juridiques autorisent les couples homosexuels à recourir à cette méthode procréative à condition qu'elle soit pratiquée de manière altruiste. Cette permission britannique résulte du *Human Fertilization and Embriology Act* de 2008 qui autorise l'accès au système de « *parental order* »[149] aux couples homosexuels. Quant au Brésil, aucune loi étatique n'autorise expressément la GPA, mais le Conseil national brésilien, compétent en ce qui concerne les normes éthiques, a rendu une résolution à l'issue de laquelle il autorise les personnes célibataires et les couples homosexuels à recourir à cette pratique.

Finalement, que cette méthode procréative soit réalisée par des couples hétérosexuels ou par des couples homosexuels, le droit français reste *in omnibus* confronté à la réception des GPA qui sont légalement pratiquées à l'étranger. Ces réceptions forcées ont pour conséquence de rendre le régime répressif de la GPA inefficace dans l'ordre juridique français.

---

[149] *Cf.* n° 111 et s. sur l'institution du *parental order*.

SECTION 2. L'INEFFICACITÉ DU RÉGIME RÉPRESSIF FACE AUX RÉCEPTIONS FORCÉES

60. Ancienneté du régime répressif – Le régime répressif de la GPA s'est construit durant les années 1980. Aux côtés du prononcé jurisprudentiel de la nullité des conventions de GPA et du rejet d'une demande d'adoption par un parent d'intention, des sanctions pénales ont été instituées par la loi du 22 juillet 1992[150]. Cette réforme pénale a notamment créé une section relative aux atteintes à la filiation. En parallèle de ces sanctions pénales organisées dans le Code pénal français, d'autres sanctions civiles existent, mais celles-ci sont empreintes d'incohérence au regard de leur éparpillement. De ce fait, le régime répressif de la GPA manque de clarté, d'efficacité et provoque des insécurités juridiques.

61. Paralysie sans adaptation – Dès lors, malgré ces nombreux fondements juridiques, ceux-ci sont peu efficaces au regard de l'internationalisation de cette pratique. Dès lors, il apparaît que le droit français trouve ses limites dans cette interdiction. En ce sens, de plus en plus de contournements à la loi française sont observés et l'inefficacité de la répression française s'accentue. Finalement, la paralysie de l'ordre juridique français le contraint à s'adapter à ces évolutions sociétales. Deux solutions s'offrent au droit français : soit il est tenu d'alléger l'interdiction de principe de la GPA, soit il est tenu de renforcer cet encadrement répressif. Suivant trois propositions de loi récentes[151], la tendance législative tendrait vers un durcissement du régime juridique de la GPA. En ce sens, de nombreuses recommandations de sanctions sont préconisées telles que sanctionner par la nullité les conventions de GPA conclues à l'étranger ou encore appliquer le régime juridique pénal des délits relatifs à la filiation aux GPA réalisées à l'étranger. Laissées pour lettre morte, ces

---

[150] Loi n°92-684 du 22 juillet 1992 portant réforme des dispositions du code pénal relatives à la répression des crimes et délits contre les personnes, JORF, n°169, 23 juillet 1992.

[151] LHORO Marie-France, Proposition de loi n°573 du 17 janvier 2018 visant à proscrire la GPA du territoire français ; MÉNARD Emmanuelle, Proposition de loi n°3271 du 28 juillet 2020 visant à interdire la GPA et sa reconnaissance en France ; Assemblée nationale, Proposition de loi n°5071 du 22 février 2022 visant à rendre juridiquement efficace la prohibition de la GPA.

propositions montrent que le renforcement du régime répressif de la GPA n'est pas la meilleure solution.

62. Annonce des parties – En effet, il apparaît que les sanctions pénales françaises sont inadaptées aux GPA réalisées à l'étranger **(§1)** et les sanctions civiles sont victimes de leur dispersion **(§2)**.

§1. DES SANCTIONS PÉNALES INADAPTÉES AUX SITUATIONS ÉTRANGÈRES

63. Processus procréatif délictuel – En droit positif, l'encadrement répressif pénal de la GPA a été créé en 1992. Ces sanctions sont prévues aux articles 227-12 et suivants du Code pénal. Parmi les délits présentés dans cette section se trouve le délit de simulation ou de dissimulation d'enfant ainsi que la provocation à l'abandon de l'enfant.

64. Infractions connexes – En plus de ces infractions qui s'imputent directement sur le comportement des acteurs de la GPA, d'autres infractions connexes sont prévues. À titre d'exemple, l'article 441-4 du code pénal peut être invoqué dans le cadre de cette pratique. Cette disposition renvoie à l'infraction de faux commis dans une écriture publique. Il s'agit d'une inscription mensongère lorsque des parents d'intention mentionnent sciemment, à tort, l'un d'entre eux comme étant le parent légal de l'enfant alors même qu'il ne lui serait pas biologiquement lié. Ces faits sont punissables d'une peine allant jusqu'à dix ans d'emprisonnement et d'une amende de cent cinquante mille euros maximum. L'intérêt, dans le cadre de la GPA, est que cette infraction peut être consommée dans le cadre d'une simulation d'enfant. Toutefois, aujourd'hui, une difficulté se pose étant donné que les GPA sont pratiquées à l'étranger et que les actes d'état civil sont conformes au droit étranger. Cette potentielle infraction risque, en définitive, d'être dénuée de pertinence.

65. Inapplicabilité de la loi française à l'étranger – Cet exemple concernant l'inefficacité de l'infraction d'inscription mensongère d'un acte étranger est transposable à toutes les autres formes d'infractions relatives à la GPA. Ces délits prévus en la matière sont confrontés à l'inapplicabilité de la loi française lorsque les GPA réalisées à l'étranger. En effet, l'article 113-6 du Code pénal énonce en son alinéa 2 que « *[la loi française] est applicable aux délits commis par des Français hors du territoire de la République si les faits sont punis par la législation du pays où ils ont été commis* ». Or, les GPA réceptionnées en France sont pratiquées dans d'autres ordres juridiques étatiques qui autorisent cette pratique et, par conséquent, ces méthodes procréatives étrangères ne peuvent pas être sanctionnées par le droit français.

66. Annonce des parties – Dès lors, plusieurs infractions peuvent être sanctionnées lorsqu'une GPA est réalisée sur le territoire français. Parmi celles-ci, il est intéressant de distinguer les infractions spécifiques à la GPA **(A)** des infractions non spécifiques à la GPA **(B)**.

A. LES INFRACTIONS SPÉCIFIQUES À LA GPA

67. Infractions duales – Les infractions spécifiques à la méthode procréative de la GPA répriment le comportement des acteurs de ce processus. Il convient alors de dissocier les infractions de simulation, de dissimulation et de provocation à l'abandon propres aux parents d'intention **(1)** des infractions d'entremise propres aux acteurs intermédiaires **(2)**.

1. LES INFRACTIONS DE SIMULATION, DE DISSIMULATION ET DE PROVOCATION À L'ABANDON

68. Décriminalisation de la supposition – En 1810, l'ancien code pénal français réprimait l'infraction de supposition d'enfant[152]. Cette infraction correspondait « *tant la simulation de la naissance par la mère fictive que la dissimulation de la maternité de la mère réelle* »[153]. Toutefois, lors de la réécriture du Code pénal français par la loi du 22

[152] C. pén. de 1810, anc. art. 345.
[153] CA Versailles, 29 novembre 2000.

juillet 1992 en matière de crimes et de délits contre les personnes[154], ces deux infractions ont été dissociées pour créer l'infraction de simulation, d'une part, et de dissimulation d'enfant, d'autre part puisque ces infractions, prévues à l'article 227-13 du Code pénal, « *peuvent être commises, poursuivies et réprimées isolément* »[155]. L'autre évolution de cette réécriture est d'avoir décriminalisé ces infractions. En effet, sous l'empire de l'ancien Code pénal, la sanction prévue en cas de supposition d'enfant était une réclusion criminelle à temps de cinq à dix ans d'emprisonnement tandis que les infractions actuelles de simulation et de dissimulation d'enfant sont punies d'une peine de trois ans d'emprisonnement et de quarante-cinq mille euros d'amende.

69. Paradoxe des répressions – Malgré cette décriminalisation des infractions, le Code pénal français réprime, textuellement, la tentative de ces infractions[156]. Pour autant, ces sanctions sont aujourd'hui inefficaces en vertu de l'article 113-6 du Code pénal précité. Aussi, elles sont inopérantes puisque l'article 227-13 dudit code impose un dol spécial à la constitution de l'infraction. Ce dol est constitué dès lors que l'infraction a été commise dans l'intention de créer « *une atteinte à l'état civil* ». Or lorsque les GPA sont réalisées à l'étranger, les actes d'état civil sont conformes au droit étranger et, par conséquent, l'atteinte à l'état civil n'est pas constatée.

70. Infraction de provocation – Aux côtés de ces deux infractions, le Code pénal français prévoit une infraction supplémentaire à l'encontre des acteurs de la GPA : il s'agit de la provocation à l'abandon d'un enfant. Cette infraction est prévue au premier alinéa de l'article 227-12 du Code pénal. Cette disposition prévoit que « *le fait de provoquer soit dans un but lucratif, soit par don, promesse, menace ou abus d'autorité, les parents ou l'un d'entre eux à abandonner un enfant né ou à naître est puni de six mois d'emprisonnement et de 7 500 euros d'amende* ». En pratique, cette provocation à l'abandon a été prononcée par le Tribunal correctionnel de Bordeaux le 1er juillet 2015, mais les juges du fond ont estimé que « *les deux hommes avaient agi dans le seul but de fonder une famille, et que la peine ne serait pas inscrite au bulletin n°2*

---

154 Loi n°92-684, *op. cit.*

155 CONTIS Maïalen, « Une atteinte à la filiation : quand la réalité juridique rejoint la fiction », *Journal des droits de l'enfant* 2003/9 (n°229), p. 13-18.

156 C. pén., art. 121-4.

de leur casier judiciaire »[157]. La difficulté concernant cette infraction tient au fait que la mère porteuse peut consentir au processus procréatif. Dès lors, aucune provocation ne peut être retenue lorsque l'engagement de cet acteur est libre et éclairé. Finalement, cette provocation à l'abandon paraît également inadaptée en droit français.

En plus de ces infractions classiques à l'encontre de la mère porteuse et des parents d'intention, d'autres acteurs tels que les intermédiaires peuvent être poursuivis sur le fondement de l'infraction d'entremise.

2. *LES INFRACTIONS D'ENTREMISE*

71. Entremise particulière à la GPA – L'infraction d'entremise a été créée par la loi du 27 juillet 1994. Cette réforme a ajouté un troisième alinéa à l'article 227-12 du Code pénal qui dispose, désormais, que le droit français réprime l'entremise entre « *une personne ou un couple désireux d'accueillir un enfant et une femme acceptant de porter en elle cet enfant en vue de leur remettre* ». En réalité, cet ajout est une rectification de la loi du 23 juillet 1992 qui ne prévoyait que l'infraction d'entremise entre « *une personne désireuse d'adopter un enfant et un parent désireux d'abandonner son enfant né ou à naître* ». Cet oubli a été rectifié pour pouvoir intégrer dans le champ d'application de cette infraction d'entremise les personnes physiques qui mettent en relation des parents d'intention avec des mères porteuses. Étant précisé que les peines prévues pour ces infractions sont doublées lorsqu'un auteur consomme ces infractions à titre habituel ou dans un but lucratif.

72. Ambiguïté de l'infraction – Cet ajout porte à confusion puisque le délit d'entremise correspond étroitement à la complicité d'une simulation ou d'une dissimulation d'enfant au regard de l'article 227-13 du Code pénal. Par sa définition générale, la complicité représente la situation où une personne a sciemment aidé ou assisté un auteur d'infraction en facilitant l'infraction ou en la consommant également[158]. Si bien que l'infraction d'entremise paraît fortuite. Cependant, il semblerait que cette infraction a été créée pour réprimer

---

[157] https://www.francebleu.fr/infos/societe/gpa-un-couple-de-girondins-condamne-pour-provocation-l-abandon-d-enfant-1435763976.
[158] C. pén., art. 121-7.

les associations qui jouent le rôle d'intermédiaire entre les mères porteuses et les parents d'intention. Et pourtant, les associations sont des personnes morales qui, par voie de conséquence, font l'objet d'une répression au titre de l'article 227-14 du Code pénal[159]. Par conséquent, l'intérêt de cet apport semble très limité, voire improductif.

73. Lieu d'établissement – En dehors des associations, de nombreux autres acteurs peuvent jouer un rôle d'intermédiaire, tels que les avocats, les banques qui financent les projets de GPA ou encore les établissements privés dont leur siège social est fixé dans un ordre juridique étranger. Dans ce dernier cas, le domicile étranger d'un établissement privé pratiquant cette méthode procréative échappe à ces formes de répression puisque, en raison de son lieu d'établissement, ces infrastructures ne sont pas soumises à l'ordre juridique français. Par conséquent, il suffit de justifier d'un lieu d'établissement en dehors du territoire français pour être pénalement protégé contre ces infractions.

Au côté de ces infractions propres au mécanisme de la GPA, d'autres infractions connexes et non spécifiques à cette pratique peuvent être présentées.

B. LES INFRACTIONS NON SPÉCIFIQUES À LA GPA

74. Délit d'escroquerie – Face à la complexité des faits d'une GPA, les infractions spécifiques à la GPA doivent être complétées par des infractions non spécifiques à cette pratique[160]. Parmi celles-ci se trouve l'infraction d'escroquerie. Évoquer cette infraction dans un débat relatif à la GPA pourrait surprendre. Et pourtant, l'escroquerie a été observée dans le cadre d'une GPA réalisée en France et a été sanctionnée par un jugement du tribunal correctionnel de Blois le 22 mars 2016[161]. Cette affaire « *jette une lumière crue sur cette pratique et sur l'inadéquation*

---

[159] C. pén., art. 227-14 : « *Les personnes morales déclarées responsables pénalement, dans les conditions prévues par l'article 121-2, des infractions définies à la présente section encourent, outre l'amende suivant les modalités prévues par l'article 131-38, les peines prévues par les 1° à 3°, 8° et 9° de l'article 131-39* ».
[160] GUÉRIN Marie-Cécile, « L'interdiction de la GPA : quelles qualifications pénales, quelles victimes ? », *Droit de la famille* n°10, 2016, étude 18.
[161] Trib. Corr. Blois, 22 mars 2016, *Dr. fam.* 2016. Étude 18, note M.-C. Guérin.

de la répression pénale en vigueur »[162]. En l'espèce, il s'agissait d'une femme qui a publié des annonces sur un site internet pour offrir ses services en qualité de mère porteuse. Dans une première affaire, cette femme était tombée enceinte non intentionnellement et s'est engagée dans un processus procréatif de GPA avec un couple d'hommes, en contrepartie d'une somme d'argent considérable. À la naissance de l'enfant, celle-ci a prétexté la mort de l'enfant auprès de ce couple pour finalement le remettre à un second couple avec lequel cette femme s'était parallèlement engagée. Dans une seconde affaire, cette même femme a été inséminée artisanalement dans le cadre d'une seconde GPA avec les gamètes d'un membre d'un couple d'hommes. Toutefois, à la naissance de l'enfant, la mère porteuse a de nouveau trompé ce couple en remettant l'enfant à un autre couple hétérosexuel.

75. Escroquerie contournable – Le tribunal correctionnel de Blois a rendu un jugement à l'issue duquel les juges français ont condamné les divers couples de parents d'intention du chef de provocation à l'abandon de l'enfant. Cette condamnation s'est poursuivie à l'encontre de la mère porteuse qui a été condamnée du chef d'escroquerie. En effet, les juges du fond ont estimé que cette mère porteuse avait trompé à deux reprises les couples d'intention pour obtenir les sommes convenues. Dès lors, les juges du fond ont estimé qu'elle avait recouru à des manœuvres frauduleuses pour conserver ces sommes. Toutefois, une question est restée sans réponse à l'issue de cette décision puisque la mère porteuse a été condamnée pour escroquerie uniquement parce qu'elle avait conservé les sommes d'argent des couples trompés. Dès lors, « *dès qu'une mère porteuse change d'avis pour des raisons par exemple affectives, elle doit cesser de percevoir la rémunération et rembourser ce qui a été versé afin d'éviter une condamnation pour escroquerie* »[163]. Ainsi, le droit pénal français autoriserait une mère porteuse à s'extraire de sa responsabilité pénale en cas de remboursement des sommes d'argent auprès des couples d'intention. Cette solution, justifiée en droit pénal, présente un intérêt particulier au stade de la réalisation du contrat de GPA entre les acteurs.

---

[162] GUÉRIN Marie-Cécile, *op. cit.*
[163] *Ibid.*

76. Responsabilité pénale de l'hébergeur – En plus de cette infraction d'escroquerie, l'inscription de la mère porteuse sur un site internet pour offrir ses services de mère porteuse impose de se poser la question de la responsabilité pénale d'un hébergeur. Dans ce cas, pour poursuivre l'hébergeur d'un site internet, il faut apporter la preuve que celui-ci avait connaissance de l'illicéité des annonces et qu'il n'avait pas agi en conséquence en retirant la publication de son site[164]. Néanmoins, la preuve de ces conditions est difficilement rapportable. De plus, il était possible de se demander si l'infraction d'entremise pouvait être appliquée à cet hébergeur. En guise de réponse, il semblerait que cette infraction ne peut être consommée par un hébergeur en raison de son « *caractère passif* »[165] quant à la publication de ces informations sur le site alors même que l'infraction d'entremise suppose un acte positif de la part de l'auteur de l'infraction.

En définitive, de cette simple affaire d'escroquerie organisée par la mère porteuse ressort d'autres problématiques juridiques d'ordre civil. Ces interrogations font notamment l'objet de réponses incertaines puisque, concernant les sanctions civiles, celles-ci sont victimes de leur dispersion.

§2. DES SANCTIONS CIVILES VICTIMES DE LEUR DISPERSION

77. Unique référence à la GPA – L'étude des sanctions civiles en matière de GPA démontre que cette méthode procréative n'est mentionnée qu'à une seule reprise dans le Code civil français. Cette mention est celle prévue à l'article 16-7 dudit code qui a été institué par la loi de 1994 en réponse aux jurisprudences de principe de 1989 et de 1991. Cet article sanctionne par une nullité, dite absolue[166], les conventions de GPA. Par conséquent, cette sanction civile est invocable par tout intéressé dont le ministère public[167] dans le but de la

[164] Conditions requises depuis la loi n°2004-575 du 21 juin 2004 pour la confiance dans l'économie numérique.
[165] GUÉRIN Marie-Cécile, *op. cit.*
[166] C. civ., art. 16-9.
[167] Cass. 1re civ., 17 décembre 2008, n°07-20.468, *JCP* 2009. II. 10020, note Mirkovic, et 10021, note d'Avout ; *D.* 2009. Somm. 167, obs. Egéa ; *D.* 2009. 332, avis Sarcelet et note Brunet ; *JDI* 2009. 577, note Bollée ; *Rev. crit. DIP* 2009. 320,

« *sauvegarde de l'intérêt général* »[168]. Toutefois, cette nullité s'applique aux conventions conclues sur le territoire français. Dès lors, la difficulté qui se présente en droit positif est de savoir comment sanctionner les conventions de GPA internationales.

78. Dispersion des sanctions – En dehors de cette sanction textuelle directement applicable à la GPA, d'autres sanctions connexes s'appliquent également en la matière. Cependant, ce régime répressif civil est composé de lois éparses et de diverses décisions de justice. Ces sanctions concernent principalement les rapports juridiques et sociaux entre les parents d'intention et l'enfant à naître, la réglementation autour des diverses publications et promotions en faveur de la GPA ou encore en matière de succession. Ces quelques exemples illustrent la variété de sanctions applicables en matière de GPA. Pour une meilleure compréhension de ces sanctions, une catégorisation de ces sanctions est nécessaire.

79. Paralysie étrangère – Néanmoins, malgré cette tentative de catégorisation des sanctions civiles de la GPA, l'effectivité du droit français est limitée par la réception forcée des situations créées à l'étranger. En effet, par ce phénomène de contrainte étrangère, la répression civile de l'ordre juridique français est nécessairement affaiblie.

80. Annonce – Finalement, il convient d'établir une nécessaire catégorisation des sanctions civiles **(A)** pour pouvoir examiner l'affaiblissement de ces sanctions au regard de la réception forcée des GPA réalisées à l'étranger **(B)**.

A. LA NÉCESSAIRE CATÉGORISATION DES SANCTIONS CIVILES

81. Annonce – La catégorisation non exhaustive des sanctions civiles relatives à la GPA impose de distinguer les sanctions propres

---

note Lagarde : la cour a estimé que « *le ministère public justifiait d'un intérêt à agir en nullité des transcriptions* ».
168 C. civ., art. 1179.

au mécanisme de GPA **(1)** des sanctions propres aux relations individuelles entre les parents d'intention et l'enfant à naître **(2)**.

1. LES SANCTIONS PROPRES AU MÉCANISME DE GPA

82. Médecine non encadrée – La répression civile relative à la méthode procréative de GPA pourrait directement être imputée à l'encontre des professionnels de santé. Toutefois, il semblerait que le droit français ne prévoit aucune disposition spécifique en ce domaine. En revanche, en Italie et en Allemagne, il existe des dispositions particulières qui sanctionnent soit pénalement[169] soit déontologiquement[170] les professionnels de santé.

83. Promotion par site internet – En plus de cette sanction disciplinaire, le droit italien interdit toute forme de publicité de la GPA[171]. En droit français, cette interdiction de promotion ou de publicité de la GPA s'est présentée dans une affaire relative à un site internet. En effet, de nombreux sites internet étrangers proposent des services de GPA et ces sites sont accessibles en France. En l'espèce, il s'agissait d'un site internet espagnol qui était accessible en France par un hébergeur français. En raison des services illicites proposés, l'association Juristes pour l'enfant a mis en demeure l'hébergeur français à retirer ces contenus. En première instance, les juges ont estimé que l'hébergeur avait nécessairement eu connaissance de l'illicéité de ces contenus en raison de cette mise en demeure. Par conséquent, le TGI de Versailles a condamné, le 26 février 2019, l'hébergeur du site internet en responsabilité délictuelle au regard de cette promotion. Ce jugement a été confirmé en appel[172] au motif que, malgré une présomption d'irresponsabilité à l'égard de l'hébergeur d'un site internet, celui-ci peut être civilement responsable du contenu publié dès lors qu'il avait connaissance de l'illicéité de cette information[173]. Dans cette décision, les juges du fond se sont fondés sur

---

[169] Loi allemande sur la protection des embryons de 1990.
[170] Code de déontologie de la médecine italienne de 1992.
[171] Loi italienne n° 40 du 19 février 2004 sur la procréation médicalement assistée interdit la pratique et l'organisation de toute forme de maternité de substitution, ainsi que toute publicité à cet effet.
[172] CA Versailles, 13 octobre 2020, 1-1, n° 19/025731.
[173] Cons. Const., déc. 10 juin 2004, n°2004-496 DC, consid. 9.

l'article 6 de la loi du 21 juin 2004[174]. Face à ces deux décisions de condamnation, l'hébergeur du site internet s'est pourvu en cassation. Devant la Haute juridiction civile, la difficulté était de savoir si un hébergeur pouvait être déclaré responsable d'un site internet étranger qui favorise la publicité de services relatifs à la GPA dans des États qui autorisent cette pratique. La Cour de cassation a estimé que l'hébergeur du site internet était civilement responsable dès lors que le site internet était accessible en français. Elle a ajouté que cette accessibilité constituait un dommage subi sur le territoire français « *au regard de la loi s'y appliquant* »[175]. En précisant que la loi française était applicable en l'espèce, la Haute juridiction civile s'est reportée sur le règlement européen Rome II[176] qui régit la loi applicable en matière d'obligations extracontractuelles. En effet, l'article 4 de ce règlement prévoit que « *la loi applicable à une obligation non contractuelle résultant d'un fait dommageable est celle du pays où le dommage survient, quel que soit le pays où le fait générateur du dommage se produit* ». Par cette décision importante, les juges français ont créé un « *nouveau levier pour rappeler la prohibition de la GPA dans un contexte de mondialisation des échanges* »[177].

84. Conventions de GPA internationales – L'utilisation d'un autre règlement européen pourrait en outre être envisageable pour sanctionner les conventions de GPA internationales. En effet, la nullité classique du code civil français ne s'applique qu'à l'encontre des conventions conclues sur le territoire français. Dès lors, il est opportun d'invoquer le règlement européen Rome I qui régit la loi applicable en matière d'obligations contractuelles[178]. Ce règlement, comme le

---

[174] Loi n°2004-574 du 21 juin 2004 pour la confiance dans l'économie numérique, JORF, n°0143, 22 juin 2014.

[175] Cass. 1re civ., 23 novembre 2022, n°21-10.220, FS-B : *D.* 2022. 2157 ; *JA* 2023, nº 672, p. 11, obs. Damarey ; *AJ fam.* 2022. 569, obs. Dionisi-Peyrusse ; *Légipresse* 2022. 656.

[176] Règlement (CE) n°864/2007 du Parlement européen et du Conseil du 11 juillet 2007 sur la loi applicable aux obligations non contractuelles.

[177] GOSSELIN-GORAND Armelle, « Responsabilité délictuelle de l'hébergeur français d'un site internet étranger rendant accessible la gestation pour autrui sur le territoire français », *LEFP* janv. 2019, n°DFP201g9.

[178] Règlement (CE) n°593/2008 du Parlement européen et du Conseil du 17 juin 2008 sur la loi applicable aux obligations contractuelles.

règlement Rome II, prévoit une application universelle de la loi[179]. De plus, par ce règlement, les parties peuvent librement choisir leur loi applicable. Cependant, le droit français pourrait opposer une loi de police ou une exception d'ordre public. Or, cette possibilité est limitée puisque l'ordre public international s'affaiblit. De plus aujourd'hui, aucune juridiction française ne s'est prononcée sur cette problématique.

Si le droit français parvenait à limiter juridiquement les conventions internationales de GPA, plus aucun lien juridique ne serait reconnu en droit interne entre les parents d'intention et les enfants nés de GPA. Cette difficulté d'établissement d'un lien entre ces protagonistes est accentuée par des sanctions particulières.

2. LES SANCTIONS PROPRES AUX RELATIONS INDIVIDUELLES

85. Irrecevabilité des demandes – La nullité des conventions de GPA emporte comme conséquence un anéantissement rétroactif de la situation contractuelle créée ainsi que les rapports juridiques subséquents entre les parents d'intention et l'enfant né de cette pratique. Cet anéantissement concerne au surplus les liens biologiques entre le parent concerné et son enfant. Cette situation s'est présentée en jurisprudence lorsqu'un parent biologique, victime d'une escroquerie organisée par la mère porteuse, a tenté d'exercer une action en contestation de paternité à l'encontre d'un autre parent d'intention, également victime de l'escroquerie[180]. En réponse à cette action en justice, cette demande a été déclarée irrecevable par les juges du fond[181]. Le père biologique s'est, par la suite, pourvu en cassation pour soumettre l'idée que la conclusion d'une GPA ne pouvait justifier le

---

[179] Un règlement européen est dit « *d'application universelle* » lorsque les règles de rattachement prévues par ce règlement peuvent désigner une loi totalement étrangère aux États membres de l'Union européenne.

[180] En l'espèce, une mère porteuse s'est engagée dans un processus procréatif à l'égard d'un premier couple d'intention. À la naissance de l'enfant, elle a informé ce couple du décès de l'enfant. Cependant, cet enfant est né vivant et viable et il a été remis à un second couple d'intention avec qui la mère porteuse s'était également engagée.

[181] CA Rouen, 31 mai 2018, n°17/02084 : *JurisData* n°2018-011018 ; *Dalloz actualité*, 13 juill. 2018, obs. A. Mirkovic ; *Dr. Fam.* 2018, comm. 239, H. Fulchiron.

prononcé d'une irrecevabilité de sa demande. Cependant, la Cour de cassation a rejeté ce pourvoi au motif que cette demande reposait sur une convention nulle d'ordre public et que « *la réalité biologique n'apparaît pas [comme] une raison suffisante pour accueillir la demande* »[182]. Même si cette irrecevabilité a été prononcée sur le fond du droit et que, par conséquent, cette solution est largement contestable[183], cette position française a été confirmée par la Cour EDH[184].

86. Parenté d'intention défavorable – En plus de cette irrecevabilité, l'absence de lien juridique est de même dommageable envers les parents d'intentions non liés biologiquement à l'enfant. D'une part, ces parents d'intention ne peuvent pas bénéficier d'un droit au congé parental. Cette restriction a été justifiée par une jurisprudence de la Cour de Justice de l'UE qui a exclu de la directive européenne relative aux travailleuses enceintes[185] les mères d'intention alors même que celles-ci allaitaient l'enfant[186]. Ce refus devrait être transposé en droit français. En parallèle, l'étude du droit comparé montre que la Cour colombienne présente une position plus libérale en 2022 à l'égard des parents d'intention puisqu'elle leur accorde un droit au congé parental dans l'intérêt de l'enfant qui vient de naître[187]. D'autre part, les enfants nés de GPA n'obtiennent pas la qualité d'héritiers réservataires et

---

[182] Cass. 1re civ., 12 septembre 2019, n°18-20.472, *D.* 2019. 2112, note A. Etienney-de Sainte Marie, 2020. 506, obs. M. Douchy-Oudot, 677, obs. P. Hilt, et 843, obs. A. Dionisi-Peyrusse ; *AJ fam.* 2019. 531, obs. F. Chénedé et obs. P. Salvage-Gerest, et 487, obs. A. Dionisi-Peyrusse ; *RTD civ.* 2019. 838, obs. A.-M. Leroyer.

[183] GPA : l'intérêt de l'enfant l'emporte sur la vérité biologique, Dalloz actualité, 27 septembre 2019 ; obs. GAREIL-SUTTER L. : elle estime que la demande aurait pu être recevable car elle aurait permis de détruire le lien de filiation mensonger dans l'intérêt de l'enfant lorsqu'il souhaitera connaître ses origines. Toutefois, elle reconnaît qu'*in fine* l'enfant devait rester avec les parents qui l'ont élevé depuis sa naissance conformément à son intérêt personnel.

[184] CEDH, déc.,7 avril 2022, n°13344/20.

[185] Directive 92/85/CEE du Conseil concernant la mise en œuvre de mesures visant à promouvoir l'amélioration de la sécurité et de la santé des travailleuses enceintes, accouchées ou allaitantes au travail (dixième directive particulière au sens de l'article 16 paragraphe 1 de la directive 89/391/CEE.

[186] CJUE, Gr. Ch., 18 mars 2014, *A Government Department and the Board of Management of a Community School c/ Z*, aff. C-363/12 ; CJUE, Gr. Ch.,18 mars 2014, *D. c/ S.T.*, aff. C-167/12.

[187] https://www.genethique.org/gpa-en-colombie-un-homme-obtient-un-conge-de-paternite/.

n'auront pas vocation à succéder à leur parent d'intention. Dès lors, la seule possibilité de transmettre à son enfant est de procéder par legs ou par testament. Cette situation est défavorable envers un enfant né de GPA[188].

87. Distinction juridique entre enfants – La potentielle discrimination entre les enfants nés de GPA et les autres enfants à l'égard de la succession ne correspond pas à la logique juridique du droit français. En effet, le droit français tend vers une égalité juridique entre tous les enfants. Cette égalité a été initiée par l'ordonnance du 4 juillet 2006[189] qui a supprimé les notions de légitime, naturel et adultérin entre enfants. Cette suppression avait pour objectif de mettre en lumière la réalité du lien biologique dans la filiation. De plus, cette conception génétique a été confirmée par la dernière loi relative à la bioéthique qui a créé le nouvel article 6-2 au sein du Code civil. Cet article dispose que « *tous les enfants dont la filiation est légalement établie ont, dans leurs rapports avec leurs parents, les mêmes droits et les mêmes devoirs* ». Par principe, cette disposition ne s'applique pas aux enfants nés de GPA malgré son caractère discriminatoire en raison de la naissance de l'enfant. Toutefois, les enfants nés d'une GPA réalisée à l'étranger bénéficient de liens juridiques légalement établis. Dans ces circonstances, ils devraient pouvoir bénéficier de cette égalité juridique.

Finalement, l'éparpillement des sanctions civiles manque de prévisibilité et emporte un défaut de sécurité juridique pour les enfants nés de GPA. À ces difficultés s'ajoute un affaiblissement de ces diverses sanctions en raison de la réception forcée des situations créées à l'étranger.

---

188 BOLLÉE Sylvain, « Enfant conçu à l'étranger : prévisions sur l'établissement de la filiation d'une GPA », *Rev. crit. DIP* 2015, p. 144 et s.

189 Ordonnance n°2005-759 du 4 juillet 2006 portant réforme de la filiation, JORF, n°156, 6 juillet 2005.

B. L'AFFAIBLISSEMENT DES SANCTIONS CIVILES CONTRAINT PAR LA RÉCEPTION FORCÉE DES SITUATIONS ÉTRANGÈRES

88. Problématique transfrontière – Les sanctions civiles créées au gré des réformes et de la jurisprudence ont pour objectif de décourager les parents d'intention dans leur projet de GPA. Cependant, ces sanctions ne s'appliquent principalement qu'aux situations purement internes. Or, depuis plusieurs années, les couples d'intention se rendent à l'étranger pour recourir à des GPA pourtant interdites en droit interne. Ces recours engendrent d'importantes difficultés en droit français.

89. Difficulté de retour résolue – Une des premières difficultés portait sur le retour de l'enfant sur le territoire français. À la naissance de l'enfant, les parents d'intention devaient déclarer cette naissance à l'ambassade française ou aux autorités consulaires[190]. Cette déclaration permet d'obtenir un document d'identité de l'enfant ainsi qu'un document de voyage. Au lendemain d'une évolution jurisprudentielle[191], l'État français s'est vu contraint de délivrer un document de voyage de laissez-passer à ces familles pour que l'enfant puisse voyager avec ses parents d'intention[192]. De plus, une circulaire de 2013 a imposé aux autorités françaises la délivrance d'un certificat de nationalité française à tous les enfants nés en dehors du territoire français alors même qu'une suspicion de GPA était présumée[193]. Ce certificat ne confère pas obligatoirement la nationalité française, mais il peut servir de preuve dans le cadre d'une demande de passeport français. À ce titre, la jurisprudence administrative a également enjoint aux autorités françaises de délivrer des passeports aux enfants issus

---

[190] MÉCARY Caroline, *op. cit.*, p. 64 et s.

[191] V. CE, réf., 4 mai 2011, *Ministre d'État, ministre des Affaires étrangères et européennes c/ M. Morin*, n° 348778 : pour la délivrance d'un document de voyage ; V. CE, réf., 8 juillet 2011, n° 350486 : sur le refus de délivrance d'un document de voyage.

[192] CE, réf., 3 août 2016, *Ministre des Affaires étrangères et du développement international*, n°401924.

[193] Ministère de la Justice, Circulaire Taubira du 25 janvier 2013 relative à la délivrance des certificats de nationalité française – convention de mère porteuse – État civil étranger (NOR : JUSC1301528C).

d'une convention de GPA[194]. Aujourd'hui, cette difficulté a quasiment disparu puisque le retour et le séjour de l'enfant sont légalement admis.

90. Absence de reconnaissance d'une situation de droit – La difficulté permanente à laquelle l'État français est confronté est celle de l'établissement d'un lien juridique entre les parents d'intention et l'enfant né de GPA. Initialement, le droit français se contentait de reconnaître une situation de fait créée à l'étranger[195]. *A contrario*, aucune reconnaissance d'une situation de droit n'était accordée en vertu de l'exception d'ordre public et de la fraude à la loi française. Concernant l'exception d'ordre public, la jurisprudence française estimait que la GPA heurtait les « *principes essentiels du droit français* »[196] notamment en ce qui concerne le principe d'indisponibilité de l'état des personnes. Toutefois, la non-reconnaissance du lien juridique créé à l'étranger est indirectement une « *rupture dans la continuité* »[197] du statut personnel de l'enfant. De plus, l'ordre public a fait l'objet d'un « *mécanisme d'effet atténué* »[198] qui a contraint cet ordre public à se replier[199]. Concernant la fraude à la loi française, celle-ci est caractérisée lorsque « *les parties ont volontairement modifié un rapport de droit dans le seul but de le soustraire à la loi normalement compétente* »[200]. Dès lors, la fraude se caractérise par trois éléments : un détournement de la loi française, un contournement d'une prohibition interne ainsi qu'un élément intentionnel. Dans le cadre de la GPA réalisée à l'étranger, cette fraude

---

[194] TA Paris, 8 octobre 2015, n°1510057.

[195] HAUSER Jean, « L'externalisation et la délocalisation de la fabrication des enfants : arrêt sur image de la maternité pour autrui », *RTD Civ.*, 2011, p. 340 et s.

[196] Cass. 1ère civ., 6 avril 2011, n°09-66.486, *D.* 2011. 1522, note Berthiau et Brunet ; *D.* 2011. Pan. 1995, obs. Bonfils et Gouttenoire ; *D.* 2011. 1064, entretien Labbée ; *D.* 2011. Pan. 1585, obs. Granet-Lambrechts ; *D.* 2012. Pan. 1228 ; *JCP N* 2011, n° 16, obs. Fongaro ; *D.* 2012. Pan. 308, obs. Galloux et Gaumont-Prat ; *Gaz. Pal.* 2011, 1489, avis M. ; *Dr. fam.* 2011. Étude 14, obs. Neirinck ; *AJ fam.* 2011. 265, obs. Haftel ; *AJCT* 2011. 301, obs. Siffrein-Blanc ; *Rev. crit. DIP* 2011. 722, note Hammje.

[197] HAMMJE Petra, « Maternité pour autrui, possession d'état et état civil », *Rev. crit. DIP* 2011, p. 722 et s.

[198] BERTHIAU Denis et BRUNET Laurence, « L'ordre public au préjudice de l'enfant », *Recueil Dalloz* 2011, p. 1522 et s.

[199] BRUNET Laurence, « Le recul de l'ordre public face aux pratiques transfrontières de GPA : trop… ou pas assez ? », *AJ Fam.* 2018, p. 572 et s.

[200] CA Paris, 19 septembre 1995, *Rev. Crit. DIP* 1996, p. 112, note H. MUIR WATT.

est caractérisée. Cependant, la valeur de cette fraude a été amoindrie par la jurisprudence française qui considère désormais que la GPA ne constitue plus un « *obstacle* » à l'adoption[201] ou à la transcription de l'acte de naissance[202]. Finalement, « *jusqu'en 2014, la Cour de cassation a lutté avec fermeté contre les mouvements de GPA transfrontière* »[203]. Toutefois, cette lutte française est affaiblie par l'influence européenne.

91. Conclusion de chapitre – Théoriquement, la GPA fait l'objet d'une répression rigoureuse au sein de l'ordre juridique français. Cette répression est, néanmoins, pratiquement inefficace puisque la GPA est une méthode qui est étendue en dehors des frontières françaises. Cette internationalisation excède le champ d'intervention de l'ordre juridique français et, de ce fait, suscite une confrontation entre les différents ordres juridiques dès lors que l'État français doit réceptionner ces situations étrangères. Dans cette confrontation de systèmes, le droit européen est un ordre juridique majeur dans la problématique de la GPA. En effet, l'ordre juridique européen impose une certaine intégration de la méthode procréative de la GPA au sein de chaque ordre juridique étatique.

---

[201] Cass. 1ère civ., 5 juillet 2017, °16-16.455, *Dr. fam.* 2018, chron. Égéa ; *Voir Journal du droit international* 2017, note Guillaumé ; *JCP G* 2017, note ss. arrêt par Gouttenoire ; *JCP E* 2017, v. Actualités des revues.
[202] Cass. 1ère civ., 18 décembre 2019, n°18-12.327.
[203] BRUNET Laurence, *op. cit.*

CHAPITRE 2. L'INTÉGRATION INTERNE DE LA GPA IMPOSÉE PAR L'ORDRE JURIDIQUE EUROPÉEN

92. Confrontation des systèmes – La problématique de l'internationalisation de la GPA outrepasse le régime juridique construit dans l'ordre juridique français. En effet, l'internationalisation de la GPA oblige le droit français à prendre en compte ces situations nées légalement à l'étranger. Cette prise en compte est le fruit d'une confrontation entre différents systèmes juridiques qui s'observe à deux niveaux. D'une part, la confrontation concerne directement les ordres juridiques étatiques entre eux en fonction de leur législation interne[204]. D'autre part, cette confrontation concerne les ordres juridiques étatiques et l'ordre juridique européen. Ce second ordre est composé de deux institutions européennes : le Conseil de l'Europe et l'Union européenne. Dans cette seconde hypothèse, les interactions entre les droits nationaux et le droit européen portent principalement sur le terrain des droits fondamentaux.

93. « *Triomphe des droits individuels* »[205] – Chaque système juridique définit en son sein des droits fondamentaux au profit de leurs ressortissants. En France, de nombreux droits sont institués dans l'ordre juridique interne, mais ceux-ci doivent être additionnés avec les droits fondamentaux créés et développés par les institutions européennes. Ces droits européens ont une valeur supralégislative[206] et ils concernent notamment le droit à la vie privée et familiale[207] ou encore le principe de non-discrimination[208]. Il ressort de la valeur de ces droits fondamentaux que, malgré le contournement à la loi française organisé par les parents d'intention, les acteurs de cette méthode procréative de la GPA doivent, en toutes circonstances, pouvoir bénéficier de ces droits fondamentaux pour ne pas subir une discrimination infondée.

---

[204] Étant donné que chaque État régit ses propres règles en matière de GPA, les parents d'intention se renseignent sur ces différentes législations pour s'engager dans ce processus. Cette recherche illustre la notion du tourisme procréatif.

[205] GARDEY DE SOOS Blandine, « L'influence du droit européen sur le droit de la famille : vers la fin du droit français de la filiation ? », *RJPF* 2015/9 (n°4), p. 6.

[206] *Ibid.*

[207] CEDH, art. 8.

[208] CDFUE, art. 21.

94. Européanisation du droit privé – Par le biais de ces droits fondamentaux, les institutions européennes se sont immiscées dans le domaine du droit de la famille. Malgré une marge d'appréciation supposée laissée aux États européens pour satisfaire leurs mœurs[209], une européanisation du droit privé s'est développée[210]. Cette européanisation s'illustre par une implication croissante des institutions européennes dans les droits privés nationaux relatifs au droit de la famille **(SECTION 1)** et, en matière de GPA, cette implication européenne a contraint les États européens à établir un lien juridique de filiation entre les parents d'intention et les enfants nés de GPA **(SECTION 2)**.

---

[209] BOLLÉE Sylvain et PATAUT Étienne, *L'identité à l'épreuve de la mondialisation*, Institut de recherche juridique Sorbonne, Entreprise, économie & droit, 2016.

[210] ZIMMERMANN Reinhard, « Le droit comparé et l'européanisation du droit privé », *RTD Civ*. 2007, p. 451 et s.

SECTION 1. L'IMPLICATION CROISSANTE DES INSTITUTIONS EUROPÉENNES EN DROIT DE LA FAMILLE

95. Implication mesurée – L'implication des institutions européennes se développe progressivement dans le domaine du droit privé. Cette implication dépasse l'idée d'une simple coopération et coordination entre les ordres juridiques étatiques et ceux européens. En ce sens aujourd'hui, le droit européen essaie d'harmoniser voire d'unifier les droits nationaux européens. L'unification par le droit européen serait, alors, une méthode qui substituerait les règles nationales par une règle européenne commune. À une moindre mesure, l'harmonisation est, quant à elle, une méthode permettant aux États européens de conserver une certaine marge d'appréciation[211]. Toutefois, cette marge d'appréciation laissée aux ordres juridiques étatiques n'est pas absolue puisque, nécessairement, l'harmonisation « *implique, du moins en principe, des adaptations des droits nationaux en fonction d'objectifs ou de résultats définis et imposés* »[212] par le droit européen.

96. Coexistence d'ordres juridiques distincts – L'européanisation du droit privé est un mouvement juridique à contre-courant des règles de compétences classiques. Par principe, l'Union européenne est « *dépourvu[e] de compétences directes* » [213] en matière de droit de la famille et le Conseil de l'Europe ne dispose pas de compétences propres pour modifier unilatéralement la substance des droits nationaux[214]. Ainsi, seuls les ordres juridiques étatiques sont légitimes à pouvoir légiférer en la matière et notamment en ce qui concerne la filiation. Cette légitimité est fondée sur la notion de marge d'appréciation qui est reconnue à ces États européens en raison du caractère sensible de la matière[215]. Toutefois, malgré la création isolée de droits privés

---

[211] WEYEMBERGH Anne, « Introduction », *Rev. Intern. de droit pénal*, 2006/1 (Vol. 77), p. 185 et s.

[212] *Ibid*, p. 185.

[213] FAVIER Yann, « La famille et l'Europe : la concurrence des droits dans la vie privée et familiale », *Rech. Fam.* 2008/1 (n°5), p. 79 et s.

[214] En pratique, cette affirmation est à nuancer puisque la jurisprudence de la Cour EDH, qui se fonde sur des droits fondamentaux, a une incidence directe sur la substance des droits nationaux.

[215] CEDH : les États bénéficient d'une « marge d'appréciation étendue » sous conditions, Dalloz actualité, 21 décembre 2017, obs. Coustet T.

nationaux, une interaction entre les ordres juridiques nationaux et les ordres juridiques européens est désormais inévitable[216].

97. Annonce – Cette compétence propre aux États européens s'applique notamment en droit de la filiation. Par conséquent au niveau européen, des systèmes juridiques diversifiés coexistent **(1)**. Pour pallier cette incohérence entre les États européens, ceux-ci sont désormais concurrencés par le droit européen qui tend à harmoniser les règles au niveau européen **(§2)**.

§1. LA COEXISTENCE DE SYSTÈMES JURIDIQUES DIVERSIFIÉS EN MATIÈRE DE FILIATION

98. Positions divergentes – Par principe, le droit de la filiation est une matière juridique ne faisant l'objet d'aucun consensus au niveau européen. Cette absence d'entente s'explique par le fait que la matière est empreinte d'une scission idéologique entre les États conservateurs et les États progressistes. Cette dissidence est d'autant marquée lorsque les débats concernent la GPA.

99. Réformes sociétales – Cette disparité européenne prouve que le droit de la famille représente « *l'identité de chaque pays* » [217]. Et, par conséquent, chaque droit relatif à la famille doit se construire, au sein de chaque ordre juridique étatique, en fonction de cette identité. Toutefois, cette identité étatique est constamment modifiée au gré des mœurs. En ce sens, les réformes portant sur la famille ainsi que la filiation sont influencées par l'opinion publique[218]. C'est cette évolution sociétale qui a d'ailleurs abouti à l'autorisation du mariage pour tous en France en 2013[219].

---

[216] FULCHIRON Hugues, « Interactions entre systèmes ou ensembles normatifs et ''dynamique des normes''. L'exemple du droit de la famille », *RTD Civ.* 2017, p. 271 et s.
[217] *Ibid.*
[218] *Cf.* n° 47 et 48 sur les États généraux.
[219] Loi n°2013-404 du 17 mai 2013 ouvrant le mariage aux couples de personnes de même sexe, JORF n°0114 du 18 mai 2013.

100. Incidences en matière de GPA – Toutefois, malgré cette prise en compte croissante, la GPA est une pratique restant controversée. L'interdiction française de cette pratique produit des incidences néfastes au niveau de l'établissement d'un lien de filiation entre les parents d'intention et l'enfant né de cette pratique et, par voie accessoire, au niveau de l'attribution de l'autorité parentale. Au sein de l'Europe, des réponses variées sont définies sur ces deux thématiques. C'est pourquoi il convient d'étudier les différents modes d'établissement en matière de filiation par procréation classique **(A)** ainsi que les règles discordantes en matière d'attribution de l'autorité parentale **(B)**.

A. LES DIFFÉRENTS MODES D'ÉTABLISSEMENT D'UN LIEN JURIDIQUE DE LA FILIATION PAR PROCRÉATION

101. Règles inadaptées à la GPA – Entre les ordres juridiques étatiques, la reconnaissance d'un lien de filiation entre les parents d'intention et l'enfant né de GPA n'est pas unanime. Pour démontrer cette disparité, il est nécessaire de distinguer les règles d'établissement de ce lien par l'effet de la loi **(1)** des autres modes d'établissement de la filiation **(2)**.

1. LES RÈGLES D'ÉTABLISSEMENT PAR L'EFFET DE LA LOI

102. Accouchement exigé – Chaque État européen a créé des règles relatives à l'établissement d'un lien juridique de filiation entre les parents et leurs enfants : on parle de l'effet de la loi. En ce sens, la loi prévoit par principe des règles qui permettent de rattacher juridiquement un enfant à ses parents. Dans l'ordre juridique français, la qualité juridique de mère est attribuée à celle qui est inscrite dans l'acte de naissance[220]. Il s'agit de la seule condition légale. Toutefois, le droit français est fortement empreint par l'adage latin *mater certa semper est*. Conformément à cet adage romain, la mère légale d'un enfant est celle qui accouche. Nonobstant son omission dans les textes

[220] C. civ., art. 311-25.

juridiques, l'accouchement est considéré comme une condition impérative[221]. Dès lors, dans le cadre d'une GPA, seule la mère porteuse peut être déclarée comme étant la mère légale de l'enfant. Cette obligation légale contrevient à l'objectif de cette pratique qui tend à attribuer cette qualité à la mère d'intention ou au second père d'intention. En outre, même si la mère porteuse demande à accoucher « *sous X* »[222], l'autre parent d'intention ne pourra pas se voir attribuer la parenté et l'enfant sera directement confié aux services de l'État français[223].

103. Exceptions légales européennes – L'adage romain précité est également appliqué dans d'autres ordres juridiques nationaux. À titre d'exemple, cette condition d'accouchement est également requise en droit portugais[224] ou en droit belge[225]. Aussi, le droit hollandais autorise la mère porteuse à garder l'enfant après l'accouchement, qu'importe ses engagements contractuels avec les parents d'intention, en vertu de cet adage[226]. En revanche, différents États européens ont reconnu des exceptions légales. En Belgique, la mère d'intention peut devenir la mère de l'enfant né de GPA par voie d'adoption dans les deux mois qui suivent la naissance de l'enfant[227]. Cette exception est subordonnée à l'exigence du consentement de la mère porteuse. En parallèle en droit grec, la mère d'intention peut être judiciairement déclarée comme étant la mère de l'enfant et cette décision de justice pourra être transcrite dans les registres de l'état civil grec[228]. Ces exceptions légales montrent que le droit peut s'adapter à ces situations particulières.

---

[221] Cette condition est critiquable en matière d'adoption. Le fait d'attribuer la qualité de mère légale à la femme qui accouche exclurait de plein droit les femmes qui recourent à une adoption.

[222] C. civ., art. 326.

[223] En effet, lorsqu'une femme accouche « *sous X* », l'enfant est pris en charge par les services français dédiés au placement de ces enfants. Or, ce placement ne conférerait aucune priorité aux parents d'intention en ce qui concerne la procédure d'adoption de cet enfant.

[224] Association Henry Capitant, *Droit du Portugal*, LGDJ, Bibl. de l'Assoc. Henry Capitant, 2022, p. 61.

[225] CAP Sylvie, COHEN Laura, DANDOY Nathalie et al., « Mariage, divorce, filiation et autorité parentale, obligations alimentaires », *JCl. Droit comparé*, V° Belgique, fasc. 20, 2020.

[226] LOUBERSAC Romain, *op. cit.*, p. 424.

[227] *Ibid.*

[228] C. civ. Grec, art. 1464.

104. Complexité du lien biologique – En excluant toute exception légale, le droit français est également confronté à des difficultés en ce qui concerne l'établissement de la filiation à l'égard du père de l'enfant. En droit français, il existe une présomption de paternité qui ne s'applique qu'à l'égard du mari de la femme qui a accouché[229]. Dès lors, si la mère porteuse est mariée, la paternité est de droit conféré à son époux. La difficulté se présente alors à l'encontre du père d'intention qui est biologiquement relié à l'enfant. En effet, en tant que père biologique, celui-ci pourrait vouloir agir en contestation de paternité. Or, cette action a été déclarée irrecevable dans une décision de 2019[230]. Concernant le père d'intention non lié biologiquement à l'enfant, aucune possibilité ne lui est offerte par l'effet de la loi. Par conséquent, seuls les autres modes d'établissement de la filiation pourraient lui être favorables.

2. *LES AUTRES MODES D'ÉTABLISSEMENT DE CE LIEN JURIDIQUE*

105. Rejet de la reconnaissance volontaire – En dehors de l'effet de la loi, la filiation entre un parent et un enfant peut être établie soit par reconnaissance volontaire soit par possession d'état. La reconnaissance[231] est un mode d'établissement subsidiaire à l'effet de la loi. Ce mécanisme est également admis dans d'autres États européens, dont le Portugal[232]. En pratique, il s'agit d'un « *acte de volonté par lequel un parent admet et entend assumer le lien de filiation qui le rattache à l'enfant* »[233]. Cette définition générale pourrait être invoquée par des parents d'intention qui ont eu recours à une GPA. Toutefois, l'article 316-1 du Code civil dispose que « *lorsqu'il existe des indices sérieux laissant présumer, le cas échéant au vu de l'audition par l'officier de l'état civil de l'auteur de la reconnaissance de l'enfant, que celle-ci est frauduleuse* », la reconnaissance peut faire l'objet d'une opposition par le Procureur de la République. Étant donné que la GPA

---

229 C. civ. Français, art. 312.
230 Cass. 1re civ., 12 septembre 2019, *op. cit.*
231 C. civ., art. 316.
232 Association Henry Capitant, *op. cit.*
233 RENAULT-BRAHINSKY Corinne, *op. cit.*

est interdite en France, ce mode d'établissement ne peut pas être invoqué par les parents d'intention.

106. Rejet de la possession d'état – En plus de ce rejet de la reconnaissance volontaire, la jurisprudence refuse d'admettre une possession d'état en matière de GPA. La possession d'état[234] est une apparence d'un état donné. En ce sens, une possession d'état peut être sollicitée par un parent qui présente « *une réunion suffisante de faits qui révèlent le lien de filiation et de parenté entre une personne et la famille à laquelle elle est dite appartenir* »[235]. Un parent d'intention pourrait se présenter comme étant le parent de l'enfant pour obtenir un acte de notoriété attestant cette possession d'état[236]. Cependant, la jurisprudence a rejeté une telle demande. Dans un premier temps, la Cour de cassation était saisie d'une affaire concernant deux concubins de même sexe. Dans un avis du 7 mars 2018[237], la haute juridiction française a refusé d'accorder ce mode d'établissement du lien de filiation à l'égard de ce couple de même sexe. Dans un second temps, la Cour de cassation a été saisie dans le cadre spécifique d'une GPA. Par cette décision, les juges français ont estimé que la possession d'état ne pouvait pas être sollicitée dans un tel cadre[238].

Finalement, les règles d'établissement du lien de filiation en France sont adaptées à l'interdiction de la GPA. Cependant, ces règles ne permettent pas d'assurer une sécurité juridique pour ces enfants nés de

---

[234] C. civ., art. 317.

[235] VERDIER Pierre, « Le nouveau droit de la filiation », *Journal du droit des jeunes* 2005/7 (n°247), p. 25 et s.

[236] C. civ., art. 317 al. 2.

[237] Cass. avis. 7 mars 2018, n°17-70.039, *D.* 2018. 559 : « *Les modes d'établissement du lien de filiation prévus au titre VII du livre 1er du code civil, tels que la reconnaissance ou la présomption de paternité, ou encore la possession d'état, n'ont donc pas été ouverts aux époux de même sexe, a fortiori aux concubins de même sexe* ».

[238] Ass. Plén., 4 octobre 2019, n°10-19.053 P : *D.* 2019. 2228, note H. Fulchiron et C. Bidaud ; *ibid.* 1985, édito. G. Loiseau ; *ibid.* 2000, point de vue J. Guillaumé ; *ibid.* 2423, point de vue T. Perroud ; *ibid.* 2020. 506, obs. M. Douchy-Oudot ; *ibid.* 677, obs. P. Hilt ; *ibid.* 843, obs. RÉGINE ; *ibid.* 951, obs. S. Clavel et F. Jault-Seseke ; *JA* 2019, n° 610, p. 11, obs. X. Delpech ; *AJ fam.* 2019. 592, obs. J. Houssier, obs. G. Kessler ; *ibid.* 481, point de vue L. Brunet ; *ibid.* 487, obs. A. Dionisi-Peyrusse ; *RTD civ.* 2019. 817, obs. J.-P. Marguénaud ; *ibid.* 841, obs. A.-M. Leroyer ; *Com.* 11 déc. 2019, n° 18-10.790, *D.* 2020. 51, note C. Grimaldi ; *ibid.* 789, obs. N. Ferrier ; *AJ contrat* 2020. 95, obs. N. Dissaux.

cette pratique en droit interne. De plus, les difficultés d'établissement de ce lien juridique emportent, par voie de conséquence, des difficultés au niveau de l'attribution de l'autorité parentale qui fait l'objet de règles discordantes en Europe.

B. LES RÈGLES DISCORDANTES EN MATIÈRE D'ATTRIBUTION DE L'AUTORITÉ PARENTALE

107. Annonce – Pour illustrer cette discordance entre certains ordres juridiques étatiques en Europe, il convient de présenter les exemples français **(1)** et anglo-saxon **(2)**.

1. L'EXEMPLE FRANÇAIS

108. Attribution restreinte – Par principe, le droit français attribue l'autorité parentale aux parents d'un enfant qui l'exercent de manière conjointe[239]. Dans le cadre d'une GPA, si aucun lien n'est reconnu à l'encontre des parents d'intention, ceux-ci ne pourront pas être détenteurs de l'autorité parentale. En revanche, si un lien juridique est reconnu entre l'enfant et le parent d'intention biologique, celui-ci devrait être titulaire de l'autorité parentale. Or, à l'égard de l'autre parent d'intention, l'attribution de l'autorité parentale dépendra du mode d'établissement de filiation qui lui est accordé. De surcroît, l'alinéa 2 de l'article 372 du code civil prévoit que « *lorsque la filiation est établie à l'égard de l'un d'entre eux plus d'un an après la naissance d'un enfant dont la filiation est déjà établie à l'égard de l'autre, celui-ci reste le seul investi de l'exercice de l'autorité parentale* ». En ce sens, l'autre parent qui bénéficierait d'une filiation adoptive à l'égard de l'enfant plus d'un an après sa naissance devra présenter une déclaration conjointe avec l'autre parent pour obtenir l'attribution de l'autorité parentale[240]. Toutefois, cette dérogation est problématique puisqu'elle est exclusivement accordée aux couples hétérosexuels[241] et elle

[239] C. civ., art. 372.
[240] C. civ., art. 372 al. 3.
[241] En effet, malgré l'instauration du mariage pour tous en 2013, l'article 372 du code civil n'a pas été modifié. Par conséquent, conformément à la lettre de ce texte, seuls un père et une mère peuvent procéder à cette déclaration conjointe.

occasionnerait d'importants risques techniques dans le cadre d'une séparation entre les parents de l'enfant. De surcroît, une difficulté est apparue lorsque la mère porteuse possède également cette autorité parentale en vertu de son inscription sur l'acte de naissance de l'enfant. Dans ce cas, la Cour de cassation a estimé que le couple d'intention ne pouvait pas solliciter le retrait de son autorité parentale[242], même si la mère porteuse n'est pas « *présente* »[243] dans la vie de l'enfant.

109. Délégation-partage – L'autorité parentale ne peut faire l'objet d'aucune renonciation ni cession[244]. Toutefois, le droit français autorise les parents à recourir à une délégation totale ou partielle de l'autorité parentale à l'égard d'un tiers[245]. Il s'agit d'une demande en justice qui doit être motivée. Pour motiver sa décision, le juge en question devra prendre en compte l'intérêt supérieur de l'enfant. Cette délégation-partage est une faveur à l'égard des couples de même sexe puisque la jurisprudence a admis cette délégation à l'égard d'un couple de femmes concubines[246]. Il ressort, en outre, de la jurisprudence française que cette demande pourrait simplement être justifiée par une « *situation affective et matérielle* »[247]. Concernant la GPA, cette demande devrait être recevable.

110. Risque de séparation – Malgré la souplesse d'une délégation-partage, ce procédé peut être confronté à une certaine difficulté lorsque les détenteurs de l'autorité parentale se séparent. En effet, la délégation de l'autorité parentale est une mesure temporaire qui peut faire l'objet d'une révision en justice[248]. Ainsi, la séparation des membres du couple constitue une circonstance nouvelle qui légitimerait un retrait de cette

---

[242] Cass. 1ère civ., 21 septembre 2022, n°20-18.687, *D.* 2022. 1702.
[243] GPA : impossibilité d'obtenir le retrait de l'autorité parentale de la mère porteuse aux fins d'adoption de l'enfant par le conjoint du père, Dalloz À la Une, 21 octobre 2022, obs. Hervieu M.
[244] C. civ., art. 376.
[245] C. civ., art. 377.
[246] Cass. 1ère civ., 24 février 2006, n°04-17.090, *Bull. civ. I*, n° 101 ; *D.* 2006. 897, et les obs., note Vigneau ; *D.* 2006. 876, point de vue Fulchiron ; *D.* 2006. 1139, obs. Granet-Lambrechts ; *D.* 2006. 1414, obs. Lemouland et Vigneau ; *AJ fam.* 2006. 159, obs. Chénedé ; *RDSS* 2006. 578, obs. Neirinck ; *RTD civ.* 2006. 297, obs. Hauser.
[247] TGI Paris, 21 septembre 2012, n° 11/44249 : *AJ fam.* 2012. 550, obs. Siffrein-Blanc.
[248] C. civ., art. 377-2.

délégation[249]. Toutefois, la Cour de cassation a rappelé dans un arrêt récent que l'adoption plénière de l'enfant du conjoint pendant l'instance en divorce est admise[250].

Ainsi, les règles de droit français relatives à l'attribution de l'autorité parentale n'assurent aucune sécurité juridique dans les rapports entre les parents d'intention et les enfants nés de GPA, même nés à l'étranger. En Grande-Bretagne, à l'inverse, une solution juridique a été établie pour éviter toute forme d'insécurité juridique.

2. L'EXEMPLE ANGLO-SAXON

111. Facilité d'attribution – La Grande-Bretagne est un exemple radicalement opposé au système français. En effet, la GPA est autorisée en Angleterre et au Pays de Galles[251] à condition que celle-ci soit réalisée dans un cadre altruiste[252]. Cette légalisation a été permise à travers le *Surrogacy Arrangements Act* de 1985[253]. En fonction de cette autorisation légale de la GPA, les autorités anglaises ont instauré un processus judiciaire qui permet aux parents d'intention d'obtenir tous les droits parentaux à l'égard de l'enfant à condition que la mère porteuse y consente : il s'agit du *parental order*[254] qui a été créé par le *Human Fertilisation and Embryology* Act de 1990[255]. En pratique, les parents d'intention peuvent demander ce document à compter de la naissance de l'enfant pendant six mois. Ce document permet de retirer définitivement tous les droits parentaux à l'égard de la mère porteuse. Toutefois, les conditions nécessaires pour obtenir un tel document sont similaires aux conditions de recours à la GPA[256]

---

[249] CA Caen, 10 mars 2016, 3ème ch. civ., n°15/01208 : *RTD Civ.* 2016. 603, obs. Hauser; *Dr. fam* 2016. 108, obs. Fulchiron.
[250] Cass. 1ère civ., 11 mai 2023, n°21-17.737, FS-B.
[251] https://www.legislation.gov.uk/ukpga/1985/49.
[252] ESKENAZI Delphine, LUDOVICA DE'SANNA Maria, VALENTIN Maria et al., « Le statut légal de la GPA en Europe », *AJ Fam*. 2022, p. 329 et s.
[253] https://www.legislation.gov.uk/ukpga/1985/49/pdfs/ukpga_19850049_en.pdf.
[254] ESKENAZI Delphine, LUDOVICA DE'SANNA Maria, VALENTIN Maria et al., *op. cit.*
[255] https://www.legislation.gov.uk/ukpga/1990/37/pdfs/ukpga_19900037_en.pdf.
[256] *Cf.* point 14 sur les conditions de recours à la GPA au Royaume-Uni.

112. Assouplissement attendu – Finalement, l'intérêt de ce *parental order* est d'assurer une sécurité juridique dans les liens entre les parents d'intention et l'enfant né de GPA. Un projet de loi réformant la maternité de substitution est en cours[257]. Parmi les modifications présentées dans ce projet de loi, la condition tenant au lien génétique obligatoire pourrait être supprimée. Aussi, le droit anglo-saxon envisagerait de créer un registre national pour faciliter l'accès aux données pour ces enfants nés de GPA. Enfin, une importante évolution consisterait à attribuer automatiquement l'autorité parentale dès la naissance de l'enfant aux parents d'intention. Cette recommandation se justifie par les lenteurs du processus de *parental order* et par une volonté de faciliter la vie quotidienne des parents d'intention à l'égard de leur enfant[258]. En revanche, le législateur britannique réserverait un droit d'opposition à la mère porteuse en compensation de son consentement qui devait être préalablement recueilli[259].
Ces exemples français et britannique illustrent cette diversité juridique au sein des États européens. Toutefois, même si ces règles classiques d'établissement de lien de filiation et d'attribution de l'autorité parentale ne sont pas adaptées pour assurer une sécurité juridique envers les enfants nés de cette pratique, des solutions devront être définies puisque les systèmes nationaux sont désormais concurrencés par le droit européen.

§2. LES SYSTÈMES NATIONAUX CONCURRENCÉS PAR LE DROIT EUROPÉEN

113. Influence des interactions – En Europe, les multiples systèmes nationaux présentent un droit de la famille hétérogène. En raison de cette hétérogénéité, l'idée de créer un droit européen commun peut surprendre. Pourtant, le droit international et le droit européen s'ingèrent de plus en plus dans le droit de la famille qui devient un « *véritable ''laboratoire'' des interactions entre normes nationales et internationales* »[260]. De plus, par ces nombreuses sources qui émergent,

---

[257] https://www.lawcom.gov.uk/project/surrogacy/.
[258] https://www.lawcom.gov.uk/surrogacy-reforms-to-improve-the-law-for-all/.
[259] https://www.lawcom.gov.uk/surrogacy-reforms-to-improve-the-law-for-all/.
[260] FULCHIRON Hugues, *op. cit.*

les interactions entre les différents systèmes juridiques s'accélèrent et produisent un « *effet de levier* »[261] au sein des États européens. Ainsi, les évolutions sociétales au sein d'un État européen peuvent avoir des répercussions sur les autres législations internes en tout domaine, et notamment en matière de filiation. Ces répercussions se manifestent notamment par la protection des droits fondamentaux proclamés en faveur de ces enfants.

114. Enfant au cœur des systèmes juridiques – En effet, ces systèmes juridiques internationaux et européens se sont consacrés, depuis plusieurs décennies, au développement des droits de l'enfant. Ces textes internationaux portent principalement sur la protection et la sécurité des enfants[262], sur la répression de la traite d'enfants[263] ou encore sur les règles de compétence juridictionnelle et de loi applicable en matière de protection de l'enfant[264]. La convention internationale la plus notable est la Convention internationale des Droits de l'enfant (CIDE) du 20 novembre 1989, qui a été ratifiée par le droit français le 2 juillet 1990[265].

115. Annonce – Dès lors, en vertu de leur valeur supralégale, ces droits fondamentaux doivent être pris en considération par les ordres juridiques étatiques **(A)**. Toutefois, cette considération a eu pour conséquence d'inévitablement atténuer la marge d'appréciation de ces ordres nationaux **(B)**.

A. LA PRISE EN CONSIDÉRATION EXIGÉE DES DROITS FONDAMENTAUX

116. Droits impératifs – La plupart des droits fondamentaux ont été créés par le droit international, mais ceux-ci ont été réappropriés par les institutions européennes. Parmi les droits impératifs applicables dans

---

[261] Ou encore appelé « *dynamique des normes* ». V. FULCHIRON Hugues, *op. cit.*
[262] Déclaration des droits de l'enfant du 20 novembre 1959.
[263] Protocole facultatif à la Convention relative aux droits de l'enfant, concernant la vente d'enfants, la prostitution des enfants et la pornographie mettant en scène des enfants entré en vigueur le 18 janvier 2002.
[264] Convention de la Haye du 5 octobre 1961 concernant la compétence des autorités et la loi applicable en matière de protection des mineurs.
[265] Loi n°90-548 du 2 juillet 1990 autorisation la ratification de la convention relative aux droits de l'enfant, JORF n°0154 du 5 juillet 1990.

les ordres juridiques étatiques se trouvent la notion d'intérêt supérieur de l'enfant **(1)** ainsi que le droit d'établir sa filiation **(2)**.

1. LA NOTION INTERNATIONALE D'INTÉRÊT SUPÉRIEUR DE L'ENFANT

117. Absence de définition – La prise en compte de l'intérêt de l'enfant était une pratique récurrente en jurisprudence française. Cette notion était considérée comme un standard juridique utilisable par les juges pour justifier leur libre appréciation dans le cadre d'une affaire judiciaire au cours de laquelle un enfant était présent[266]. Cependant, cette notion a été confortée par le droit international et notamment par la CIDE de 1989. Cette date est aperçue comme une « *date charnière* »[267] dans l'évolution de cette notion. En effet, cette convention a remplacé la notion d'intérêt de l'enfant par la notion « *d'intérêt supérieur de l'enfant* »[268]. Malgré la création de cette notion, celle-ci n'a pas été définie. Cette omission volontaire permet de conserver une application extensive de cette notion par les juridictions.

118. Appréciations multiples – La notion d'intérêt supérieur de l'enfant s'apprécie à trois niveaux[269]. Premièrement, il existerait un « *intérêt général de l'enfant à naître* ». Cet intérêt obligerait les États à reconnaître et traiter les enfants à naître comme de potentielles futures personnes. Ce niveau est une appréciation abstraite de l'intérêt de l'enfant dès lors que celui-ci n'est pas encore né et ne dispose pas de la personnalité juridique. Toutefois, en reconnaissant cet intérêt général, un droit « *à* » l'enfant[270] pourrait être accordé aux parents d'intention. Or, cet intérêt est rejeté puisque « *si l'on prend au sérieux l'intérêt de l'enfant et des enfants, on ne doit pas légaliser la GPA, sauf à dire que*

---

[266] NEIRINCK Claire, « Enfance », *Rép. Droit civil*, oct. 2016 (actualisation : fév. 2023).
[267] LEBRETRON Gilles, « Le droit de l'enfant au respect de son ''intérêt supérieur''. Critique républicaine de la dérive individualiste du droit civil français », *Les titulaires particuliers des droits fondamentaux, Cahiers de la Recherche sur les Droits fondamentaux* 2003/2, p. 77 et s.
[268] CIDE, art. 3.
[269] FABRE-MAGNAN Muriel, « Les trois niveaux d'appréciation de l'intérêt de l'enfant. À propos de la gestation pour autrui », *Recueil Dalloz* 2015, p. 224 et s.
[270] BRUNETTI-PONS Clotilde (dir.), *op. cit.*

leur intérêt serait toujours de naître, à n'importe quel prix »[271]. Deuxièmement, il existerait un « *intérêt général des enfants déjà nés* ». Dans ce cas, en tant que sujet de droit, il serait nécessaire de « *tenter de rattraper la casse* »[272] en accordant un lien juridique entre les enfants nés de GPA et leurs parents d'intention. Cette nécessité est confortée par le droit d'établir la filiation[273]. Troisièmement, il existerait un « *intérêt particulier des enfants déjà nés* ». Cet intérêt particulier renvoie aux cas où un enfant né de GPA serait rejeté ou revendiqué par tous les acteurs de la GPA[274]. Ce dernier niveau doit être relativisé puisque les GPA sont aujourd'hui des méthodes procréatives longues et coûteuses et l'encadrement juridique d'une telle pratique pourrait pallier ces risques.

119. Application à la GPA – Au regard de ces trois niveaux d'appréciation de l'intérêt supérieur de l'enfant, seul l'intérêt général des enfants déjà nés pourrait être invoqué dans le cadre de la GPA en France puisque « *le fait accompli fait le droit* »[275]. Cependant, la volonté de concevoir un enfant par GPA pourrait correspondre à l'intérêt général de l'enfant à naître[276] et l'intérêt particulier de cet enfant pourrait être protégé par un encadrement légal[277].

En plus de cet intérêt supérieur, l'enfant bénéficie d'un droit d'établir sa propre filiation.

2. LE DROIT D'ÉTABLIR SA FILIATION

120. Création d'un nouveau droit – Le droit d'établir sa filiation est un droit prévu à l'article 7 de la CIDE qui dispose que l'enfant a, « *dans la mesure du possible, le droit de connaître ses parents et d'être élevé par eux* ». Ce droit d'établir sa filiation renvoie également à la notion

---

[271] FABRE-MAGNAN Muriel, *op. cit.*
[272] *Ibid.*
[273] V. CIDE, art. 7§1 ; V. CEDH, art. 8.
[274] FABRE-MAGNAN Muriel, *op. cit.*
[275] MAUGER-VIELPEAU Laurence, « GPA : la persévérance fait la règle », *LEFP* novembre 2019, n°DFP112j6, p. 2.
[276] *Cf.* n°174 et s. sur la liberté procréative.
[277] *Cf.* n°162 et s. sur l'encadrement juridique d'une GPA éthique dans l'ordre juridique français.

d'identité personnelle qui découle de l'article 8 de la Convention EDH relative au droit au respect de la vie privée et familiale. Dès lors, les enfants sont supposés être titulaires de ce droit, qu'importe leur mode de conception.

121. Combinaison avec le principe de non-discrimination – Pourtant, ce droit d'établir sa filiation ne devrait pas s'appliquer aux enfants nés de GPA puisque ce droit serait contraire à la logique française qui interdit la GPA. Cette distinction entre les enfants nés de GPA et les autres enfants serait *a fortiori* contraire au principe de non-discrimination prévu par la Convention EDH[278]. De plus, il ne semblerait qu'aucune « *justification objective et raisonnable* »[279] ne puisse légitimer une telle discrimination entre ces enfants[280]. Par conséquent, les enfants nés de GPA réalisée en France ou à l'étranger doivent bénéficier de ce droit fondamental.

122. Droit propre à l'enfant – Cette conception d'un droit égalitaire entre tous les enfants est indirectement apparue dans les affaires *Mennesson et Labassée* en date du 24 juin 2014[281]. En dehors de la solution prononcée par la Cour EDH en ce qui concerne les liens juridiques de filiation entre les enfants nés de GPA et leurs parents d'intention[282], les juges européens ont procédé à une « *distinction subtile [entre] le droit au respect de la vie familiale [et le] droit des enfants au respect de leur vie privée* »[283]. Par cette distinction entre ces deux formes de droit au respect de la vie privée et familiale, les juges européens ont consacré un droit particulier d'établissement de filiation à l'égard des enfants. En ce sens, malgré le recours des parents d'intention à une pratique internationale interdite en France, l'enfant né de ce processus procréatif doit pouvoir profiter de son droit à l'établissement de sa filiation. Finalement, la problématique de l'établissement d'un lien juridique s'est reportée directement sur l'intérêt de cet enfant. Cette solution européenne est toutefois en inadéquation avec le droit positif de la filiation en France. Face à cette

[278] V. CEDH, art. 14 ; V. Protocole n°12 de la Convention EDH.
[279] CEDH, Gr. Ch., 7 février 2012, *Fabris c/ France*, n°16574/08.
[280] *Cf.* n°212 sur la discrimination selon le mode de procréation.
[281] CEDH, 26 juin 2014, *Mennesson et Labassée c/ France*, req. n°65192/11 et n°65941/11.
[282] *Cf.* n°132 sur les affaires *Mennesson* et *Labassée.*
[283] FOYER Jacques, *op. cit.*

prise en considération forcée des droits fondamentaux par le droit européen, il est possible d'affirmer que les marges d'appréciation laissées aux États européens se sont nécessairement atténuées.

B. L'ATTÉNUATION INÉVITABLE DES MARGES D'APPRÉCIATION EUROPÉENNES

123. « *Marge nationale d'appréciation* »[284] – La marge d'appréciation est définie comme « *une notion qui fait référence à la possibilité de manœuvre que la CEDH est disposée à reconnaître aux autorités nationales pour la mise en œuvre de leurs obligations au titre de la CEDH* »[285]. Dès lors, la marge d'appréciation est une notion prétorienne qui permet à chaque État de conserver une forme de souveraineté à l'égard des institutions européennes. Cette marge d'appréciation a pour corollaire le principe de subsidiarité entre les compétences des droits nationaux et celles des institutions européennes.

124. Caractère sensible du sujet – L'étendue de la marge d'appréciation laissée aux États européens dépend du sujet invoqué. En effet, la marge d'appréciation s'avère nécessaire lorsqu'aucun consensus n'est élaboré entre tous les États participants. Les raisons de l'absence de consensus varient en fonction de la controverse d'une thématique. Ainsi, lorsque le sujet invoqué suscite un caractère sensible en raison de problématiques éthiques ou morales, la marge d'appréciation laissée aux États européens est dite « *étendue* »[286]. À l'inverse, lorsque le sujet porte sur une question relative à l'identité des personnes, la marge d'appréciation est, dans ce cas, restreinte pour protéger l'effectivité des droits fondamentaux. La distinction entre les problématiques éthiques et l'identité des personnes est mince et pose la question de savoir si la GPA relève de l'une ou de l'autre catégorie.

---

[284] DELMAS-MARTY Mireille et IZORCHE Marie-Laure, « Marge national d'appréciation et internationalisation du droit. Réflexions sur la validité formelle d'un droit commun pluraliste », *Rev. Intern. du droit comparé*, n°52-4, 2000, p. 753 et s.

[285] SPIELMANN Dean, « En jouant sur les marges. La Cour européenne des droits de l'homme et la théorie de la marge d'appréciation nationale : abandon ou subsidiarité du contrôle européen ? », *Institut grand-ducal, Actes de la Section des Sciences morales et politiques*, vol. XIII, Luxembourg, 2010, p. 205.

[286] CEDH : les États bénéficient d'une « marge d'appréciation étendue » sous conditions, *op. cit.*

125. Diminution en matière de GPA – Concernant la GPA, il s'agit d'un sujet polémique qui ne fait l'objet d'aucun consensus. Par conséquent, les États européens devraient pouvoir bénéficier d'une large marge d'appréciation en la matière. La méthode procréative de la GPA relèverait alors de la catégorie de l'éthique. Cependant, en vertu des droits fondamentaux, cette marge d'appréciation des États européens s'estompe fortement pour protéger l'identité de ces enfants nés de GPA, malgré la prohibition de cette pratique. Dès lors, la GPA est une méthode qui doit pouvoir profiter de ces droits fondamentaux impératifs.

Finalement, l'importance des droits fondamentaux diminue fortement les marges d'appréciation des ordres juridiques étatiques. L'affaiblissement de la portée des lois nationales au profit des règles européennes s'observe notamment dans le cadre de l'établissement d'un lien juridique de filiation entre les parents d'intention et l'enfant né de GPA, qui est désormais contrait par l'ordre juridique européen.

SECTION 2. L'ÉTABLISSEMENT D'UN LIEN JURIDIQUE DE FILIATION CONTRAINT PAR LE DROIT EUROPÉEN

126. Transcendance des droits fondamentaux – L'idée suivant laquelle les institutions européennes sont « *pour l'instant dépourvues de compétences directes pour ''légiférer'' en harmonisant ''par le haut'' les droits internes* » [287] est dorénavant dépassée. En ce sens, l'accroissement des droits fondamentaux en droit européen a fait naître une harmonisation générale entre les États européens en matière de lien juridique de filiation. Cette harmonisation est accompagnée d'un « *libéralisme maximal* »[288] qui confère une valeur transcendante à ces droits au détriment des droits nationaux. Finalement, les ingérences autorisées au sein des ordres juridiques nationaux par le droit européen[289] sont de plus en plus restreintes pour favoriser cette harmonisation européenne. Et ces ingérences sont davantage limitées en raison de la Convention EDH qui est considérée comme un « *instrument vivant à interpréter [...] à la lumière des conditions de vie actuelle* »[290].

127. Établissement contraignant – Par cet instrument vivant, le droit européen a obligé les États à établir un lien juridique de filiation entre les parents d'intention et les enfants nés de GPA réalisée à l'étranger. Dès lors, l'ordre juridique français ainsi que les autres ordres juridiques européens sont contraints de trouver une solution juridique en la matière. Ces solutions doivent être consolidées par des méthodes de reconnaissance dans les droits internes. Parmi ces méthodes, l'adoption et la transcription des actes d'état civil légalement établis à l'étranger sont les pratiques les plus usitées au sein de l'Europe. Toutefois, ces méthodes sont réprimandées puisque le risque premier de reconnaître une de ces deux méthodes serait de « *ruiner l'interdiction posée en droit interne* »[291].

---

287 FULCHIRON Hugues, *op. cit.*

288 *Ibid.*

289 À titre d'exemple, l'article 8 de la Convention EDH relatif au droit au respect de la vie privée et familiale accorde une possibilité d'ingérence aux États européens à condition que celle-ci soit proportionnée à l'objectif recherché.

290 CEDH : les États bénéficient d'une « marge d'appréciation étendue » sous conditions, op. cit.

291 FULCHIRON Hugues, *op. cit.*

128. Annonce – Cependant, la non-reconnaissance totale de liens juridiques a été sanctionnée par le droit européen **(§1)** et, par conséquent, cette reconnaissance contraignante a suscité de nombreuses problématiques procédurales dans les systèmes juridiques nationaux et notamment en droit français **(§2)**.

§1. UNE NON-RECONNAISSANCE SANCTIONNÉE PAR LE DROIT EUROPÉEN

129. Adoption rejetée – Entre 1994 et 2013, les juridictions françaises ont développé une jurisprudence répressive à l'encontre de la méthode procréative de GPA. Dans un premier temps, les juges français ont estimé que la demande d'adoption faisant suite au recours d'une GPA réalisée à l'étranger constituait un « *détournement de l'institution de l'adoption* »[292]. Par conséquent, la Haute juridiction française a refusé d'établir un lien de filiation adoptive entre un enfant né de GPA et son parent d'intention. Cette « *opération indivisible* »[293] entre la GPA et l'adoption a de nouveau été sanctionnée en 1994[294] et en 2003[295]. Selon une logique française, le fait de « *refuser de prononcer l'adoption est la seule sanction civile de quelque efficacité* »[296].

130. Transcription rejetée – En plus de ce refus d'établir un lien de filiation adoptive, les juridictions françaises ont également refusé de transcrire les actes de naissance légalement établis à l'étranger. Cette demande de transcription a été jugée « *contraire à la conception française de l'ordre public international* »[297] et aux principes essentiels

---

292 Ass. Plén, 31 mai 1991, *op. cit.*

293 HUET-WEILLER Danièle, « Détournement de l'adoption. L'illicéité de la maternité de substitution et de l'adoption subséquente », *RTD Civ.* 1991, p. 517 et s.

294 Cass. 1ère civ., 29 juin 1994, n°92-13563, P I, n° 226 ; *D.* 1994. 581, note Y. Chartier ; *JCP* 1995. II. 22362, note J. Rubellin-Devichi ; *RTD civ.* 1994. 842, obs. J. Hauser ; *Defrénois* 1995. 315, obs. J. Massip ; *Gaz. Pal.* 1995. 1. 36, note H. Carvais-Rosenblatt.

295 Cass. 1ère civ., 9 décembre 2003, n°01-03.927, *D.* 2004. 1998, note Poisson-Drocourt ; *Defrénois* 2004. 592, obs. Massip.

296 POISSON-DROCOURT Élisabeth, « Recours à une mère porteuse de substitution et refus de l'adoption », *Recueil Dalloz* 2004, p. 1998 et s.

297 Cass. 1ère civ., 6 avril 2011, *op. cit.*

du droit français[298]. Par la suite, cette interdiction s'était poursuivie sur le terrain de la fraude à la loi française[299]. Ce refus catégorique de reconnaissance était prononcé tant à l'égard du parent d'intention qu'à l'égard du parent biologique[300].

131. Situation de fait supposée suffisante – Finalement, les juges français ont estimé que ces refus ne remettaient pas en cause la filiation qui avait été établie à l'étranger[301] et que ces familles pouvaient se satisfaire de la reconnaissance d'une vie de fait[302] en France. Cette conception française a été sanctionnée par la Cour EDH dans un éminent arrêt de 2014 **(A)** et ces sanctions ont contraint les États européens à reconnaître un lien juridique en deux temps **(B)**.

A. L'ÉMINENTE SANCTION EUROPÉENNE CONTRE L'ORDRE JURIDIQUE FRANÇAIS

132. Affaire Mennesson et Labassée – La Cour EDH a été saisie de deux demandes de transcription des actes de naissance étrangers en 2014[303]. Il s'agit des célèbres affaires *Mennesson* et *Labassée*. En l'espèce, les requérants avaient eu recours à une gestation pour autrui aux États-Unis et ont demandé la transcription des actes établis conformément au droit américain en droit français. Ces demandes ont

---

[298] HAFTEL Bernard, « GPA : éclairage du droit international privé », *AJ Fam.* 2011, p. 265.

[299] Cass. 1ère civ., 13 septembre 2013, n°12-30.138, *D.* 2013. 2382, obs. I. Gallmeister ; *D.* 2013. 2349, chron. H. Fulchiron et C. Bidaud-Garon ; *D.* 2013. 2377, avis C. Petit ; *D.* 2013. 2384, note M. Fabre-Magnan ; *D.* 2014. 689, obs. M. Douchy-Oudot ; *D.* 2014. 954, obs. Regine ; *D.* 2014. 1059, obs. H. Gaudemet-Tallon et F. Jault-Seseke ; *D.* 2014. 1171, obs. F. Granet-Lambrechts ; *D.* 2014. 1516, obs. N. Jacquinot et A. Mangiavillano ; *D.* 2014. 1787, obs. P. Bonfils et A. Gouttenoire ; *AJ fam.* 2013. 579, obs. F. Chénedé ; *AJ fam.* 2013. 532, obs. A. Dionisi-Peyrusse ; *AJ fam.* 2013. 600, obs. C. Richard et F. Berdeaux-Gacogne ; *AJCT* 2013. 517, obs. R. Mésa ; *RTD civ.* 2013. 816, obs. J. Hauser ; *Rev. crit. DIP* 2013. 909, note P. Hammje.

[300] MÉSA Rodolphe, « Refus de transcription de l'acte de naissance étranger et remise en cause de la reconnaissance d'un enfant né consécutivement à une GPA », *AJ Collect. Territ.* 2013, p. 517 et s.

[301] HAUSER Jean, *op. cit.*

[302] *Ibid.*

[303] CEDH, 26 juin 2014, *Mennesson* et *Labassée*, *op. cit.*

été rejetées en cassation[304]. Ils ont saisi la Cour EDH en invoquant une atteinte au respect de la vie privée et familiale et à l'intérêt supérieur de l'enfant. Le 26 juin 1994, les juges européens ont, d'une part, reconnu l'interdiction de principe de cette méthode de procréation en droit français et, d'autre part, partiellement censuré cette interdiction française à l'égard du lien de filiation biologique entre le père d'intention et son enfant né de GPA. La Cour EDH a estimé que la filiation biologique constituait un élément essentiel à l'identification de chaque individu qui devait impérativement être reconnu en droit interne. Toutefois, les juges européens n'ont pas suggéré à l'État français d'établir un tel lien à l'égard du parent d'intention qui n'est pas biologiquement lié à cet enfant[305].

133. Exigence fondamentale d'un lien biologique – Cette absence de lien juridique à l'égard des parents d'intention non biologiquement liés à l'enfant a été confirmée par une décision européenne du 27 janvier 2015[306]. En l'espèce, des ressortissants italiens avaient eu recours aux services d'une mère porteuse en Russie et avaient utilisé un gamète qui leur était totalement étranger. Face au refus des autorités italiennes de reconnaître un lien juridique entre ces ressortissants et l'enfant ainsi que du placement de cet enfant à l'adoption, ils ont saisi la Cour EDH. Les juges européens ont, dans ce cas, estimé que le retrait de l'enfant des parents d'intention constituait une mesure extrême. Toutefois, l'enfant avait déjà été placé dans une famille d'accueil depuis plusieurs années et ce placement empêchait les requérants d'obtenir la garde de l'enfant. Cette décision a été confirmée par la Grande chambre de la Cour EDH le 24 janvier 2017[307]. En l'espèce, les juges ont estimé qu'il fallait accorder une « *primauté de l'intérêt général sur l'intérêt des parents d'intention de l'enfant* »[308]. Par conséquent, l'inexistence d'un lien biologique entre l'enfant né de GPA et ses parents purement d'intention est une situation qui n'est pas protégée par les juges européens. Dès lors, ces juges ont conféré la valeur de vie familiale au sens de l'article

---

[304] Cass. 1ère civ., 6 avril 2011, *op. cit.*

[305] MARGUÉNAUD Jean-Pierre, « La revalorisation de l'intérêt de l'enfant né à l'étranger d'une GPA », *RTD Civ.* 2014, p. 835 et s.

[306] CEDH, Gde Ch., 27 janvier 2015, *Campanelli et Paradiso c/ Italie*, n°25358/12.

[307] CEDH, 27 janvier 2015, *Paradiso*, *op. cit.*

[308] DE SAINT-PERN Laure, « La conception génétique de la filiation de l'enfant né d'une GPA ou la seule garantie de demeurer au sein de la famille d'intention », *Recueil Dalloz* 2017 p. 897 et s.

8 de la Convention EDH aux seules familles biologiques. Cette solution a été légitimée par la Cour EDH qui a estimé qu'une vie familiale de fait pouvait être accordée dans de telles circonstances en raison de « *forts liens personnels existant entre eux* »[309]. Toutefois, dans le cas d'espèce, le retrait de l'enfant par les autorités italiennes a été jugé conforme à la marge d'appréciation laissée à l'État italien puisque l'enfant n'avait pas eu le temps de créer des liens affectifs avec ses parents d'intention.

134. Répercussions en droit interne – Finalement, si un enfant est né par un processus de GPA à l'étranger avec les gamètes de l'un des parents d'intention, la Cour EDH oblige l'État d'accueil de cette méthode procréative à reconnaître ce lien de filiation. Face à ces sanctions européennes, des États européens se sont conformés à cette obligation. À titre d'exemple, les juridictions allemandes ont finalement accordé la transcription complète d'un acte de naissance étranger[310] en raison de la reconnaissance de la décision étrangère[311]. Cette transcription complète n'a pas été la solution choisie par le système français, mais le droit français a été contraint de reconnaître des liens à l'égard du parent biologique et du parent purement d'intention en deux temps.

B. UNE OBLIGATION DE RECONNAISSANCE EN DEUX TEMPS

135. Reconnaissance tempérée – À la suite de cette condamnation européenne, les juridictions françaises ont strictement reconnu un lien de filiation entre le parent biologique et l'enfant né de GPA **(1)**. Concernant le lien juridique non biologique, la confrontation entre les juridictions européennes et françaises tend vers une reconnaissance de ce lien non biologique **(2)**.

---

309 Communiqué de presse CEDH 034 (2017) du 24 janvier 2017, L'éloignement par les autorités d'un enfant né de GPA et sans lien biologique avec les parents d'intention n'a pas été contraire à la Convention EDH.

310 BGH, 10 déc. 2014, *Beschluss*, XII ZB 463/13.

311 FULCHIRON Hugues et BIDAUD-GARON Christine, « Reconnaissance ou reconstruction ? À propos de la filiation des enfants nés par GPA, au lendemain des arrêts Labassée, Mennesson et Campanelli-Paradiso de la CEDH », *Revue crit. DIP* 2015, p. 1 et s.

1. LA RECONNAISSANCE PARTIELLE DU LIEN DE FILIATION BIOLOGIQUE

136. Application stricte – L'obligation d'établir un lien de filiation entre le parent d'intention biologique et l'enfant né de GPA est devenue un principe auquel on ne peut déroger puisque la Cour EDH a rappelé ce principe dans une décision du 19 janvier 2017[312]. Cette décision souligne une nouvelle fois l'importance d'établir un tel lien en vertu de la vérité biologique[313]. En droit français, au lendemain de cette sanction européenne de 2014, les juges français se sont prononcés sur une question de transcription d'un acte de naissance étranger[314]. En l'espèce, l'acte de naissance établi en Russie conférait la qualité de père au parent d'intention biologique et la qualité de mère à la mère porteuse. Après avoir apprécié la conformité de cet acte sur le fondement de l'article 47 du Code civil[315], les juges français ont autorisé cette transcription en précisant qu'il s'agissait d'un cas particulier. En ce sens, « *seule la parenté biologique doit être reconnue* »[316]. Cette décision était conforme à la jurisprudence européenne qui n'obligeait les États européens qu'à établir un lien juridique à l'égard du parent

---

[312] CEDH, 19 janvier 2017, *Laborie c/ France*, req n°44024/13.

[313] CAIRE Anne-Blandine, « L'ultime condamnation de la France par la CEDH en matière de filiation des enfants issus d'une GPA ? À propos de l'affaire Laborie contre France », *Recueil Dalloz* 2017, p. 1229 et s.

[314] Ass. Plén., 3 juillet 2015, n°14-21323, *D.* 2015. 1819, obs. I. Gallmeister, note H. Fulchiron et C. Bidaud-Garon ; *D.* 2015. 1481, édito. S. Bollée ; *D.* 2015. 1773, point de vue D. Sindres ; *D.* 2015. 1919, obs. P. Bonfils et A. Gouttenoire ; *D.* 2016. 674, obs. M. Douchy-Oudot ; *D.* 2016. 857, obs. F. Granet-Lambrechts ; *D.* 2016. 915, obs. Regine ; *D.* 2016. 1045, obs. H. Gaudemet-Tallon et F. Jault-Seseke ; *AJ fam.* 2015. 496 ; *AJ fam.* 2015. 364, obs. A. Dionisi-Peyrusse ; *Rev. crit. DIP* 2015. 885, et la note ; *RTD civ.* 2015. 581, obs. J. Hauser ; *JDI* 2016. 103, note Guillaume ; *Ibid.*, n°15-50002, P n° 4 ; *D.* 2015. 1819, note H. Fulchiron et C. Bidaud-Garon ; *D.* 2015. 1773, obs. D. Sindres ; *D.* 2015. 1919, obs. P. Bonfils et A. Gouttenoire ; *AJ fam.* 2015. 496, obs. F. Chénedé ; *AJ fam.* 2015. 364, obs. A. Dionisi-Peyrusse ; *RTD civ.* 2015. 581, obs. J. Hauser ; *Gaz. Pal.* 2015. 2949, obs. P. Le Maigat ; *Dr. fam.* 2015, n° 166, obs. J.-R. Binet – Cass., ass. plén., 5 oct. 2018, n° 12-30.138, P ; *D.* 2019. 228, note P. Deumier et H. Fulchiron ; *D.* 2019. 663, obs. F. Granet-Lambrechts ; *D.* 2019. 725, obs. J.-C. Galloux et H. Gaumont-Prat ; *D.* 2019. 1016, obs. S. Clavel et F. Jault-Seseke ; *AJ fam.* 2018. 613, obs. M. Saulier ; *AJ fam.* 2018. 569, obs. A. Dionisi-Peyrusse ; *RTD civ.* 2019. 90, obs. A.-M. Leroyer ; *Gaz. Pal.* 2018. 3079, obs. P. Le Maigat.

[315] Dans sa version antérieure à la loi du 2 août 2021.

[316] FULCHIRON Hugues et BIDAUD-GARON Christine, *op. cit.*

biologique. Ces solutions interrogent en ce que cette prise de position pourrait engendrer une discrimination envers les parents d'intention qui ne peuvent pas participer biologiquement au processus procréatif.

137. Effectivité anticipée – De plus, ce revirement jurisprudentiel français a suscité de nombreuses contestations venant de parents biologiques qui avaient fait l'objet d'un rejet définitif de leur demande de transcription. En raison de jugement définitif ayant l'autorité de la chose jugée, ces parents biologiques ne pouvaient pas exercer de nouvelles demandes auprès des juridictions françaises. Cette impossibilité juridique a été sanctionnée par la Cour EDH le 21 juillet 2016[317].

138. Modification impérative – À la suite de cette sanction européenne, le législateur français a modifié sa législation en matière d'état des personnes. Par la loi du 18 novembre 2016 de modernisation de la justice du XXIe siècle[318] et par son décret d'application du 24 mars 2017, le législateur a créé une procédure de réexamen[319] des décisions civiles définitives lorsqu'une décision européenne a sanctionné l'État français en la matière. Ainsi, les parents biologiques ont pu de nouveau agir en justice pour faire constater leur lien juridique avec l'enfant né de GPA. Ces actions en justice devaient être réalisées dans un délai d'un an à compter de l'entrée en vigueur de cette procédure pour toutes les décisions civiles qui ont été prononcées antérieurement à cette date.

Finalement, ces modifications législatives ont conforté le lien juridique biologique entre les parents d'intention et les enfants nés de GPA. Toutefois, des questions relatives aux parents d'intention non biologiques se sont posées en jurisprudence et une évolution juridique récente illustre une tendance qui tend vers la reconnaissance d'un tel lien à l'égard de ce parent d'intention.

---

[317] CEDH, 21 juillet 2016, *Foulon c/ France*, req n°9063/14 et *Bouvet c/ France*, req. n°10410/14.
[318] Loi n°2016-1547 du 18 novembre 2016 de modernisation de la justice du XXIe siècle, JORF n°0269 du 19 novembre 2016.
[319] COJ, art. L. 452-1.

2. *VERS UNE RECONNAISSANCE D'UN LIEN NON BIOLOGIQUE*

139. Refus initial de transcription de la parenté d'intention – Une difficulté s'est présentée à la Cour de cassation à la suite de sa décision rendue le 3 juillet 2015 en Assemblée plénière. En effet, les juges français avaient procédé à une interprétation restrictive de la jurisprudence européenne en accordant exclusivement la transcription d'un acte de naissance étranger qui mentionne le père biologique et la mère porteuse comme étant les parents légaux de l'enfant. Toutefois, dans une décision du 5 juillet 2017[320], l'acte de naissance étranger avait inscrit la mère d'intention comme étant la mère légale de l'enfant. Dans cette situation, les juges ont estimé que cette mention n'était pas conforme à la réalité imposée par l'article 47 du Code civil puisque cette femme n'avait pas accouché. Ils ont poursuivi en indiquant que cette solution poursuivait un but légitime tendant à protéger l'enfant, la mère porteuse et permettait de décourager cette méthode procréative. Toutefois, malgré cette absence de reconnaissance à l'égard de la mère d'intention, la Haute juridiction française a accepté que l'enfant reste dans la vie quotidienne du couple[321].

140. Prononcé d'une adoption – Ce même jour, les juridictions françaises se sont prononcées dans une autre décision[322] à travers laquelle les juges français ont reconnu un lien de filiation adoptive entre un parent purement d'intention et l'enfant né de GPA. Il s'agit d'un « *spectaculaire changement de cap* »[323] en matière de GPA. Par cette décision, les juges ont estimé que la GPA ne constituait plus un obstacle au prononcé de l'adoption par l'époux du parent biologique. Cette

---

[320] Cass. 1ère civ., 5 juillet 2017, n°16-16901 et 16-50.025, *D.* 2017. 1737, note H. Fulchiron ; *D.* 2017. 1727, obs. P. Bonfils et A. Gouttenoire ; *D.* 2018. 528, obs. F. Granet-Lambrechts ; *D.* 2018. 641, obs. M. Douchy-Oudot ; *D.* 2018. 765, obs. J.-C. Galloux et H. Gaumont-Prat ; *D.* 2018. 966, obs. S. Clavel et F. Jault-Seseke ; *JA* 2017, n° 567, p. 13, obs. S. Damarey ; *JA* 2018, n° 571, p. 31, étude S. Damarey ; *AJ fam.* 2017. 482 ; *AJ fam.* 2017. 375, point de vue F. Chénedé ; *AJ fam.* 2017. 431, point de vue P. Salvage-Gerest ; *Rev. crit. DIP* 2018. 143, note S. Bollée.

[321] BOLLÉE Sylvain, « L'ouverture de l'adoption à la mère d'intention d'un enfant issu d'une GPA », *Rev. Crit. de DIP* 2018, p. 143 et s.

[322] Cass. 1ère civ., 5 juillet 2017, °16-16.455, *op. cit.*

[323] CHÉNEDÉ François, « De l'abrogation par refus d'application de l'article 16-7 du Code civil », *AJ Fam* 2017, p. 375 et s.

solution poursuit une logique qui avait été adoptée en matière d'AMP[324].

141. Obligation positive duale – La reconnaissance d'un lien de filiation adoptive entre un parent d'intention et un enfant né de GPA n'est pas une obligation en soi selon la Cour EDH. Saisie en 2019 dans le cadre d'une procédure de réexamen des affaires *Mennesson* et *Labassée*, la Cour EDH a émis un avis consultatif déterminant[325]. En effet, les juges européens ont estimé que « *l'impossibilité générale et absolue d'obtenir la reconnaissance du lien entre un enfant né d'une gestation pour autrui pratiquée à l'étranger et la mère d'intention n'est pas conciliable avec l'intérêt supérieur de l'enfant, qui exige pour le moins un examen de chaque situation au regard des circonstances particulières qui la caractérise* »[326]. Par conséquent, la Cour EDH institue une obligation positive à l'égard des États européens d'établir un lien juridique entre le parent d'intention et l'enfant né de GPA. Toutefois, ce lien juridique peut être établi soit par transcription soit par adoption. Les juges européens doivent procéder à un examen *in concreto* des cas d'espèce[327]. Dès lors, la marge d'appréciation des États européens semblerait être réduite à ces deux types de reconnaissance[328].

Cette dualité imposée concernant le mode de reconnaissance de ces liens juridiques a engendré de nombreuses problématiques dans les systèmes juridiques nationaux, dont le système français.

---

[324] Cass. avis, 22 septembre 2014, n°14-70.007 : « *le recours à l'assistance médicale à la procréation à l'étranger [...] ne fait pas obstacle au prononcé de l'adoption, par l'épouse de la mère, de l'enfant né de cette procréation* ».

[325] CEDH, avis, 10 avril 2019, dem P16-2018-001, *D.* 2019. 1084, note Fulchiron ; *ibid.* 1016, obs. Clavel et Jault-Seseke ; *AJ fam.* 2019. 289, obs. Salvage-Gerest ; *ibid.* 233, obs. Dionisi-Peyrusse ; *RTD civ.* 2019. 286, obs. Marguénaud ; *ibid.* 307, obs. Leroyer ; JCP 2019, n° 551, note Sudre et Gouttenoire ; *Dr. fam.* 2019, n° 139, note Binet.

[326] *Ibid.*, §45.

[327] FULCHIRON Hugues, « Premier avis consultatif de la CEDH : un dialogue exemplaire ? », *Recueil Dalloz* 2019, p. 1084 et s.

[328] LEROYER Anne-Marie, « GPA : un avis faussement salvateur de la maternité d'intention », *RTD Civ.* 2019, p. 307 et s.

§2. UNE RECONNAISSANCE PROBLÉMATIQUE AU SEIN DE L'ORDRE JURIDIQUE FRANÇAIS

142. Lien juridique obligatoire – Dans une décision du 22 novembre 2022[329], la Cour EDH a de nouveau rappelé aux États européens leur obligation d'établir un lien juridique de filiation. Par cette décision, les juges européens ont indiqué que ce lien juridique concernait tant les parents d'intention biologiques que les parents purement d'intention. En l'espèce, le droit suisse a refusé de transcrire l'acte de naissance des requérants aux motifs que la GPA est interdite sur leur territoire. Toutefois, l'ordre juridique suisse ne prévoyait aucun autre mode alternatif d'établissement d'un lien de filiation. En effet, la procédure d'adoption prévue dans le droit suisse ne pouvait être utilisée que par des couples mariés. Cette « *impossibilité générale et absolue d'obtenir la reconnaissance du lien de filiation* »[330] a été jugée contraire au droit au respect à la vie privée et familiale.

143. Effectivité du choix – Par conséquent, les États européens doivent impérativement adapter leurs législations internes pour faciliter l'établissement de ce lien juridique en matière de GPA. Les procédures d'adoption légalement prévues dans les droits internes doivent répondre à toutes les formes de GPA. En ce sens, il est intéressant d'observer qu'en France la « *principale mesure* »[331] de la réforme portant sur l'adoption de 2022 consistait à supprimer la condition de mariage. De plus, cette obligation procédurale avait été confirmée dans un arrêt de la Cour EDH du 16 juillet 2020[332]. Les juges européens ont indiqué que, quel que soit le choix procédural privilégié par les ordres juridiques étatiques européens, ce choix doit garantir « *l'effectivité et la célérité de sa mise en œuvre, conformément à l'intérêt supérieur de l'enfant* »[333]. Dès lors, chaque État européen est responsable de l'établissement de ce lien juridique[334].

---

[329] CEDH, 22 novembre 2022, *D. B. et autres c/ Suisse*, n°58817/15 et n°58252/15, *D. actu.* 11 janv. 2023, obs. M. Mesnil ; *AJ fam*. 2022. 569, obs. A. Dionisi-Peyrusse.
[330] Condamnation de la Suisse pour atteinte à la vie privée d'un enfant né d'une GPA à l'étranger, Dalloz À la Une, 2 décembre 2022, obs. Hervieu M.
[331] GIRAUD Thomas, « Enfance – Règlement - Quelles sont les conséquences de la réforme du 5 octobre 2022 », *JA* 2022, n°655, p. 8.
[332] CEDH, 16 juillet 2020, *D. c/ France*, n°11288/18.
[333] *Ibid.*, §51.
[334] CEDH, 7 avril 2022, *A. L. c/ France*, n°13344/20.

144. Annonce – Cette exigence d'effectivité et de célérité imposée par l'ordre juridique européen a favorisé une indétermination dans le choix procédural reconnu en France **(A)**. En plus de cette difficulté procédurale, de récents choix problématiques ont été observés dans l'ordre juridique français **(B)**.

A. UN CHOIX PROCÉDURAL INDÉTERMINÉ

145. Annonce – L'établissement d'un lien juridique de filiation est supposé être un acquis en droit français. Cependant, la difficulté s'est reportée sur le choix procédural de cet établissement entre une transcription complète **(1)** et une filiation par adoption **(2)**.

1. UNE TRANSCRIPTION COMPLÈTE

146. Transcription complète requise – L'avis rendu par la Cour EDH le 10 avril 2019 avait été sollicité dans le cadre de la procédure de réexamen de l'affaire *Mennesson*. En fonction de cet avis européen, la Cour de cassation formée en Assemblée plénière s'est prononcée de manière définitive dans cette affaire. Cette jurisprudence a été qualifiée d'« *épilogue* »[335] par la doctrine. Dans cet arrêt rendu le 4 octobre 2019[336], les juges français ont autorisé la transcription complète de l'acte de naissance étranger. Cette décision était totalement inédite en la matière. Toutefois, la Haute juridiction française a précisé que cette transcription complète avait été accordée en raison « *d'un contentieux qui perdure depuis plus de quinze ans* »[337]. Cette solution a été critiquée par certains auteurs qui ont estimé que les juridictions françaises avaient reconnu un mode d'établissement de filiation « *par prescription acquisitive* »[338]. Finalement, la question subsistante à cette décision était de savoir si la transcription complète était une solution purement d'espèce ou de principe.

---

[335] BRUNET Laurence, « Affaire Mennesson : épilogue », *AJ Fam*. 2019, p. 481 et s.
[336] Ass. Plén., 4 octobre 2019, *op. cit.*
[337] *Ibid.* consid. 19.
[338] KESSLER Guillaume, « Un nouveau mode d'établissement de la filiation : la consolidation de la parenté de fait », *AJ Fam*. 2019, p. 592 et s.

147. Transcription réaffirmée – Seules les décisions postérieures à ce prononcé pouvaient répondre à cette question. Et, au regard de deux décisions rendues en 2019 et en 2020, la transcription complète des actes de naissance étrangers a été privilégiée. Dans deux arrêts rendus le 18 décembre 2019[339], les juridictions françaises ont accordé cette transcription complète à l'égard de couples d'intention homosexuels. Cette solution était justifiée par une volonté « *d'unifier le traitement des situations* »[340]. De plus, les juges ont estimé que les actes de naissance étrangers étaient conformes au droit local et, par conséquent, que ces actes étaient réguliers et exempts de fraude au regard de l'article 47 du Code civil.

148. Publication déterminante – Ces deux décisions ont été confirmées par un arrêt du 18 novembre 2020[341]. À travers l'attendu de cette décision, la Haute juridiction a énuméré les quatre précédentes décisions pour justifier la transcription complète des actes de naissance étrangers. Cette décision a fait l'objet d'une publication au Bulletin. Cette publication accentue, dès lors, la portée de ce choix procédural suivant lequel « *la transcription totale [serait] véritablement le principe* »[342]. Toutefois, la question tendant à l'établissement d'un lien juridique par adoption a persisté. Les juges du fond se sont demandé si la transcription complète devait prioritairement être favorisée au détriment de la procédure d'adoption[343]. Finalement, il semblerait que l'adoption soit le choix procédural privilégié par le droit français.

2. UNE FILIATION PAR ADOPTION

149. Consentement fragilisé – L'établissement d'un lien juridique de filiation par adoption a été le premier choix adopté par les juridictions

---

339 Cass. 1re civ., 18 décembre 2019, n°18-12.327, *Defrénois flash* n° 3-2020, p. 11 154j6 ; *Ibid*, n°18-11.815.
340 *Ibid*, consid. 12.
341 Cass. 1re civ., 18 nov. 2020, n°19-50.043, P: *D. 2020. 2289 ; AJ fam. 2021. 54, obs. Latil ; JCP 2021, n°81, note Marilly.*
342 GPA et transcription de l'acte de naissance de l'enfant : la Cour de cassation persiste et signe, Dalloz actualité, 3 décembre 2020, obs. Gareil-Sutter L.
343 HOUSSIER Jérémy, « La filiation du parent d'intention au lendemain des arrêts du 18 déc. 2019. Le TJ de Paris sème le doute », *AJ Fam*. 2021, p. 359 et s.

civiles françaises dès 2017[344]. Cette décision avait été « *spectaculaire* » [345] puisqu'elle a autorisé pour la première fois un lien juridique de filiation entre un enfant né de GPA et sa mère d'intention par voie d'adoption. Néanmoins, cette décision était également innovante en ce qu'elle avait assoupli les règles relatives au consentement de la mère porteuse. En effet, les juges du fond avaient refusé d'accorder une adoption à l'égard de la mère porteuse au motif que son consentement, portant sur la méthode procréative, n'emportait aucun effet juridique sur la validité de cette adoption. Pourtant, l'exigence d'un consentement à l'adoption est une condition prévue aux articles 348 et suivants du Code civil. Or, dans la décision en cause, la Cour de cassation a constaté « *l'existence, la sincérité et l'absence de rétractation du consentement à l'adoption* » [346] de la mère porteuse. Dès lors, le consentement de la mère porteuse à l'adoption du parent d'intention ne constitue plus un obstacle au prononcé de cette adoption. Seule une rétractation de la part de la mère porteuse aurait permis de justifier le refus d'établir un lien de filiation par adoption. Innovante, cette décision a été confirmée par un arrêt de 2020[347] qui a écarté l'argument du consentement au profit de la conformité de l'acte de naissance étranger au droit étranger. Par conséquent, les juges se sont fondés sur un acte d'état civil pour reconnaître la filiation par adoption. Cette facilité de recours à l'adoption a permis aux juridictions françaises de délaisser la transcription complète des actes de naissance.

150. Adoption excessive – La filiation adoptive est l'un des choix procéduraux reconnus par la Cour EDH[348]. Par conséquent, le droit français peut établir un lien juridique par ce mode alternatif. Dans une décision du 6 décembre 2022[349], il a été admis que les juges européens

---

[344] Cass. 1ère civ., 5 juillet 2017, °16-16.455, *op. cit.*

[345] CHÉNEDÉ François, *op. cit.*

[346] Cass. 1ère civ., 5 juillet 2017, n°16-16.455, *op. cit.*

[347] Cass. 1re civ., 4 novembre 2020, n°19-15.739, *D.* 2020. 2172 ; *ibid.* 2021. 657, obs. P. Hilt ; *AJ fam.* 2020. 664, obs. J. Houssier ; *ibid.* 616, obs. A. Dionisi-Peyrusse ; *RTD civ.* 2021. 115, obs. A.-M. Leroyer et n° 19-50.042, *D.* 2021. 499, obs. M. Douchy-Oudot ; *AJ fam.* 2020. 664 ; *ibid.* 616, obs. A. Dionisi-Peyrusse ; *RTD civ.* 2021. 115, obs. A.-M. Leroyer.

[348] CEDH, 19 novembre 2019, *C. c/ France* et *E. c/ France*, n°1462/18 et n°17348/18, *D.* 2020. 506, obs. M. Douchy-Oudot ; *ibid.* 843, obs. RÉGINE ; *AJ fam.* 2020. 131, obs. F. Berdeaux.

[349] CEDH, 6 décembre 2022, *D. B. et autres c/ Suisse*, n°58817/15 et n°58252/15, *D. actu.* 11 janv. 2023, obs. M. Mesnil ; *AJ fam.* 2022. 569, obs. A. Dionisi-Peyrusse.

n'imposaient « *aucune forme spécifique de reconnaissance légale* »[350]. Cette tolérance permet aux ordres juridiques étatiques européens de conserver une certaine marge d'appréciation limitée à ce double choix procédural. Cette binarité dans le choix proposé aux États européens a provoqué une situation déconcertante en pratique. En effet, dans un arrêt rendu par la Cour d'appel de Rennes[351], des juges du fond ont autorisé la transcription du père biologique d'intention et ont prononcé une adoption de l'enfant à l'égard de la mère biologique d'intention. Cette affaire présentait une difficulté en raison du lien génétique entre la mère d'intention et l'enfant. Dès lors, malgré le lien biologique entre cet enfant et sa mère d'intention, les juges du fond ont privilégié la voie de l'adoption. Cette logique contreviendrait à l'importance accordée au lien génétique dans l'établissement de ce lien. Pour autant, cette solution a été acceptée par les juges européens qui ont écarté les prétentions de discrimination et d'atteintes à la vie privée et familiale. Cette affaire démontre que la filiation par voie d'adoption est satisfaisante et suffisante à l'égard du parent d'intention, qu'il soit génétiquement lié ou non à l'enfant.

Au côté de cette indétermination concernant le choix procédural supporté par l'ordre juridique français, de récentes problématiques sont apparues.

B. DE RÉCENTS CHOIX PROBLÉMATIQUES

151. Annonce – La difficulté du choix procédural entre ces deux modes d'établissement a récemment été intensifiée par la validation d'une situation juridique similaire à la GPA sur le territoire français **(1)** et par une réforme législative tenant à la suppression de la transcription complète des actes de naissance étrangers **(2)**.

[350] GOSSELIN-GORAND Armelle, « Gestation pour le compte d'autrui et le lien de filiation avec le parent d'intention », *LEFP* fév. 2023, n°DFP201iO, p. 3.
[351] CA Rennes, 18 décembre 2017, 6-A, n°17/00578, *AJ Fam.* 2018. 6, obs. A. Dionisi-Peyrusse et *AJ Fam.* 2018, obs. Boiché.

1. *LA VALIDATION JURISPRUDENTIELLE D'UNE SITUATION JURIDIQUE SIMILAIRE À LA GPA*

152. Faits particuliers – Le 21 septembre 2022[352], la Cour de cassation a été saisie d'une affaire particulière. En l'espèce, un couple hétérosexuel, résidant en Polynésie française, a donné naissance à un enfant. Ce couple polynésien a contacté, pendant la grossesse, un autre couple résidant en France métropolitaine pour procéder à une délégation de l'autorité parentale de l'enfant à naître à leur profit, en vue d'une future procédure d'adoption de cet enfant par le couple métropolitain. En cause d'appel[353], les juges du fond ont accueilli cette demande en faveur du couple résidant en métropole. Ce jugement a été contesté par le procureur général près la Cour d'appel de Papeete qui s'est pourvu en cassation. Les questions posées devant la haute juridiction portaient sur la validité de cette pratique et sur le rapprochement de ces faits avec la méthode procréative de GPA.

153. Délégation parentale – Concernant la mesure de délégation parentale, la Cour de cassation a précisé, d'une part, que la mesure de délégation parentale pouvait désigner une pluralité de délégataires à condition que cette mesure soit conforme avec l'intérêt de l'enfant[354]. D'autre part, les juges français ont reconnu que cette mesure de délégation devait être prononcée à l'égard d'un « *proche digne de confiance* »[355]. Or, le couple français résidant en métropole ne pouvait pas être considéré comme tel étant donné que ces deux couples sont entrés en contact au cours de la grossesse de cet enfant. Cependant, cette délégation est régie par une coutume polynésienne, dite de la Faa'mu, qui autorise la délégation parentale à de simples délégataires connus par le couple polynésien. Par conséquent, les juges français ont estimé que la cour d'appel avait méconnu les règles de la délégation parentale, mais ils se sont fondés sur cette coutume polynésienne et sur l'absence de textes réglementaires relatifs à l'adoption sur le territoire de la Polynésie française pour valider ce cas d'espèce. Ces juges ont précisé que « *l'application immédiate de la jurisprudence nouvelle porterait*

[352] Cass. 1re civ., 21 septembre 2022, n°21-50.042 B, *D. actu.* 7 oct. 2022, obs. E. Supiot, *D.* 2022. 2134, note Barba et Millerioux ; *RTD civ.* 2022. 877, obs. Leroyer ; *Dr. fam.* 2022, n° 167, obs. Le Boursicot.
[353] CA Papeete, 29 avril 2021.
[354] Cass. 1re civ., 21 septembre 2022, *op. cit.*, consid. 14.
[355] *Ibid*, consid. 18.

également une atteinte disproportionnée à l'intérêt supérieur de l'enfant ». Dès lors, la jurisprudence française dessinerait un futur revirement de jurisprudence en défaveur de cette coutume polynésienne.

154. Lien avec la GPA – Concernant la similarité de ces faits à la GPA, la Cour de cassation a estimé que ce processus de délégation en vue d'une adoption n'entrait pas dans le champ d'application de l'article 16-7 du Code civil[356]. Elle a précisé que l'enfant n'avait pas été conçu uniquement dans le but de cette adoption finale par le couple métropolitain. En ce sens, les juges français ont conféré une force majeure au moment du consentement de ce processus plutôt qu'au mode de conception de l'enfant[357]. Finalement, lorsque le consentement à cette pratique est postérieur à la conception de l'enfant, le droit français autoriserait des parents purement d'intention à solliciter une demande d'adoption à l'égard de cet enfant. Cette portée majeure accordée au consentement pourrait légitimer la pratique suivant laquelle une mère porteuse s'engagerait à remettre son enfant à un couple étranger après avoir eu connaissance de sa grossesse. Cette situation légitimerait des situations dans lesquelles des parents d'intention purement intentionnels peuvent adopter un enfant par le mécanisme de la délégation parentale. Pourtant, cette pratique avait été rejetée par la Cour EDH[358]. En définitive, cette jurisprudence est à relativiser puisque les faits se sont déroulés sur le territoire de la Polynésie française.
En plus de cette jurisprudence d'espèce, une seconde problématique s'est posée en droit français en raison de l'une nouvelle opposition législative par le législateur français pour mettre un terme à la transcription complète des actes de naissance étrangers.

---

[356] Cass. 1re civ., 21 septembre 2022, *op. cit.*, consid. 7.
[357] GPA : c'est l'intention qui compte, Dalloz À la Une, 17 octobre 2022, obs. HERVIEU Merryl.
[358] *Cf.* n°136 sur l'importance du lien biologique reconnue par la Cour EDH dans une décision qui concernait deux parents purement d'intention.

2. *L'OPPOSITION LÉGISLATIVE TENDANT AU REFUS DE LA TRANSCRIPTION COMPLÈTE*

155. Transcription probatoire – Lorsque la Cour de cassation s'est prononcée en faveur de la transcription complète des actes de naissance étrangers dans ses décisions de 2019[359] et de 2020[360], les juges ont précisé que ces actes étaient réguliers, conformes aux droits locaux et, de ce fait, exempts de fraude[361] en raison des mécanismes de droit international privé. Cette interprétation jurisprudentielle a été admise sur le fondement de l'article 47 du Code civil qui confère une force probante aux actes étrangers. Toutefois, cet article a été modifié par la réforme relative à la bioéthique de 2021[362].

156. Modification législative – À l'issue de cette réforme de 2021, l'article 47 du Code civil a été complété par la mention suivant laquelle « *[la réalité] est appréciée au regard de la loi française* ». Cette modification porterait « *un coup d'arrêt à la jurisprudence* »[363] en matière de transcription complète. En effet, cette obligation de se conformer à la loi française exclurait les règles de droit international privé qui autoriseraient la transcription des actes étrangers dès lors qu'ils correspondent à la réalité du droit local. Ainsi, la réalité de la loi française ne permettrait que d'autoriser une transcription de l'acte à l'égard du père biologique de l'enfant né de GPA. Et, en fin de compte, l'autre parent d'intention n'aurait « *pas d'autre choix que d'engager une procédure d'adoption* »[364]. Aujourd'hui, la Cour de cassation ne s'est pas prononcée sur cette notion juridique de réalité appréciée au regard de la loi française. De plus, cette opposition législative française à la reconnaissance des actes étrangers a eu un effet limité puisque la valeur de force probante de ces actes étrangers ne

---

[359] Cass. 1re civ., 18 décembre 2019, n°18-12.327, *op. cit.*
[360] Cass. 1re civ., 18 novembre 2020, n°19-50.043, *op. cit.*
[361] *Ibid.*, consid. 16.
[362] Loi n°2021-1017, *op. cit.*
[363] BIDAUD Christine, « La force probante des actes de l'état civil étranger modifiée par la loi bioéthique : du sens à donner à l'exigence de la conformité des faits à la réalité ''appréciés au regard de la loi française''… », *Rev. Crit. DIP* 2022, p. 35 et s.
[364] BENMIMOUNE Stéphane, « Incidences de la loi du 2 août 2021 relative à la bioéthique sur l'état civil : deux pas en avant, un pas en arrière », *AJ Collect. Territ.* 2022, p. 259 et s.

permettrait pas d'outrepasser les exigences européennes en matière de reconnaissance.

157. Choix procédural non retenu – En parallèle, il est intéressant d'observer que l'article 47-1 du projet de loi relatif à la bioéthique[365] n'a pas été retenu dans la version finale de cette réforme. Ce nouvel article aurait prévu que « *tout acte de l'état civil ou jugement étranger [...] établissant ou faisant apparaître la filiation d'un enfant né à l'issue d'une convention de gestation pour le compte d'autrui ne peut être transcrit sur les registres en ce qu'il mentionne comme mère une femme autre que celle qui a accouché ou lorsqu'il mentionne deux pères* » et que « *les dispositions du premier alinéa ne font pas obstacle à la transcription partielle de cet acte ou de ce jugement, ni à l'établissement d'un second lien de filiation dans les conditions de [l'adoption]* ». Cette disposition aurait eu pour mérite de confirmer le choix procédural de la reconnaissance d'un lien de filiation entre les parents d'intention et l'enfant né de GPA dans l'ordre juridique français. Cependant, le droit français a refusé d'inscrire cet amendement dans la version finale de la réforme et, de ce fait, une insécurité juridique persiste en la matière.

158. Conclusion de chapitre – Pour conclure, l'européanisation du droit de la famille et l'expansion des droits fondamentaux ont pour conséquence d'obliger les États européens à reconnaître un lien juridique de filiation entre les enfants nés de GPA et leurs parents d'intention. Cette obligation découle principalement de la jurisprudence du Conseil de l'Europe. Finalement, au regard de cette reconnaissance imposée, des solutions juridiques en faveur de la GPA pourraient être proposées. En ce sens, deux solutions juridiques complémentaires sont envisageables entre l'ordre juridique français et l'ordre juridique européen.

---

365 Sénat, Projet de loi n°53 relatif à la bioéthique, 3 février 2021.

DEUXIÈME PARTIE – LA COMPLÉMENTARITÉ DES ORDRES JURIDIQUES EN FAVEUR DE LA GPA

159. Conséquences de l'internationalisation – Face à l'internationalisation de la méthode procréative de la GPA, il serait « *urgent de repenser les interdits* »[366]. Le maintien d'une interdiction française de cette pratique, qui paraît « *irréversible et immuable* »[367], favorise *in fine* un phénomène de « *medical shopping* »[368]. Ce phénomène s'illustre par le fait que des parents d'intention se rendent à l'étranger pour profiter d'une réglementation étrangère plus favorable[369]. Or, ces recours internationaux à la GPA sont à l'origine de nombreuses dérives[370] et insécurités juridiques[371].

160. Dérives et insécurités juridiques – D'une part, les dérives s'observent au niveau du choix des parents d'intention de recourir à une telle méthode procréative dans des États au sein desquels les conditions sont moins contraignantes et moins respectueuses envers les acteurs de la GPA. À titre d'exemple, la méthode procréative de GPA est pratiquée à un coût très faible en Inde. Cela s'explique par le fait que les mères porteuses impliquées dans de tels processus sont « *recrutées* »[372] notamment dans des usines. Ces formes de recours à la GPA nourrissent l'argument suivant lequel les mères porteuses sont exploitées en fonction de leur condition sociale[373]. D'autre part, des insécurités juridiques sont apparues lors du retour de ces parents d'intention avec l'enfant né de GPA sur un territoire interdisant cette pratique. Le principe de sécurité juridique est un principe reconnu par les

---

366 LE GAC-PECH Sophie, « Pour une indispensable légalisation des conventions de mère porteuse », *AJ Fam. 2016*, p. 486 et s.
367 *Ibid.*
368 GARDEY DE SOOS Blandine, *op. cit.*
369 *Cf.* n°23 sur la notion de *law shopping*.
370 LE GAC-PECH Sophie, *op. cit.*
371 BOUZIDI Abdelbaki, « La gestation pour autrui », *Justice et Cassation* 2011, p. 39 et s.
372 FEDERICI Sylvia, « Analyse. Le marché mondial des ventres. GPA et violence de classe », *Z : Rev. Itinérante d'enquête et de critique sociale* 2016/1 (n°10), p. 150 et s. (Traduit de l'américain par IZOARD Célia et illustrations par LOEVE Anne).
373 LE GAC-PECH Sophie, *op. cit.*

juridictions internationales[374] et françaises[375]. Il a pour principal objectif d'encadrer des situations juridiques tout en conciliant les intérêts collectifs avec les intérêts individuels[376]. En matière de GPA, l'absence d'encadrement juridique emporte des insécurités notamment en cas de décès ou de divorce des parents d'intention. Dès lors, des solutions doivent être envisagées pour pallier ces difficultés juridiques.

161. Complémentarité des ordres – Deux réponses complémentaires peuvent être examinées. Dans un premier temps, la solution juridique pourrait être élaborée au niveau de l'ordre juridique français. Étant donné que le régime d'interdiction de la GPA est inefficace, le législateur français pourrait s'engager à construire un régime juridique propre à ce mécanisme. Notamment, ce régime pourrait permettre d'autoriser la GPA uniquement sous une forme éthique. Dans un second temps, la solution juridique pourrait être apportée par l'ordre juridique européen. En ce sens, la Commission européenne a récemment présenté un projet de règlement en matière de filiation[377]. Ce règlement qui prévoit, entre autres[378], une reconnaissance mutuelle de la filiation pourrait emporter des conséquences juridiques dans les ordres juridiques nationaux. Par conséquent, la sécurité juridique associée à la méthode procréative de GPA découlerait soit d'un encadrement juridique d'une GPA éthique par l'ordre juridique français **(CHAPITRE 1)** soit d'une reconnaissance mutuelle de parentalité proposée par l'ordre juridique européen **(CHAPITRE 2)**.

---

374 GARDEY DE SOOS Blandine, *op. cit.*

375 Cons. Const., déc., 16 décembre 1999, n°99-421 DC : le Conseil Constitutionnel ne reconnaît pas expressément le principe de sécurité juridique mais il se prononce régulièrement sur l'accessibilité et l'intelligibilité de la loi.

376 GARDEY DE SOOS Blandine, *op. cit.*

377 https://france.representation.ec.europa.eu/informations/la-commission-propose-de-nouvelles-regles-en-matiere-de-reconnaissance-de-la-filiation-entre-etats-2022-12-07_fr.

378 Cette proposition de règlement européen en matière de filiation prévoit également des règles juridiques en matière de juridiction compétente et de loi applicable dans le droit de l'UE.

CHAPITRE 1. UN ENCADREMENT JURIDIQUE D'UNE GPA ÉTHIQUE PAR L'ORDRE JURIDIQUE FRANÇAIS

162. Interdiction initiale d'ordre public – La question relative à la légalisation ou non de la méthode procréative de GPA appartient classiquement aux ordres juridiques étatiques européens en vertu de leur souveraineté juridique. En droit français, la GPA fait l'objet d'une interdiction d'ordre public depuis les lois de 1994[379]. Cependant, des atteintes à l'ordre public ont été constatées en raison de l'internationalisation et des réceptions forcées de cette méthode procréative. Dès lors, deux réactions internes s'opposent : soit le droit français élabore un renforcement de son ordre public international pour contester ces réceptions forcées en droit français et en droit européen[380], soit le droit français s'engage à légiférer en faveur d'une GPA éthique qui serait strictement encadrée[381]. Il semblerait que cette seconde vision soit la plus opportune dans notre ordre juridique actuel puisque le renforcement de cet ordre public international ne permettrait pas, en tout état de cause, d'empêcher les parents d'intention de se rendre à l'étranger pour obtenir un enfant. Dès lors, il peut s'avérer possible de légiférer en faveur d'une GPA éthique[382] pour assurer une sécurité juridique en droit français.

163. Diverses théories légales internes – Ces réactions ont fait l'objet d'une étude[383] qui présente quatre catégories légales de solutions : la criminalisation, le non-interventionnisme, le contractualisme libéral et le contractualisme perfectionniste. La criminalisation illustre la position française actuelle[384]. Le non-interventionnisme est un modèle

---

379 Loi n°94-653 du 29 juillet 1994 relative au respect du corps humain, *op. cit.* ; loi n°94-654 du 29 juillet 1994 relative au don et à l'utilisation des éléments et produits du corps humain, à l'assistance médicale à la procréation et au diagnostic prénatal, *op. cit.*

380 FOUSSARD Dominique, NIBOYET Marie-Laure, NOURISSAT Cyril, « Réflexions méthodologiques sur le projet de code de DIP », *Rev. Crit. de DIP* 2022, p. 477 et s.

381 LE GAC-PECH Sophie, *op. cit.*

382 https://www.lepoint.fr/societe/le-plaidoyer-d-elisabeth-badinter-pour-les-meres-porteuses-19-12-2012-1604001_23.php#11.

383 BILLIER Jean-Cassien, « Libéraliser la GPA », *Les cahiers de la justice* 2010/4 (n°4), p. 117 et s.

384 *Cf.* n°50 et s. sur la naissance de l'interdiction de principe.

qui autorise cette pratique en vertu de l'autonomie de la volonté, mais sans encadrement juridique. Le contractualisme libéral consiste, quant à lui, à établir un cadre légal de la GPA sous conditions. Et enfin, le contractualisme perfectionniste encadrerait cette pratique à la condition d'obtenir un agrément et à la suite d'un recours *in fine* devant le juge. Grâce à ces diverses théories, la réflexion sur une GPA éthique permettra de définir le modèle le plus adéquat qui respectera les intérêts de tous les acteurs de la GPA.

164. Encadrement juridique éthique – Généralement, les opposants à la méthode procréative de GPA considèrent que l'éthique est une question principalement financière[385]. Or, l'éthique est une réflexion générale qui représente la frontière entre l'autorisation et l'interdiction d'une pratique au regard des mœurs d'une société[386]. Cette réflexion sur la GPA éthique porte, d'une part, sur le champ contractuel éthique de cette pratique qui est fortement controversé dans la doctrine française **(SECTION 1)** et, d'autre part, sur l'établissement nécessaire d'un champ médical protecteur de cette méthode procréative **(SECTION 2)**.

---

[385] BRUNETTI-PONS Clotilde, « Le ''*tourisme procréatif*'', porte ouverte au trafic d'enfant et à l'exploitation de la misère ? », *Les cahiers de la justice* 2016/2 (n°2), p. 249 et s.
[386] Le mot « *éthique* » vient du bas latin -*ethicus* qui veut dire « *relatif aux mœurs* ».

SECTION 1. UNE RÉFLEXION CONTROVERSÉE SUR LE CHAMP CONTRACTUEL ÉTHIQUE DE LA GPA

165. Techniques contractuelles – Au niveau contractuel, les conventions de GPA sont frappées d'une nullité absolue[387] en vertu des principes d'indisponibilité de l'état des personnes et de l'indisponibilité du corps humain[388]. Or, au regard du développement international de cette méthode procréative, cette pratique requiert la conclusion d'une multitude de contrats. Dès lors, la GPA est une technique contractuelle ayant pour finalité d'obtenir un enfant à l'aide de plusieurs acteurs. En pratique, les parents d'intention ont recours à une agence spécialisée avec laquelle ils concluent un contrat de GPA[389]. Cette même clinique contracte personnellement de potentielles mères porteuses. En plus de ce contrat avec la clinique, les parents d'intention ont généralement recours à un financement bancaire qui aboutit à la conclusion d'un contrat de prêt à la consommation. Enfin, pour protéger leurs intérêts, certains parents d'intention sont conseillés par des avocats spécialisés en la matière.

166. Sécurité contractuelle – Finalement, la GPA est une méthode procréative qui requiert obligatoirement la conclusion de divers contrats. Même si l'ordre juridique français envisageait d'élaborer une GPA éthique, ces contrats devront être conservés, voire régularisés. En ce sens, la régularisation permettrait de « *rendre conforme à la règle, à la norme, aux lois* » une situation antérieurement illicite[390]. En effet, le maintien de cette technique contractuelle conforte l'idée d'assurer une sécurité juridique dans les rapports personnels entre les acteurs de cette pratique et de délimiter les intérêts personnels et collectifs dans un régime juridique légal.

167. Annonce – Cependant, ce cadre juridique légal est débattu en droit français sur le terrain de l'éthique. Ces débats portent principalement

---

[387] C. civ., art. 16-7.

[388] *Cf.* n°37 et s. sur l'indisponibilité de l'état des personnes ; *Cf.* n°44 et s. sur l'indisponibilité du corps humain.

[389] Un réel contrat de GPA réalisé en Colombie permettra d'appuyer le raisonnement présent. Ce contrat a été conclu en septembre 2022 entre un homme seul biologiquement lié à l'enfant et une clinique spécialisée colombienne. Toutefois, certaines difficultés techniques n'ont pas permis d'obtenir un contrat complet (V. Annexes).

[390] *Cf.* n°208 et s. sur la régularisation des PMA illicites.

sur la validité même des conventions de GPA en droit français **(§1)** et sur les formes de financement de cette méthode procréative **(§2)**.

§1. LA VALIDITÉ DES CONVENTIONS DE GPA EN DROIT FRANÇAIS

168. Interrogations – « *Pourquoi une femme dotée de sa pleine capacité juridique n'aurait-elle pas droit de disposer de son corps ? [...] Pourquoi une femme ne pourrait-elle librement consentir à porter un enfant pour autrui ?* »[391]. Ces deux questions illustrent deux problématiques majeures mettant en lumière la légitimité de cette méthode procréative. En effet, ces questions permettent de se demander si une femme bénéficie d'un droit à disposer de son corps et si ce droit individuel peut outrepasser les frontières de l'ordre public français. Aussi, ces dernières renvoient à la question de savoir si le consentement d'une mère porteuse peut ou non revêtir les caractères obligatoires à sa validité, à savoir un consentement « *libre et éclairé* »[392].

169. Réponses antinomiques – Les réponses à ces questions sont controversées. D'une part, certains considèrent que « *la pire des infamies et des dégradations du corps humain serait d'admettre qu'une femme puisse volontairement* ''louer'' *ou mettre à disposition son utérus* »[393]. Cette aversion à la GPA montre que les mères porteuses ne peuvent pas légitimement accepter de porter un enfant pour le compte d'autrui. En ce sens, elles ne bénéficieraient pas d'un droit à disposer de leur propre corps et leur consentement serait nécessairement vicié. Ce vice inhérent au consentement des mères porteuses serait notamment justifié par l'aspect financier de cette pratique. En ce sens, une mère porteuse subirait nécessairement un vice de violence en raison de la rémunération qui lui est proposée. À l'inverse, d'autre part, « *seule compte[rait] la décision libre et éclairée d'une femme de porter*

---

391 LE GAC-PECH Sophie, *op. cit.*

392 En matière de droit médical, l'article L. 1111-4 al. 4 du code de la santé publique (CSP) dispose que « *aucun acte médical ni aucun traitement ne peut être pratiqué sans le consentement libre et éclairé de la personne et ce consentement peut être retiré à tout moment* ».

393 LE GAC-PECH Sophie, *op. cit.*

pour le compte d'autrui un enfant à naître »[394]. Autrement dit, la mère porteuse pourrait disposer de son corps à la condition qu'elle ait absolument connaissance et conscience de son engagement et des risques liés à cette pratique.

170. Annonce – Au regard de ces oppositions doctrinales, il est nécessaire d'envisager le droit à disposer de son corps en droit français **(A)** avant de mettre en exergue les exigences contractuelles impératives pour assurer des rapports juridiques protecteurs **(B)**.

A. LE DROIT À DISPOSER DE SON CORPS EN DROIT FRANÇAIS

171. Entre dignité et autonomie – Le droit à disposer du corps humain est une problématique actuelle qui confronte, d'une part, la dignité humaine d'ordre public et, d'autre part, l'autonomie de la volonté. En raison de cette opposition idéologique, ce droit à disposer de son corps est contesté par la doctrine **(1)** et seul le principe d'une liberté procréative pourrait être appréhendé comme étant un juste milieu entre les intérêts de chacun **(2)**.

1. UN DROIT À DISPOSER DE SON CORPS CONTESTÉ PAR LA DOCTRINE

172. Droit rejeté – Le terme « *disposer* » est une notion juridique qui renvoie à la propriété. En effet, le fait de disposer permet au propriétaire d'« *exercer l'une des prérogatives du droit de propriété [...] soit par acte juridique [...] soit par acte matériel* »[395]. Transposée au corps humain, cette notion reconnaîtrait à chaque individu un droit de propriété sur son propre corps. Or, cette perception est contraire à l'exclusion du corps humain du champ contractuel[396] et à la dignité humaine. Cette dignité est un principe à valeur constitutionnelle[397] qui

---

[394] *Ibid.*
[395] DEBARD Thierry et GUINCHARD Serge, *op. cit.*, (V. Disposer) p. 387.
[396] *Cf.* n°44 sur l'indisponibilité du corps humain.
[397] Cons. Const., déc., 27 juillet 1994, n°94-343/344 DC, consid. 18 et 19.

a permis, au législateur français, d'accentuer un « *ordre public du corps* »[398] pour interdire, par voie de conséquence, la GPA. L'intérêt de cet ordre public est de « *protéger l'individu contre lui-même* » [399] et exclut toute forme de droit à disposer de son corps pour éviter toute « *situation dégradante* »[400]. Toutefois, l'évolution juridique du droit français montre que l'ordre public de protection se développe au détriment de l'ordre public de direction[401]. Dès lors, les règles impératives françaises auraient désormais pour finalité de protéger les parties faibles sans imposer des interdictions strictes.

173. Droit de regard dominant – L'ordre public est une notion variable[402]. Par conséquent, l'ordre public se conforme aux mœurs d'une société[403] telles que la notion d'éthique. La difficulté de l'ordre public est de « *concilier les intérêts collectifs et individuels pour garantir la sécurité juridique* »[404]. En matière de GPA, certains opposants dénoncent cette pratique sur le terrain du droit à disposer de son corps au nom d'un droit de regard. Ce droit de regard est une invention purement individualiste qui a pour objectif d'interdire des pratiques en raison d'une situation qui déstabiliserait la société par sa simple existence. Cependant, il est possible de s'interroger sur les nuisances d'une telle méthode procréative face aux intérêts collectifs. De plus, cette conception semblerait avoir évolué auprès de l'opinion publique. En effet, en 2021, 53% des personnes interrogées ont déclaré être favorable à la GPA[405]. Ce chiffre a été augmenté de 12 points par rapport à 2014. Dès lors, il serait possible d'envisager la GPA éthique comme l'une des nombreuses exceptions à l'ordre public français

---

[398] BORRILLO Daniel, *Bioéthique*, *op. cit.*, p. 70.
[399] ROMAN Diane, « ''*A corps défendant*''. La protection de l'individu contre lui-même », *Recueil Dalloz* 2007, p. 1284 et s.
[400] *Ibid.*
[401] Cass., Rapp. annuel, 2013.
[402] KARYDIS Georges, « L'ordre public dans l'ordre juridique communautaire », *RTD Eur*. 2002, p. 1 et s.
[403] L'adaptabilité de l'ordre public aux mœurs correspond à la progression d'un ordre public de direction vers un ordre public de protection.
[404] GARDEY DE SOOS Blandine, *op. cit.*
[405] https://www.ifop.com/publication/la-position-des-francaises-sur-la-pma-la-gpa-et-le-don-de-gametes/.

d'indisponibilité du corps humain[406] qui, en général, « *s'accroissent* »[407]. Cependant, même si la pratique de la GPA tend à être acceptée en France, le droit à disposer de son corps n'est pas établi. Seul un principe instituant une liberté procréative pourrait être envisagé.

2. LE PRINCIPE DE LA LIBERTÉ PROCRÉATIVE ENVISAGÉ

174. Entre liberté et droit – La liberté procréative est définie comme une « *liberté de créer des liens de filiation avec des êtres que ceux-ci soient ou non les héritiers de notre patrimoine génétique* »[408]. Cette expression est apparue en 1986 et elle se diviserait entre un « *droit à la liberté de procréer [et un] droit de choisir les moyens de procréation* » [409]. Cette liberté permettrait aux femmes d'avoir le choix de procréer ou non selon une conception négative de la liberté. À l'inverse, le pendant positif de cette liberté serait que l'État devrait garantir aux parents d'intention un accès à la technologie adéquate. Cette liberté procréative pourrait se limiter à un accès facilité, à toute personne, aux diverses méthodes procréatives sans pour autant imposer à l'État d'assurer un « *droit à l'enfant* »[410] qui astreindrait un ordre juridique en cause à une obligation de résultat envers chaque individu. En ce sens, reconnaître un droit à l'enfant imposerait à l'État de mettre en œuvre tous les moyens juridiques et contraignants possibles pour que chaque individu obtienne un enfant. Or, un tel droit à l'enfant a été refusé de manière formelle par la Cour EDH[411] et par le Conseil

[406] Aujourd'hui, la prostitution n'est plus directement réprimée et la force physique peut être rémunéré dans le cadre des activités sportives professionnelles. Il s'agit également des dons du sang ou encore d'organe.

[407] CARVAIS Robert, « L'indisponibilité du vivant », *Hypothèses* 2007/1 (n°10), p. 391 et s.

[408] JAUNAIT Alexandre, « Échographie de la liberté procréative française. Identité des enfants, sexualité des parents et politiques de la nation », *HAL open*, juillet 2016, p. 2.

[409] DUMITRU Speranta, « Liberté de procréation et manipulation génétique pour une critique d'Habermas », *Raisons politique* 2003/4 (n°12), p. 31 et s.

[410] CABRILLAC Rémy, « *Libertés et droits fondamentaux* », Dalloz, Hors collection Dalloz, 20ème Éd., 2014.

[411] CEDH, Gr. Ch., 10 avril 2007, *Evans c/ Royaume-Uni*, req. n° 6339/05, *D.* 2007. 1202, obs. C. Delaporte-Carré ; *D.* 2008. 1435, obs. J.-C. Galloux et H. Gaumont-

constitutionnel[412]. Finalement, seul l'accès aux techniques médicalement assistées devrait être garanti par l'État à tous ses ressortissants.

175. « *Libertarianisme* »[413] – Cette liberté consisterait pour les individus à pouvoir concevoir un enfant par la méthode procréative de leur choix. Toutefois, cette liberté doit être conditionnée, voire contrainte légalement dans un encadrement conventionnel. L'intérêt de cet encadrement est d'éviter toute forme absolue de libertarianisme. Ce courant de pensée, apparu dans les années 1970 aux États-Unis, accorde une forte primauté à la liberté individuelle reposant sur un droit à disposer de son corps. Nonobstant la position ultralibérale de ce courant, le libertarianisme a permis de concevoir l'idée qu'un individu pouvait « *user de son corps dans des relations contractuelles* »[414]. Il est alors possible d'envisager qu'une personne puisse librement devenir mère porteuse dans un cadre juridique conforme à un ordre public de protection au sein duquel un ordre juridique tend exclusivement vers une sécurité juridique entre les rapports juridiques de chaque acteur de la GPA.

176. Vérité biologique – Cependant, le risque de la contractualisation de la GPA serait d'obscurcir toute réalité biologique au profit d'un fondement volontariste[415]. Majoritairement, les parents d'intention qui ont recours à cette méthode ont pour ambition de « *privilégier le lien génétique [pour que] ''l'enfant soit au moins de l'un des deux''* »[416]. Cette précision représente la frontière entre le recours à l'adoption et celui à la GPA. Par conséquent, la liberté procréative pourrait être uniquement autorisée lorsqu'au moins un des parents d'intention est biologiquement lié à l'enfant. Concernant le parent d'intention non lié

Prat ; *RDSS* 2007. 810, note D. Roman ; *RTD civ.* 2007. 295, obs. J.-P. Marguénaud ; *RTD civ.* 2007. 545, obs. J. Hauser.

[412] Cons. Const., déc., 17 mai 2013, n°2013-669 DC.

[413] LE COZ Pierre, « La libre disposition de son corps par la personne », in *Principes de protection du corps et Biomédecine. Approche internationale*, ss. dir. de FEUILLER-LIGER Brigitte et SCHAMPS Geneviève, Bruylant, Droit bioéthique et société, 2015.

[414] TOURAME Pierre, « Quelle liberté pour la mère porteuse ? », *Les cahiers de la justice* 2016/2 (n°2), p. 275 et s.

[415] CATHELINEAU-ROULAND Anne, « Les discordances du droit français en matière de GPA », *LPA* 10 juillet 2020, n°153w7, p. 20.

[416] TOURAME Pierre, *op. cit.*

biologiquement à l'enfant, celui-ci pourrait être adoptant ou établi comme second parent d'intention sur l'acte de naissance. Finalement, toutes ces conditions devront obligatoirement être insérées dans un cadre conventionnel conforme aux intérêts de chacun.

B. LES CONDITIONS OBLIGATOIRES DANS UN CADRE CONVENTIONNEL

177. Intérêts antinomiques – Le cadre conventionnel de la GPA permettrait, d'une part, d'assurer l'existence d'un consentement libre et éclairé de la mère porteuse dans l'intérêt des tiers **(1)** et, d'autre part, d'aménager des clauses contractuelles proportionnées aux intérêts de chaque acteur de la GPA **(2)**.

1. L'EXISTENCE D'UN CONSENTEMENT LIBRE ET ÉCLAIRÉ

178. Valeur du consentement – Le libre consentement est un élément clé dans la pratique de la GPA. Cependant, « *le cas des mères porteuses est l'un de ceux où il est le plus difficile de définir ce que signifie la liberté de consentement* »[417]. Pour répondre à cette difficulté, deux modèles internationaux permettent de comprendre la valeur du consentement[418]. Dans le modèle anglo-saxon, le consentement s'apparente comme une volonté individuelle qui fonde le fait social. En ce sens, le consentement d'une personne réduit l'intervention des pouvoirs publics dans l'intimité de celle-ci. À l'inverse, dans un modèle paternaliste protecteur représenté par le droit français, le consentement est nécessairement attaché à la notion de dignité. Cette seconde conception permet aux pouvoirs publics de légiférer à l'encontre de la volonté individuelle. Par conséquent, certains opposants à la GPA estiment que la mère porteuse est « *nécessairement instrumentalisée* »[419] par le financement de cette pratique et, de ce fait,

---

[417] CANTO-SPERBER Monique et FRYDMAN René, *Naissance et liberté. La procréation. Quelles limites ?*, Plon, 2008.

[418] ROMAN Diane, *op. cit.*

[419] COTTIER Michelle, « Représentations juridiques de la mère porteuse et modèles de régulation de la gestation pour autrui » in *La gestation pour autrui. Approches*

son consentement est anéanti. Toutefois, si la liberté procréative était admise, les mères porteuses pourraient librement consentir à un tel acte et les pouvoirs publics seraient tenus, au regard de l'ordre public de protection, de protéger exclusivement le consentement des personnes considérées comme étant « *vulnérables* »[420].

179. Autonomie personnelle cumulée – Ainsi envisagé, le principe de la liberté procréative est subordonné à l'autonomie personnelle des individus. Cette autonomie personnelle justifierait la validité du consentement des mères porteuses. En effet, le seul consentement n'est « *pas un principe justificateur ni un concept éthique capable de justifier tout acte ou conduite sauf à renvoyer à la notion d'autonomie personnelle* »[421]. L'autonomie personnelle correspond au « *droit de se gouverner par ses propres lois* »[422], soit au droit à disposer de soi. Toutefois, la GPA est quelquesfois considérée comme un trouble à l'ordre social et, de ce fait, elle limite de plein droit ce principe d'autonomie personnelle. Toutefois, il est possible de considérer que ces mères porteuses sont titulaires de cette autonomie et sont alors maîtres de leur participation dans la méthode procréative de GPA. Elles peuvent notamment choisir elles-mêmes les parents d'intention à qui elles souhaitent remettre l'enfant[423].

180. Recueil du consentement – En plus de ce choix, le consentement des mères porteuses devra être recueilli par un juge[424], par un notaire[425] ou encore à la suite d'un agrément de l'Agence de la biomédecine[426]. Au regard de la dernière loi sur la bioéthique de 2021, la tendance en droit français est de conférer au notaire une compétence propre en matière d'AMP. En effet, ce dernier est compétent pour recueillir le consentement d'un couple de femmes qui souhaitent recourir à une

---

juridiques internationales, Limal / Bâle : Anthemis / Helbing Lichtenhahn, 2018. p. 15–27.

420 ROMAN Diane, *op. cit.*

421 TOURAME Pierre, *op. cit.*

422 MARZANO Michela, *Je consens donc je suis... : Éthique de l'autonomie*, PUF, Hors collection, 2014.

423 https://www.elle.fr/Societe/Les-enquetes/Elisabeth-Badinter-Je-suis-pour-une-GPA-ethique-2383496.

424 *Cf.* n°15 pour voir l'exemple du Texas.

425 *Cf.* n°15 pour voir l'exemple du droit mexicain.

426 https://www.elle.fr/Societe/Les-enquetes/Elisabeth-Badinter-Je-suis-pour-une-GPA-ethique-2383496.

PMA. Ce type de recueil pourrait être transposé à la GPA. Finalement, quel que soit le moyen utilisé pour s'assurer de la conformité du consentement des acteurs de la GPA, celui-ci doit obligatoirement être inscrit comme une des clauses obligatoires qui renvoie aux intérêts proportionnés de chaque acteur de la GPA.

2. DES CLAUSES CONTRACTUELLES PROPORTIONNÉES AUX INTÉRÊTS DE CHAQUE ACTEUR

181. Clause consensuelle obligatoire – Au sein des contrats de GPA, cette clause relative au consentement libre et éclairé des parties doit obligatoirement apparaître dans ledit contrat. À titre d'exemple, le contrat de GPA colombien stipule que « *[le parent d'intention*[427] *et la mère porteuse déclarent] de manière libre, consciente, spontanée et informée* »[428] avoir connaissance des risques de cette pratique. La seule critique qui en découle est que cette clause est prévue dans une annexe au contrat principal dédié à la matrice des risques médicaux et sociaux. Dans un cadre conventionnel français, cette clause devrait être plus spécifique à cette méthode procréative et serait inscrite dans le corps principal.

182. Révocation du consentement – En plus de cette clause relative au consentement, le contrat colombien ajoute que les acteurs de la GPA sont « *entièrement libre[s] de révoquer ou de modifier [leur] consentement à tout moment, tant que la procédure n'a pas été engagée* »[429]. Ce droit à la révocation du consentement appartient tant aux parents d'intention qu'à la mère porteuse dès lors qu'il est invocable avant l'insémination de la mère porteuse. En parallèle, le droit français impose un délai de réflexion d'un mois dans le cadre d'une PMA classique[430]. Toutefois, la mère porteuse pourrait bénéficier d'une dérogation qui lui permettrait de révoquer son consentement au

---

[427] Dans le cadre de ce contrat colombien, un homme célibataire a recours à la GPA. Ce dernier est biologiquement lié à l'enfant qui naîtra de ce processus procréatif.
[428] « *En forma libre, consciente, espontáneamente e informada* » (V. Annexe 2).
[429] « *Totalmente libre de revocar o modificar en calquier momento su consentimiento, mientras no se haya iniciado el procedimiento* » (V. Annexe 2).
[430] CSP, art. L. 2141-10 al. 13 : « *Le consentement du couple ou de la femme non mariée est confirmé par écrit à l'expiration d'un délai de réflexion d'un mois à compter de la réalisation des étapes mentionnées aux 1° à 6°* ».

début de sa grossesse. Cette dérogation se poursuivrait pendant la période légale d'interruption volontaire de grossesse aux fins de préserver ce droit. Toutefois, la révocation du consentement de la mère porteuse *a posteriori* de l'insémination emporterait un droit à indemniser le ou les parents d'intention en raison de l'arrêt total du processus procréatif.

183. Clauses proportionnées – En plus de ces clauses relatives au consentement et à sa révocation, les parties peuvent convenir de stipuler des clauses supplétives de volonté. Il s'agit en l'occurrence de clauses relatives à l'objet du contrat, à la durée de celui-ci, à la loi applicable ou encore à la juridiction compétente. Certains auteurs mettent en lumière des « *clauses d'interdiction* »[431]. Ces clauses auraient pour conséquence de restreindre la liberté individuelle de la mère porteuse tout au long du processus médical. Parmi ces clauses prohibitives se trouveraient des interdictions de mettre des produits cosmétiques chimiques, de fumer, d'avoir des rapports sexuels pendant la grossesse ou encore d'assister à des funérailles[432]. *A contrario*, le contrat de GPA colombien prévoit, dans son annexe, de simples « *recommandations générales* »[433] proportionnées qui portent principalement sur l'alimentation de la mère porteuse et qui sont strictement mesurées à toute forme de grossesse. Au côté de ces recommandations générales, le contrat de GPA comporte nécessairement des clauses tenant aux formes de financement de cette méthode procréative.

§2. LES FORMES DE FINANCEMENT DE CETTE MÉTHODE PROCRÉATIVE

184. Financement débattu – Entre « *marchandisation de l'enfant* » [434] et altruisme, chaque expression doctrinale fait preuve de subjectivité pour qualifier la situation du financement de la GPA. Les réticences tenant à ce financement sont dominantes. En effet, certains auteurs

[431] BRUNETTI-PONS Clotilde, *op. cit.*
[432] *Ibid.*
[433] « *Recomendaciones Generales* » (V. Annexe 2).
[434] LE GAC-PECH Sophie, *op. cit.*

s'inquiètent d'une potentielle « *exploitation* » [435] des mères porteuses. Néanmoins, d'autres considèrent que les mères porteuses doivent être rémunérées au titre d'un contrat de travail[436]. Dès lors, il semblerait être nécessaire de se soucier de la volonté même des mères porteuses. D'ailleurs, certaines d'entre elles reconnaissent participer à cette pratique pour obtenir de l'argent et, dans ces circonstances, « *est-ce que s'engager dans un processus de GPA uniquement dans le but de gagner de l'argent constitue une raison suffisante pour condamner ces pratiques ?* »[437].

185. Recours impératif au financement – Au regard de ces opinions hétérogènes, chaque argument doit être mesuré. Initialement, les partisans d'une GPA éthique revendiquaient l'absence totale de rémunération en raison d'un acte généreux et dénué de tout intérêt financier de la part de la mère porteuse[438]. Pour autant, malgré l'altruisme exigé dans certains États du monde, les recours au financement bancaire se sont multipliés puisque la GPA est forcément coûteuse pour les parents d'intention à l'égard des acteurs intermédiaires, et notamment envers les agences spécialisées. En revanche, la somme payée par ces parents d'intention ne sera pas forcément reversée à la mère porteuse qui agit, dans la plupart des cas, de manière altruiste[439]. C'est pour cette raison que le financement de la GPA est critiquable et doit être reconsidéré par le législateur français en cas d'autorisation de cette pratique.

---

[435] ROMAN Diane, « La GPA, un débat féministe ? », *Travail, genre et société* 2012/2 (n°28), p. 191 et s.

[436] BRUNET Laurence et JOUAN Marlène, « Rémunérer la GPA : contexte, enjeux, limites », *Regards croisés sur l'économie* 2020/2 (n°27), p. 174 et s.

[437] LANCE Delphine et MERCHANT Jennifer, « Réglementer les corps : la GPA en Ukraine et aux États-Unis », *Les cahiers de la justice* 2016/2 (n°21), p. 231 et s.

[438] BRÉHAUX Karine et DÉLÉPINE-PANISSET Béatrice, « Questionnement autour de la GPA », *Rev. d'éthique et de théologie moral* 2014/5 (n°282), p. 37 et s.

[439] Le contrat de GPA colombien précise, par exemple, que cette méthode procréative est réalisée de manière altruiste et, pourtant, une annexe au contrat principal est relative à la « *répartition des coûts du processus et mode de paiement* » (V. Annexe 4). Cette annexe mentionne un coût total de 65 000 dollars dus par le parent d'intention qui recourt à la GPA à la clinique spécialisée. Pour autant, l'altruisme de cette méthode exclut toute forme de rémunération ou d'indemnisation à l'égard de la mère porteuse.

186. Annonce des parties – Aujourd'hui, l'absence d'encadrement de la GPA en droit français alimente les oppositions doctrinales concernant la rémunération de la mère porteuse **(A)** et ne restreint pas l'intensification d'un financement bancaire occulte **(B)**.

A. LES OPPOSITIONS DOCTRINALES CONCERNANT LA RÉMUNÉRATION

187. Luttes doctrinales – De nombreuses oppositions se manifestent en doctrine. D'une part, certains auteurs luttent contre la marchandisation de la mère porteuse **(1)** et, d'autre part, d'autres auteurs luttent en faveur d'une rémunération au titre d'un travail procréatif **(2)**.

1. LA LUTTE CONTRE LA MARCHANDISATION

188. Modification du débat – Au lendemain de l'interdiction formelle de la GPA en 1991, la lutte contre la marchandisation se fondait sur les principes d'indisponibilité du corps humain et de la non-commercialité du corps. Étant donné que ces principes sont « *en permanence en danger* »[440] au vu des multiples exceptions admises, le débat s'est désormais reporté sur le « *risque d'exploitation des femmes démunies* »[441]. En effet, les auteurs portent leurs arguments sur la situation de vulnérabilité de certaines mères porteuses. Cette vulnérabilité condamnerait les mères porteuses à accepter une telle pratique de manière contrainte qui serait manifestement financière[442].

189. « *Inégalités économiques* »[443] – Conformément à ce premier argument, ces auteurs condamnent une telle rémunération en la comparant à une nouvelle forme de « *rapport semi-esclavagiste* »[444]. Cette condamnation s'illustre principalement par des situations dans lesquelles des parents d'intention ressortissants de pays du Nord

---

[440] BRÉHAUX Karine et DÉLÉPINE-PANISSET Béatrice, *op. cit.*
[441] ROMAN Diane, *op. cit.*
[442] *Ibid.*
[443] LANCE Delphine et MERCHANT Jennifer, *op. cit.*
[444] FEDERICI Sylvia, *op. cit.*

recourent au service d'une mère porteuse ressortissante d'un pays « *du Sud* »[445]. Dès lors, la mère porteuse serait intrinsèquement issue d'une « *classe inférieure* »[446] par rapport aux parents d'intention. Ces inégalités économiques s'observent lorsque les parents d'intention recourent à la GPA en Asie ou dans des pays d'Amérique latine ou d'Amérique du Sud. Ces dernières pourraient pourtant disparaître lorsque les parents d'intention se rendent aux États-Unis, au Canada ou encore dans un des pays du continent européen. Par conséquent, l'argument de la marchandisation de la GPA varie en fonction de l'espace géographique dans lequel la mère porteuse vit. Si la GPA était autorisée en France, ces formes d'inégalités seraient plus rares à constater.

190. « *Maternité taylorisée* » [447] – Aujourd'hui, ces arguments sur la marchandisation et l'exploitation des femmes existent en raison de véritables « *marchés* »[448]. Ces marchés sont alimentés par les propositions des agences intermédiaires. Ces propositions comportent, « *sur simple clic* » [449], différents programmes de GPA dont le prix varie en fonction de la localité et des services proposés[450]. Cette nouvelle forme de marché procréatif est un pendant du tourisme procréatif. À titre d'exemple aux Indes, le marché de la GPA rapporterait plus d'un milliard de dollars par an. Dans ce pays, de réelles « *usines à bébé* » existent étant donné que la GPA ne coûte que 4 000 euros[451]. Face à ces dérives extrêmes, l'argument sur l'exploitation des femmes est légitime. Toutefois, il est opportun de se demander si cet argument pouvait subsister dans l'ordre juridique français. Ici, la réponse semblerait être négative. Finalement, la lutte contre la marchandisation s'oppose fermement à toute forme de rémunération alors que, à l'opposé, la lutte en faveur d'un travail procréatif revendique une telle rémunération à l'égard de la mère porteuse.

---

[445] LANCE Delphine et MERCHANT Jennifer, *op. cit.*
[446] FEDERICI Sylvia, *op. cit.*
[447] *Ibid.*
[448] BRUNETTI-PONS Clotilde, *op. cit.*
[449] *Ibid.*
[450] *Cf.* n°194 sur les programmes proposés par les agences intermédiaires.
[451] FEDERICI Sylvia, *op. cit.*

2. *LA LUTTE EN FAVEUR D'UN TRAVAIL PROCRÉATIF*

191. Critique du financement actuel – La méthode procréative de GPA nécessite toujours un financement, que celui-ci soit attribué à la mère porteuse ou à l'agence intermédiaire. Or, généralement, le financement de cette pratique est majoritairement alloué aux acteurs intermédiaires au détriment de la mère porteuse. Lorsque les ordres juridiques tiennent compte des intérêts de la mère porteuse, ceux-ci admettent une indemnisation proportionnée aux frais de grossesse et à la perte de revenu du travail. Cette notion de travail a été invoquée par certains auteurs dans le cadre des GPA en estimant que cette pratique était un travail procréatif.

192. Travail reproductif rémunéré – En tant qu'acteur principal du processus procréatif, les mères porteuses pourraient revendiquer l'idée suivant laquelle leur participation est un véritable travail reproductif. La reconnaissance d'un tel travail a été critiquée par la doctrine qui a reproché à cette logique d'assigner les femmes à une « *finalité de reproduction humaine* »[452]. Toutefois, d'autres auteurs estiment que la mère porteuse s'engage dans un processus similaire au « *travail de care* »[453]. La mère porteuse serait une « *prestataire de services reproductifs* » [454] puisqu'elle répondrait aux critères d'activité de travail. Dès lors, la rémunération devrait obligatoirement être autorisée selon cette position doctrinale.

193. Système « *gagnant-gagnant* »[455] – Du côté des mères porteuses, certaines d'entre elles revendiquent avoir recours à la GPA pour obtenir une somme d'argent. En Inde, celles-ci évoquent une « *stratégie de vie* »[456] qui leur permettrait d'obtenir une somme nettement supérieure à celle qu'elle aurait obtenue en travaillant. Les mères porteuses indiennes sont « *recrutées* »[457] dans des usines à textile et, en tant qu'ouvrière travaillant dans des conditions précaires, elles reconnaissent que cette pratique leur permet « *de bénéficier d'un degré*

---

452 JOUAN Marlène, « L'acceptabilité morale de la GPA », *Travail, genre et sociétés* 2017/2 (n°38), p. 32 et s.
453 BRUNET Laurence et JOUAN Marlène, *op. cit.*
454 *Ibid.*
455 LANCE Delphine et MERCHANT Jennifer, *op. cit.*
456 *Ibid.*
457 FEDERICI Sylvia, *op. cit.*

d'autonomie qu'elles n'auraient pas trouvé autrement »[458]. En dehors de cet exemple, des mères porteuses ukrainiennes ont également indiqué que cette méthode procréative était bénéfique pour chaque protagoniste[459]. Une difficulté subsiste pourtant lorsqu'il existe une inégalité économique entre les protagonistes puisque cela rend le « ''don altruiste'' *caduc* »[460]. Toujours est-il que le risque d'exploitation de la mère porteuse pourrait être neutralisé si cette dernière fixait elle-même les conditions de son don ou de sa rémunération. Dans ces circonstances, la mère porteuse veillerait « *à rester l'acteur/agent principal de [son] expérience* » [461].

Finalement, dans l'ordre juridique étatique français, la notion d'indemnisation proportionnelle devrait être privilégiée pour répondre aux craintes d'une exploitation dans un marché procréatif et aux souhaits de voir octroyer une somme d'argent à la mère porteuse. Avec cette indemnisation proportionnelle, aucune recherche du meilleur prix ne nuirait aux intérêts de la mère porteuse contrairement à ce qui est pratiqué aujourd'hui à l'étranger à l'aide d'une intensification des financements bancaires occultes.

B. L'INTENSIFICATION D'UN FINANCEMENT BANCAIRE OCCULTE

194. Prêt à la consommation – Actuellement, les parents d'intention ont recours à la GPA dans le pays de leur choix. Ce choix est déterminé en fonction du coût de cette pratique. Lors de leurs recherches, les parents d'intention peuvent comparer les différents forfaits proposés par des agences intermédiaires. Ces divers forfaits dépendent des services proposés. À titre d'exemple, la société BioTexCom propose trois types de forfait dont le prix varie entre 39 900 euros à 64 900 euros[462]. Face à ces sommes conséquentes, les parents d'intention ont sollicité des financements auprès des établissements de crédit

[458] LANCE Delphine et MERCHANT Jennifer, *op. cit.*
[459] *Ibid.*
[460] *Ibid.*
[461] *Ibid.*
[462] À ce titre, voir par exemple les trois forfaits proposés par une agence Ukrainienne : https://www.mereporteuse.info/services-prix/#proposition-de-gpa.

classiques ou dématérialisés. Dès lors, une pratique bancaire occulte s'est développée. Ces crédits sont octroyés sous la forme d'un prêt personnel. Ces prêts personnels sont des crédits dont le montant varie entre 200 et 75 000 euros[463]. Et, à la différence des crédits affectés ou immobiliers, aucun contrôle de la banque n'est imposé sur la vérification de l'utilisation des fonds. La banque est seulement tenue de vérifier si le crédit est adapté aux besoins et à la situation financière de l'emprunteur.

195. Financement illicite – Malgré cette absence de contrôle obligatoire par la banque, les établissements de crédit devraient rester vigilants puisqu'en cas de suspicion de recours à la GPA à l'étranger, ces établissements de crédit sont tenus de refuser de consentir à de tels prêts. Pourtant, en pratique, de nombreuses institutions bancaires autorisent les parents d'intention à souscrire à des prêts à la consommation en ayant connaissance des motifs d'utilisation. Dès lors, de nombreux flux financiers se sont multipliés en pratique. Face au vide législatif entourant ces pratiques bancaires, aucune sanction pénale ne semble être adaptée à ce type de situation. En effet, le blanchiment d'argent[464] ou encore l'abus de confiance[465] ne sont pas adaptés à ces situations. Seule l'annulation du contrat de prêt pourrait être réclamée par tout intéressé sur le fondement du droit commun des contrats qui impose une condition de licéité de l'objet du contrat[466]. Or, en l'occurrence, les contrats de prêt personnel sont non affectés et, par conséquent, l'absence d'objet ne constitue pas une cause d'invalidité du contrat. Aujourd'hui, aucune jurisprudence n'a été rendue en la matière.

---

[463] https://www.service-public.fr/particuliers/vosdroits/F2435.

[464] Le blanchiment d'argent est une infraction pénale prévue aux articles 324-1 et s. du Code pénal. En l'espèce, cette infraction est inapplicable en matière de financement d'une GPA puisque le financement d'origine du prêt à la consommation est légal.

[465] L'abus de confiance est une infraction pénale prévue à l'article 314-1 du Code pénal. Cette infraction est inapplicable puisque l'abus de confiance doit porter sur une somme d'argent précaire. Or, la Cour de cassation a estimé que « *les sommes versées lors de prêts à la consommation (prêts bancaires) sont toujours remises en pleine propriété, et non à titre précaire : le fait de les utiliser dans un autre but que celui prévu au contrat ne constitue pas un abus de confiance* » (Cass. Crim., 19 juil. 2007, n°06-86343, inédit).

[466] C. civ., art. 1128 al. 4.

196. Enrichissement des agences intermédiaires – En tout état de cause, ces pratiques bancaires profitent essentiellement aux acteurs intermédiaires. Notamment, les agences intermédiaires ont pour objet d'organiser ces méthodes procréatives de la mise en relation entre les parents d'intention et la mère porteuse jusqu'au terme du délai de conservation des gamètes utilisées. Par conséquent, ces « *agences intermédiaires s'enrichissent, prospèrent et se multiplient* »[467] au détriment des mères porteuses qui sont, quant à elles, généralement contraintes par un don altruiste.

197. Conclusion de section – Pour conclure ces raisonnements, la criminalisation et le non-interventionnisme sont des modèles inadaptés et engendrent une insécurité juridique autour de l'enfant né de GPA réalisée à l'étranger. Dès lors, le droit français pourrait instituer une liberté procréative conditionnée aux exigences de libre consentement et d'indemnisation proportionnelle. Cette autorisation française d'une GPA éthique pourrait mettre un terme aux « *dérives* »[468] étrangères. Néanmoins, cet établissement d'un champ contractuel de la GPA doit être également accompagné par une réflexion nécessaire sur l'élaboration d'un champ médical éthique de la GPA.

---

[467] FRISON-ROCHE Marie-Anne, « L'impossibilité de réguler l'illicite : la convention de maternité de substitution », *Recueil Dalloz* 2014, p. 2184 et s.
[468] LE GAC-PECH Sophie, *op. cit.*

SECTION 2. UNE RÉFLEXION NÉCESSAIRE SUR LE CHAMP MÉDICAL PROTECTEUR DE LA GPA

198. Conditions légales – Les assistances médicales à la procréation sont des « *pratiques cliniques et biologiques* »[469] qui doivent répondre à de nombreuses conditions légales. Ces conditions devraient également s'appliquer à la GPA puisque, comme toute AMP, cette méthode procréative suppose une assistance médicale qui, en l'occurrence, nécessite une fécondation *in vitro*. Parmi ces conditions se trouvent des règles déontologiques médicales qui ont pour vocation de réglementer l'accès et le déroulement du protocole de ces AMP. En ce sens, seuls des praticiens habilités par un agrément de 7 ans[470] délivré par l'Agence de la biomédecine[471] peuvent pratiquer ces AMP dans des établissements de santé[472]. En plus de ces règles déontologiques, toutes les formes d'AMP « *d'effet équivalent* »[473] doivent répondre à des conditions médicales.

199. Absence de lien biologique tolérée – Parmi les multiples formes d'AMP, certaines pratiques font l'objet d'une interdiction. Aujourd'hui, il s'agit principalement de la gestation pour autrui et de la maternité de substitution[474]. *A contrario*, toutes les assistances médicales endogènes et exogènes avec ou sans tiers donneur sont autorisées. Néanmoins, l'assistance médicale exogène interroge lorsque cette pratique requiert la participation de deux donneurs. Auparavant, l'ancien article L. 2141-3 du CSP disposait que « *[un embryon] ne peut être conçu avec des gamètes ne provenant pas d'un au moins des deux membres du couple* ». Cette condition a été supprimée par la loi du 2 août 2021[475]. Désormais, un couple ayant recours à une PMA peut utiliser un gamète totalement étranger. Dès lors, un enfant peut naître d'une PMA sans qu'un lien biologique ne le lie à ses parents. Cette particularité questionne lorsque cette pratique est mise en parallèle avec

---

[469] CSP, art. L. 2141-1 al. 1.
[470] CSP, art. L. 2141-2 al. 6.
[471] COURBE Philippe, *Droit de la famille*, Dalloz, Sirey Univ., 5ème Éd, 2008.
[472] CSP, art. L. 2141-2 al. 1 : « *Les activités cliniques d'assistance médicale à la procréation, à l'exception de l'insémination artificielle et de la stimulation ovarienne, ne peuvent être pratiquées que dans des établissements de santé* ».
[473] COURBE Philippe, *op. cit.*
[474] *Ibid.*
[475] Loi n°2021-1017, *op. cit.*

la méthode procréative de GPA. En effet, l'unique différence entre ces deux pratiques tient au fait que cette mère gestatrice d'un embryon étranger gardera l'enfant après son accouchement.

200. Annonce des parties – Au regard de ces ressemblances, la GPA doit être considérée comme une sous-catégorie d'assistance médicale à la procréation **(§1)** et, en tant que telle, la légalisation de la GPA devra être accompagnée d'un protocole médical strictement encadré **(§2)**.

§1. LA GPA, SOUS-CATÉGORIE DES ASSISTANCES MÉDICALES À LA PROCRÉATION

201. Évolution récente des AMP – La GPA est « *une des techniques médicalement assistée[s]* »[476] et, de ce fait, doit répondre à des conditions légales. Les conditions tenant aux AMP, de manière générale, ont drastiquement été modifiées par la loi du 2 août 2021[477]. Auparavant, seuls les couples hétérosexuels mariés et frappés d'une infertilité ou d'une stérilité pouvaient bénéficier de ces pratiques. Dès lors, des fraudes à la loi se sont multipliées. À titre d'exemple, de nombreux couples de femmes ont eu recours à des dons de gamètes masculins en dehors de tout cadre médical[478] ou encore se sont rendus à l'étranger pour pratiquer des PMA interdites en France[479]. Ainsi, ces situations de fait renvoient aux difficultés présentes actuellement en matière de GPA, notamment au niveau de l'établissement d'un lien juridique de filiation entre l'enfant né d'un processus interdit avec ses parents d'intention.

202. Adoption, solution de principe – Nonobstant ces fraudes, la jurisprudence française a estimé qu'une « *insémination artificielle avec donneur anonyme à l'étranger ne fait pas obstacle au prononcé de*

---

[476] MÉCARY Caroline, *La GPA, données et plaidoyers*, Dalloz, À savoir, 2020, p. 16.
[477] Loi n°2021-1017, *op. cit.*
[478] MÉCARY Caroline, « CH. II. Vers une ouverture aux couples de femmes et aux femmes célibataires ? », *in* PMA et GPA 2019, p. 21-38.
[479] Au niveau européen, 14 États autoriseraient cette pratique à l'égard des couples de femmes : https://www.reforme.net/actualite/2021/06/29/quels-sont-les-pays-de-lunion-europeenne-qui-autorisent-la-pma/.

l'adoption, par l'épouse de la mère »[480]. Comme en matière de GPA, les juges français ont dû se prononcer sur ces situations illicites de PMA réalisées à l'étranger. De plus, la délégation-partage de l'autorité parentale a été autorisée[481] et les juges français ont rejeté l'établissement de la filiation par possession d'état. Finalement, l'adoption avait été instituée comme étant la solution de principe en matière de PMA réalisée à l'étranger en dehors des conditions légales établies en France.

203. Innovations de la loi de 2021 – Ces recours à l'étranger ont provoqué de nombreuses insécurités juridiques en droit interne, à l'instar des situations générées par la GPA aujourd'hui. Si bien que la loi du 2 août 2021 a eu pour ambition d'élaborer un nouveau régime juridique des AMP **(A)** fondé sur une notion égalitaire du projet parental qui pourrait être transposée à la GPA **(B)**.

A. L'ÉLABORATION D'UN NOUVEAU RÉGIME JURIDIQUE DES AMP

204. Mérites de la réforme – La réforme relative à la bioéthique du 2 août 2021 a pour mérite d'avoir élargi les conditions d'accès aux méthodes procréatives d'AMP **(1)** et d'avoir régularisé les PMA qui antérieurement à cette réforme étaient illégales **(2)**.

1. L'ÉLARGISSEMENT DES CONDITIONS D'ACCÈS AUX AMP

205. Conditions tenant aux bénéficiaires – L'innovation la plus marquante de la réforme de 2021 tient à l'ouverture des AMP

---

[480] Cass. avis, 22 septembre 2014, n°15010 et n°15011, *Dalloz actualité*, 24 sept. 2014, obs. Coustet ; *D.* 2014. 2031, note Leroyer ; *AJ fam.* 2014. 555, note Chénedé.

[481] V. pour un couple de femmes non séparées : Cass. 1ère civ., 24 février 2006, n°04-17.090, *D.* 2006. 897, obs. D. Vigneau ; *RTD civ.* 2006. 297, obs. J. Hauser ; V. pour un couple de femme séparées : CA Paris, 1er décembre 2011, n°11/06495, *AJ. Fam.* 2012, p. 146.

aux couples de femmes et aux femmes seules[482]. Néanmoins, cette pratique demeure interdite pour les couples d'hommes et pour les hommes transgenres[483]. En ce sens, le changement de statut civil de « *femme* » à « *homme* » est un frein au recours à la PMA alors même que cette personne a conservé ses attributs reproductifs féminins. Si le refus d'ouverture de cette AMP aux couples de femmes était « *un choix politique (et non pas médical)* »[484], cette modification s'est avérée nécessaire en raison d'une « *égalité entre toutes les femmes dans l'accès à une aide médicale à la procréation* »[485]. Cette égalité a permis de supprimer les distinctions liées au statut matrimonial et à l'orientation sexuelle de ces bénéficiaires[486].

206. Filiation – L'ouverture de ces AMP à toutes les femmes a nécessairement produit des régimes particuliers en ce qui concerne l'établissement de la filiation d'un enfant né d'AMP. Pour les couples hétérosexuels et les femmes non mariées, les règles classiques préexistantes s'appliquent[487]. Pour les couples de femmes, un nouveau système a été mis en place : il s'agit de la reconnaissance conjointe[488]. Cette reconnaissance conjointe est une déclaration anticipée et conjointe retranscrite dans un acte notarié[489]. Cette reconnaissance peut être transposée dans le cadre d'une GPA. En effet, le notaire peut recueillir le consentement des auteurs de la GPA[490] et établir les liens juridiques de filiation entre l'enfant né de cette pratique et ses parents d'intention. Aucune difficulté pratique ou administrative ne s'oppose

---

[482] CSP, art. L. 2141-2 : « *Tout couple formé d'un homme et d'une femme ou de deux femmes ou toute femme non mariée ont accès à l'assistance médicale à la procréation* ».

[483] ROGUE Fanny, « Impossibilité pour les hommes transgenres d'accéder à la PMA, pas d'inconstitutionnalité de la loi bioéthique », *LEFP* sept. 2022, n°DFP200y7, p. 2.

[484] MÉCARY Caroline, *op. cit.*

[485] Déf. droits, avis n°15-18, 3 juillet 2015.

[486] E. SUPIOT, Loi de la bioéthique : les grandes lignes d'une réforme attendue, Actu-Dalloz, 7 septembre 2021.

[487] En ce sens, la mère ayant accouché de l'enfant sera inscrite sur l'acte de naissance, qu'elle soit célibataire ou non. Et concernant l'homme du couple, celui-ci pourrait bénéficier de la présomption de paternité en cas de mariage entre les individus ou celui-ci devra procéder à une reconnaissance volontaire en s'inscrivant sur l'acte de naissance de l'enfant né à l'issu du processus de PMA.

[488] BATTEUR Annick, « Loi bioéthique ouvrant l'AMP aux couples de femmes et célibataires : révision en droit de la famille ? », *LEFP* sept. 2021, n° 200h1, p. 1.

[489] C. civ., art. 342-10.

[490] *Cf.* n°180 sur le recueil potentiel du consentement par un notaire.

à cette reconnaissance notariale envers les parents d'intention qui souhaitent recourir à la GPA. En plus de ces règles tenant à l'établissement de la filiation, des règles spécifiques à l'attribution du nom de famille ont été créées[491]. Les bénéficiaires de l'AMP peuvent choisir d'attribuer le nom de famille de leur choix jusqu'au moment de la déclaration de naissance et, à défaut, l'enfant aura pour nom de famille un nom composé de ses deux mères[492].

207. Âge pour procréer – Enfin, la loi du 2 août 2021 a fixé des conditions tenant à l'âge[493]. Il existe trois catégories distinctes[494], mais, en ce qui concerne la PMA, la femme qui porte l'enfant doit être âgée de moins de 46 ans tandis que l'autre parent d'intention – qu'il s'agisse d'un homme ou d'une femme – peut s'engager dans un tel processus jusqu'à son 60e anniversaire.

Au vu de ces nombreuses modifications dans l'accès à cette méthode procréative, la question de la régularisation s'est posée à l'égard des AMP réalisées à l'étranger antérieurement à l'entrée en vigueur de cette loi. Cette question de la régularisation de ces pratiques illicites intéresse particulièrement la méthode procréative de la GPA.

2. LA RÉGULARISATION DES PMA ANTÉRIEUREMENT ILLÉGALES

208. Application anticipée de la réforme – Par principe, la nouvelle loi relative à la bioéthique est entrée en vigueur le 3 août 2021 en vertu de l'application immédiate des lois[495]. Ce principe de non-rétroactivité de la loi dans le temps a été contourné pour régulariser les AMP qui ne respectaient pas les anciennes conditions du droit français. Cette régularisation devait être réalisée dans un délai de 3 ans à compter de

---

491 C. civ., art. 342-12.

492 ROGUE Fanny, « Nom de famille de l'enfant né d'une PMA par un couple de femmes », *LEFP* oct. 2021, n° 200i1, p. 2.

493 CSP, art. R. 2141-38.

494 BATTEUR Annick, « L'âge limite pour pouvoir bénéficier de l'AMP ou de l'autoconservation des gamètes », *LEFP* déc. 2021, n° 200l2, p. 3.

495 BATTEUR Annick, « Loi bioéthique ouvrant l'AMP aux couples de femmes et célibataires : révision en droit de la famille ? », *op. cit.*

l'entrée en vigueur de ladite loi[496] par le mécanisme de la reconnaissance conjointe devant notaire.

209. Alternative à la reconnaissance conjointe – Si les deux mères sont en accord pour solliciter la reconnaissance conjointe, cette formalité sera inscrite en marge de l'acte de naissance. Cependant, des difficultés apparaissent lorsque la mère légale s'oppose à cette reconnaissance conjointe pour diverses raisons. Dans ce cas, le juge pourra être saisi de ce refus[497]. Il devra rendre une décision motivée à l'issue de laquelle il se prononcera sur la conformité de ce refus. Notamment, ce refus serait justifié par la contrariété de cette formalité à l'intérêt de l'enfant ainsi que, si la protection de ce dernier l'exige. En dehors de ce contrôle judiciaire, l'article 9 de la loi Limon du 21 février 2022[498] a instauré « *à titre exceptionnel* »[499] une adoption spéciale dans le cadre des AMP réalisées à l'étranger avant la loi du 2 août 2021. Cette adoption peut être sollicitée par la mère d'intention en cas de refus de reconnaissance conjointe ou de rétractation du consentement de la mère légale dans un délai de 3 ans à compter de l'entrée en vigueur de la loi du 2 août 2021. Cette demande bénéficie d'une protection particulière puisque l'absence de lien conjugal et l'absence de condition de durée ne peuvent pas lui être opposées[500]. Pour solliciter une adoption plénière, la requérante devra apporter la preuve selon laquelle la PMA a été pratiquée dans le cadre d'un projet parental et que ce processus a été réalisé avant la loi du 2 août 2021[501]. Toujours est-il

---

[496] Art. 6 IV de la loi n°2021-1017 : « *Lorsqu'un couple de femmes a eu recours à une AMP à l'étranger avant la publication de la présente loi, il peut faire, devant le notaire, une reconnaissance conjointe de l'enfant dont la filiation n'est établie qu'à l'égard de la femme qui a accouché. Cette reconnaissance établit la filiation à l'égard de l'autre femme.*
La reconnaissance conjointe est inscrite en marge de l'acte de naissance de l'enfant sur instruction du procureur de la République, qui s'assure que les conditions prévues au premier alinéa du présent IV sont réunies ».

[497] LEMOULAND Jean-Jacques, « AMP : dispositif transitoire d'adoption en cas de refus de reconnaissance conjointe », *LEFP* avril 2022, n° DFP200s3, p. 3.

[498] Loi Limon n°2022-219 du 21 février 2022 visant à réformer l'adoption, JORF n°0044 du 22 février 2022.

[499] LEMOULAND Jean-Jacques, *op. cit.*

[500] *Ibid.*

[501] Autant en emporte la PMA pour toutes : enfin reconnues mères !, Dalloz Actualité, 6 septembre 2022, obs. Mesnil M.

qu'un nouveau recours en tierce opposition a été instauré à l'encontre du prononcé de cette adoption[502] pour la mère gestatrice de l'enfant.

210. Sécurisation des liens juridiques – D'autres difficultés apparaissent également en cas de séparation judiciairement prononcée au sein du couple de femmes[503]. Une sorte de combat judiciaire est susceptible de naître après une telle séparation, mais la Haute juridiction civile a confirmé sa position en faveur de l'adoption plénière par la mère d'intention dès lors que l'enfant est issu d'un projet parental, que l'ex-épouse a participé à la grossesse et qu'elle a gardé des liens avec l'enfant[504]. Les juges ont considéré que l'intérêt de l'enfant était de connaître son histoire familiale[505]. Cette histoire familiale est d'autant plus sécurisée par le principe d'irrévocabilité de la reconnaissance conjointe[506]. En effet, lorsque la reconnaissance conjointe a été constatée par acte notarié, celle-ci ne peut plus être remise en cause. En cas d'obstacle, la mère gestatrice pourrait voir sa responsabilité engagée à l'égard de l'autre mère d'intention[507]. Dans le cadre d'une GPA, la sécurisation des liens juridiques pourrait également être envisagée en admettant une irrévocabilité de la reconnaissance notariale. Toutefois, le droit spécial à la révocation du consentement devra être une dérogation légale à prendre en compte[508].

Pour pouvoir justifier la sécurisation des liens juridiques, la jurisprudence française s'est fondée sur une nouvelle notion égalitaire : celle du projet parental, transposable à la GPA.

---

502 BATTEUR Annick, *op. cit.*

503 Cass. 1ère civ., 11 mai 2023, n°21-17.737, FS-B : en ce que la Cour autorise l'adoption plénière par un conjoint lorsque la filiation est uniquement établie à l'égard de l'autre conjoint et que celui-ci y ait consenti dans un délai de deux mois.

504 Cass. 3ème civ., 3 novembre 2021, n°20-16745.

505 MAUGER-VIELPEAU Laurence, « L'adoption plénière d'enfants nés par AMP après la séparation du couple de femmes », *LEFP* déc. 2021, n° 200l4, p. 3.

506 MAUGER-VIELPEAU Laurence, *op. cit.*

507 C. civ., art. 342-13.

508 *Cf.* n°182 sur la révocation du consentement.

B. UNE NOTION ÉGALITAIRE DE PROJET PARENTAL TRANSPOSABLE À LA GPA

211. Principe européen d'égalité – En vertu du projet parental des couples d'intention, le droit français a élargi le champ des bénéficiaires des AMP. Cependant, la légalisation du recours à la PMA pour les couples de femmes et les femmes seules est un « *choix du gouvernement [qui] créé une discrimination entre les enfants conçus par don en fonction de la seule orientation sexuelle du couple qui les a désirés* »[509]. En effet, seuls les couples de femmes homosexuelles peuvent bénéficier d'une AMP contrairement aux couples d'hommes. Cette discrimination portant sur l'orientation sexuelle des bénéficiaires est contraire au principe d'égalité européen[510]. Ce principe a pour finalité de conférer les mêmes droits à tous les citoyens qui se trouvent dans une situation similaire[511]. Seule une justification « *objective et raisonnable* »[512] admettrait une différence de traitement entre les parents d'intention.

212. Inégalité de traitement des AMP – Aujourd'hui, plusieurs inégalités de traitement sont constatées entre la PMA et la GPA[513]. D'abord, aucune AMP n'existe pour les couples d'hommes. En effet, seule la GPA permet à ce type de couple d'obtenir un enfant. Or, cette inégalité a été justifiée aux motifs que les hommes ne portent pas eux-mêmes l'enfant à naître. Ensuite, les enfants nés de GPA subissent une inégalité de traitement en raison de leur mode de procréation. L'intérêt de cette distinction en vertu du mode de procréation est peu développé. Pourtant, cette distinction est primordiale puisqu'elle s'applique directement à l'égard des enfants. Ces enfants sont traités différemment parce qu'ils sont nés d'une femme qui ne sera pas leur mère légale. De surcroît, cette distinction est désormais contraire aux règles d'ordre

---

509 LAURICHESSE Floriane et PONTICELLI Adèle, « Mariage, PMA, GPA : faire évoluer l'esprit des lois », *Vacarme* 2019/3 (n°88), p. 96 et s (entretien avec MÉCARY Caroline).

510 CJUE, 15 juin 1978, *Defrenne c/ Sabena*, Aff. 149/77, *Rec.* 1365 : sur l'égalité des sexes.

511 DEBARD Thierry et GUINCHARD Serge, *op. cit.*, (V. Égalité) p. 432.

512 CJUE, 11 juillet 1989, *Schräder*, Aff. 265/87.

513 MARIGNANI Ambra, Le principe d'égalité en DIP de la famille : étude à partir d'une comparaison franco-italienne des statuts familiaux, Thèse de doctorat, Droit privé et sciences criminelles, Univ. Paris 10, 2021, p. 178 et s.

public du droit français qui a instauré, par la loi du 2 août 2021, un principe d'égalité entre « *tous les enfants dont la filiation est légalement établie* »[514]. En ce sens, malgré le recours à la GPA à l'étranger, le parent d'intention biologique de l'enfant est *de plano* titulaire d'un lien de filiation. Dès lors, aucune distinction ne devrait être admise entre ces enfants en fonction de leur conception[515]. Enfin, une inégalité de traitement existait entre le père et la mère d'intention non liés biologiquement à l'enfant. Auparavant, les mères d'intention étaient traitées plus sévèrement en vertu de l'adage latin *mater semper certa est*. Toutefois, la loi du 2 août 2021 a facilité la reconnaissance du lien de filiation entre la mère d'intention et l'enfant né d'AMP par la déclaration anticipée de la reconnaissance conjointe. Cette déclaration notariée pourrait être transcrite dans les rapports entre hommes en vertu du principe d'égalité de traitement. Finalement, pour justifier la création d'une telle déclaration anticipée, le législateur français s'est fondé sur la notion de projet parental transposable à la GPA.

213. Égalité du projet parental – Le projet parental a été institué, par la réforme relative à la loi bioéthique de 2021, comme l'unique raison du recours à une AMP. Ce projet parental représente la « *volonté de mettre au monde ou d'adopter un enfant dans le but de tisser avec lui des liens affectifs, de lui garantir la sécurité, protection et de permettre son développement* »[516]. Par conséquent, tous les couples d'intention qui justifient d'un projet parental devraient être en mesure de pouvoir accéder à une AMP de manière égalitaire. D'ailleurs, depuis cette même réforme, un projet parental peut être porté par une femme célibataire lorsqu'elle sollicite une assistance à la procréation. Toutefois, le projet parental présente certaines limites notamment lorsque l'enfant désiré ne correspond plus à ce projet. Cette situation s'est présentée lorsqu'un enfant né d'une GPA était porteur de trisomie 21 à sa naissance[517]. En l'espèce, des parents d'intention avaient conseillé à la mère porteuse d'avorter en raison de la maladie génétique de l'enfant. Cette dernière avait refusé pour garder l'enfant à la naissance de ce dernier. Cette situation particulière ne correspondait pas au projet parental initial et,

---

514 C. civ., art. 6-2.

515 L'interdiction de la discrimination entre les enfants en fonction de leur naissance est également sanctionnée par la Cour EDH sur le fondement de l'article 14 de la Convention EDH.

516 TOURAME Pierre, *op. cit.*

517 *Ibid.*

par conséquent, des problèmes éthiques subsistent. Finalement, pour pallier ces problématiques, celles-ci doivent être préalablement encadrées dans un protocole médical « *strict* »[518].

§2. UN PROTOCOLE MÉDICAL STRICTEMENT ENCADRÉ

214. Protocole médical étranger – L'encadrement médical de la méthode procréative de GPA est observable au sein de certains États membres (EM) de l'Union européenne[519]. À titre d'exemple, les Pays-Bas n'autorisent pas expressément la GPA[520] et, pourtant, un cadre réglementaire a été institué en 1998[521]. Ce cadre réglementaire s'applique au sein des centres de fertilité qui pratiquent cette méthode procréative uniquement à l'égard de couples hétérosexuels. Au regard des règles de conduite d'obstétrique et de gynécologie, des conditions médicales sont obligatoires. Par exemple, la mère porteuse doit avoir moins de 44 ans et être déjà mère d'un enfant. De plus, la mère porteuse doit être informée des conséquences et de l'indemnisation qui lui sera allouée à l'issue de cette pratique. Enfin, un suivi psychologique est impératif tout au long du processus procréatif. En dehors des Pays-Bas, la Grèce réglemente pareillement la GPA d'un point de vue médical. Conformément à la législation grecque[522], aucun lien biologique ne doit exister entre l'enfant à naître et la mère porteuse. Aussi, le transfert des embryons est nécessairement contrôlé par les juridictions grecques.

215. Conformité d'un protocole médical – L'élaboration d'un protocole médical est complexe et dépend des délimitations éthiques de chaque ordre juridique étatique. Dès 2010, la proposition de loi présentée par une vingtaine de sénateurs comportait des

---

[518] LAURICHESSE Floriane et PONTICELLI Adèle, *op. cit.*

[519] MÉCARY Caroline, « CH. III. Et à l'étranger, c'est comment ? », *in* PMA et GPA 2019 p. 74 -102.

[520] Un projet de loi néerlandais déposé le 4 juillet 2023 aurait pour ambition de réguler la GPA au sein de cet ordre juridique. V. KESSLER Guillaume, « Un an de droit comparé de la famille », *Dr. fam.* 2024, n°2, chron. 2.

[521] LOUBERSAC Romain, *La maternité de substitution internationale : étude des interactions entre systèmes juridiques européens*, Thèse de doctorat, Droit, Univ. Paris-Est, 2020, p. 421 et s.

[522] *Ibid.*, p. 415 et s.

recommandations médicales[523]. Parmi ces recommandations, ce groupe de travail a indiqué que les couples d'intention seraient soumis à une autorisation préalable de l'Agence de la biomédecine afin qu'elle puisse vérifier l'état de santé physique et psychologique des requérants et contrôler les conditions légales d'un tel recours. En outre, ce groupe souhaitait subordonner le transfert d'embryon à une autorisation judiciaire. Ce recours au juge légitimerait la validité des consentements. Cette proposition de loi prévoyait de surcroît une potentielle prise en charge des frais liés à la grossesse par la Sécurité sociale ou, par conséquent, par les organismes complémentaires de santé. Finalement, cette proposition de loi n'a pas été poursuivie. Toutefois, ces questions relatives à l'encadrement médical seraient à nouveau évoquées si la GPA venait à être autorisée en France. Pour établir un protocole médical conforme au droit français, celui-ci doit être éthique **(A)** et éclairé **(B)**.

A. UN PROTOCOLE MÉDICAL ÉTHIQUE

216. Rapport entre protocole médical et éthique – Un protocole médical éthique et propre à la GPA nécessite de se pencher sur le déroulement d'un processus médical **(1)** qui permettrait de maintenir, conformément aux valeurs éthiques, l'interdiction de certaines pratiques médicales en matière de bioéthique **(2)**.

1. LE DÉROULEMENT DU PROCESSUS PROCRÉATIF

217. Profilage des acteurs de la GPA – En droit colombien[524], préalablement à la mise en œuvre du processus médical de GPA, plusieurs vérifications et examens sont exigés. Ces vérifications varient en fonction des acteurs engagés dans cette méthode procréative. Pour autant, en toutes circonstances, un protocole de diagnostic doit être préparé pour établir un profilage de la donneuse d'ovocyte et de la mère porteuse. Ce profilage comporte notamment des informations relatives

---

523 Sénat, Proposition de loi n°234 du 27 janvier 2010 tendant à autoriser et encadrer la GPA.
524 V. Annexes.

à la sérologie ou encore à l'immunologie des participantes. En plus de ce profilage, la donneuse d'ovocyte et la mère porteuse sont assujetties à une évaluation psychologique, clinique et génétique pour limiter les risques médicaux et psychologiques postérieurs. Concernant l'obtention du matériel génétique du père biologique, ce dernier doit fournir un échantillon de ses spermatozoïdes à l'issue d'une période d'abstinence de sept jours. Ces gamètes masculins seront traités en laboratoire, au même titre que les ovocytes obtenus par don, pour obtenir des embryons susceptibles de mener à terme une grossesse. De plus, ces multiples vérifications permettent d'identifier en amont les facteurs de risques[525]. Finalement, toutes ces vérifications préalables prévues en droit colombien peuvent inspirer l'élaboration d'un protocole médical dans l'ordre juridique français.

218. Prise en charge de la mère porteuse – Concernant les facteurs de risques, ceux-ci devront être portés à la connaissance de la mère porteuse au travers d'un guide de contrôle prénatal. Ce contrôle prénatal est défini comme « *l'ensemble des actions et des activités menées sur la femme enceinte dans le but d'atteindre une bonne santé maternelle, le développement normal du fœtus et de fournir un nouveau-né dans des conditions optimales d'un point de vue physique, mental et émotionnel* »[526]. Une fois le processus médical engagé, la mère porteuse sera accompagnée tout au long de sa grossesse grâce à des visites récurrentes au sein de l'établissement de santé agréé en ce sens. Ces visites devront se poursuivre jusqu'à l'accouchement de la mère porteuse.

219. Accompagnement psychologique – Cependant, même après l'accouchement de l'enfant né de GPA, la mère porteuse maintiendra un lien avec la structure médicale d'un point de vue psychologique. En effet, dès la phase de profilage de la mère porteuse, un contrôle de l'état psychologique de cette gestatrice est organisé par des professionnels de santé qui devront se prononcer sur l'éligibilité de cette femme gestatrice à une telle pratique. Et, à la fin du processus médical,

---

525 *Cf.* n°225 sur les risques de la grossesse.

526 « *El conjunto de acciones y actividades que se realizan en la mujer embarazada con el objetivo de lograr una buena salud materna, el desarollo normal del feto y procurar un recién nacido en óptimas condiciones desde el punto de vista físico, mental y emocional* » (V. Annexe 3).

l'accompagnement psychologique de la mère porteuse ne se terminera qu'après l'obtention d'un certificat de sortie du domaine psychologique.

Un tel processus médical français pourrait être similaire à cet exemple colombien. Toutefois, le protocole médical colombien autorise certaines pratiques telles que l'eugénisme. En droit français, malgré la légalisation de la GPA, d'autres pratiques médicales peuvent demeurer interdites sur le fondement de la notion d'éthique.

2. *LE MAINTIEN DES PRATIQUES INTERDITES*

220. Interdiction des pratiques eugéniques – La légalisation de la méthode procréative de GPA, en tant que sous-catégorie de l'AMP, n'aurait pas d'incidence directe sur les autres interdictions d'ordre public de l'ordre juridique français. En effet, cette légalisation maintiendrait pour autant l'interdiction des pratiques eugéniques pour protéger les embryons contre toute manipulation[527]. En ce sens, l'alinéa 2 de l'article 16-4 du Code civil dispose que « *toute pratique eugénique tendant à l'organisation de la sélection des personnes est interdite* ». Et le troisième alinéa dudit texte ajoute qu'« *aucune transformation ne peut être apportée aux caractères génétiques dans le but de modifier la descendance de la personne* ». Par conséquent, l'utilisation de la fécondation *in vitro* ne pourra pas, notamment, autoriser les parents d'intention à choisir le sexe de l'enfant[528]. Toutefois, il semblerait que ce choix existerait d'ores et déjà en France par le Centre d'Études et de Conservation du Sperme Humain (CECSH) qui opérerait une sélection génétique des gamètes pour obtenir les caractéristiques souhaitées[529]. Nonobstant ces sélections occultes en droit français, la seule légalisation de la GPA ne favoriserait pas la création d'un « *supermarché génétique* »[530]. En effet, l'autorisation légale de cette méthode procréative pourrait être conditionnée à un aléa de la grossesse.

---

527 COURBE Philippe, *op. cit.*

528 BATTEUR Annick, « Les conditions du recours à l'AMP : un changement sociétal », *LEFP* sept. 2021, n° 200h0, p. 3.

529 LAURICHESSE Floriane et PONTICELLI Adèle, *op. cit.*

530 DUMITRU Speranta, *op. cit.*

221. Fécondation *in vitro post mortem* – En plus du maintien de l'interdiction des pratiques eugéniques, la GPA pourrait se conformer à l'interdiction de l'insémination *post mortem*. Cette pratique d'insémination *post mortem* représente la « *possibilité, pour une femme, de continuer un parcours d'AMP suite au décès de la personne avec laquelle ce parcours a été entamé* »[531]. Cette pratique est interdite en France puisque les bénéficiaires d'une AMP doivent être vivants tout au long du processus médical[532]. Dès lors, certains requérants ont sollicité le transfert de leurs gamètes dans un pays étranger qui autorise cette pratique. En dehors du cas spécifique d'une binationalité de la requérante[533], ces requêtes sont majoritairement rejetées en raison d'un contournement à la prohibition française[534]. Dans le cadre d'une GPA, une difficulté pourrait se présenter lorsque l'un des parents d'intention décède avant l'insémination de la mère porteuse. Cette problématique dépendra des gamètes utilisés dans ce processus procréatif puisque la poursuite d'une telle méthode peut être menée par une personne seule. En revanche, aucune difficulté ne devrait être constatée en cas de décès de l'un des parents d'intention au cours du processus procréatif. En effet, la reconnaissance anticipée permettrait de conserver un lien juridique entre l'enfant et ses parents d'intention malgré le décès de l'un d'entre eux et de ne pas remettre en cause le projet parental entrepris.

222. Tempérament du principe d'anonymat – En plus du maintien de l'interdiction de ces pratiques, la GPA répondrait à la nouvelle philosophie du principe d'anonymat des tiers donneurs. Désormais, ce principe complet a été « *abandonné* »[535] par la loi bioéthique de 2021 au profit d'un droit à l'enfant majeur de pouvoir accéder à des données

---

[531] CARAYON Lisa, « Arlésienne bioéthique – La procréation *post mortem* en débats », *Journal du droit de la santé et de l'assurance – Maladie (JDSAM)* 2020/1 (n°25), p. 45 et s.

[532] CSP, art. L. 2141-2.

[533] CE, ass., 31 mai 2016, *Mme Gonzalez-Gomez*, req. n° 396848, Lebon 208, concl. Bretonneau ; *RFDA* 2016. 740 , concl., note critique Delvolvé ; *AJDA* 2016. 1398, chron. Dutheillet de Lamothe et Odinet ; *D*. 2016. 1472, note Fulchiron.

[534] CSP, art. L. 2141-11-1– V. CE, 27 octobre 2022, n°467726 et n°467727, *AJ fam*. 2022. 569, obs. A. Dionisi-Peyrusse ; *Dr. fam*. 2023. comm. 17, J.-R. Binet ; *LEFP* 2023, n° 1, p. 3, obs. A. Batteur : sur le refus de transférer un embryon à l'étranger en raison du dépassement de l'âge légal de la requérante.

[535] BATTEUR Annick, « Accès aux origines personnelles des enfants nés par AMP », *LEFP* oct. 2021, n° 200i5, p. 4.

identifiantes ou à l'identité du tiers donneur à compter de sa majorité[536]. Ce principe d'anonymat tempéré n'est que facultatif pour les dons effectués avant l'entrée en vigueur de la loi du 2 août 2021. En matière de GPA, ce tempérament pourra facilement être respecté puisque cette pratique ne nécessite pas forcément la participation de tiers donneurs. En outre, des données identifiantes relatives aux dons utilisés et à la mère porteuse pourraient facilement être recueillies conformément à la philosophie de l'ordre juridique français.

Finalement, le protocole éthique de la GPA consisterait à prévoir des règles organisationnelles autour de ce processus procréatif. Toutefois, ces règles doivent être corroborées avec d'autres règles spécifiques qui seront encadrées dans un protocole médical éclairé.

B. UN PROTOCOLE MÉDICAL ÉCLAIRÉ

223. Inscription des mentions obligatoires – L'utilisation du terme « *éclairé* » renvoie à la notion de consentement libre et éclairé. En ce sens, le protocole médical présente des risques qui doivent être portés à la connaissance des acteurs de la GPA. C'est pour cette raison que les parents d'intention et la mère porteuse doivent savoir lire et comprendre les étapes de ce processus procréatif. Dès lors, en cas d'incapacité, le protocole médical ne peut pas être engagé[537]. À titre d'exemple, le contrat de GPA colombien requiert l'apposition de la formule obligatoire comme suit : « *Nous, le père biologique*[538] *et la mère porteuse, comprenons que le résultat du traitement ou de la procédure ne garantit pas une grossesse viable, et qu'aucune garantie de succès ne peut être donnée. Nous acceptons la possibilité d'une grossesse multiple, avec connaissance de l'augmentation du risque obstétrique de celle-ci* »[539] et « *nous déclarons de manière libre, conscience,*

---

[536] ROGUE Fanny, « Précisions sur les modalités d'accès de l'enfant né de l'AMP aux données du tiers donneur », *LEFP* oct. 2022, n° DFP201a5, p. 4.

[537] *Cf.* n°179 sur l'autonomie personnelle des acteurs de la GPA.

[538] En l'occurrence, dans cet exemple, le père biologique de l'enfant à naître recourt à cette méthode procréative en étant seul.

[539] « *Nosotros, el padre biológico y la madre subrogada, entendemos que el resultado del tratamiento o procedimiento no garantiza un embarazo viable, y que no se puede dar garantía de éxito. Aceptamos la posibilidad de un embarazo múltiple, con conocimiento del incremento del riesgo obstétrico del mismo* » (V. Annexe 2).

spontanément et informée que nous connaissons et avons en outre compris une par une les implications de risque que comporte la soumission à la procédure médicale »[540]. Malgré la présence de ces mentions obligatoires, celles-ci sont inscrites dans une annexe au contrat principal et sont rédigées de manière informatique. En droit français, ces mentions pourraient être prévues, à peine de nullité du contrat de GPA, de manière manuscrite et dans le corps principal dudit contrat. En l'occurrence, en droit colombien, ces mentions suffisent pour attester de la connaissance des acteurs à la GPA des différents risques encourus.

224. Risques de la grossesse – Au sein même de ces mentions obligatoires, certains risques sont identifiés. En effet, le recours aux AMP accentue le risque de grossesses multiples en raison de l'hyperstimulation ovarienne qui, elles-mêmes, peuvent entraîner des effets secondaires[541]. De surcroît, les grossesses multiples accentuent le diabète gestationnel, les maladies hypertensives ainsi que les complications lors de l'accouchement. En plus de cette possibilité, la mère porteuse est informée des diverses formes de risques qui existent du recours à la fécondation *in vitro* jusqu'à l'accouchement de l'enfant à naître. Toutefois, « *toute grossesse est à risque* »[542]. Dès lors, le simple fait de recourir à la GPA n'emporte pas des conséquences médicales excessives par rapport aux autres modes d'AMP.

225. Risque du phénomène d'attachement[543] – En revanche, la principale difficulté voire l'unique distinction entre la GPA et les autres AMP porte sur le phénomène d'attachement qui lie la mère porteuse et l'enfant à naître. Cette difficulté est d'autant plus abstruse étant donné que les interactions maternofœtales « *ne sont pas réellement quantifié[e]s* »[544]. Ce phénomène s'oppose à l'argument suivant lequel

---

[540] « *Declaramos en forma libre, consciente, espontáneamente e informada que conocemos y adicionalmente hemos comprendido une a una las implicaciones de riesgo que conlleva el sometimiento al procedimiento mécido* » (V. Annexe 2).

[541] JAVERZAT Sophie, « La gestation pour autrui (approche médicale) », *Les cahiers de la justice* 2016/2 (n°2), p. 205 et s.

[542] EPELBOIN Sylvie, « GPA : une AMP comme les autres ? », *L'information psychiatrique*, 2011/7 (vol. 87), p. 573 et s.

[543] TOURAME Pierre, *op. cit.*

[544] JAVERZAT Sophie, *op. cit.*

l'instinct maternel est une « *construction sociale* »[545]. Pour atténuer cette difficulté émotionnelle, le protocole médical de la GPA cherche à accompagner psychologiquement la mère porteuse tout au long du processus médical dans le cas très particulier où celle-ci serait déclarée comme éligible à une telle pratique[546].

226. Conclusion de chapitre – Pour conclure, l'internationalisation de la méthode procréative de la GPA prouve que seuls les contractualismes libéraux ou perfectionnistes paraissent être congrus. Au regard de certaines difficultés pratiques et théoriques de la GPA, le contractualisme perfectionniste, qui requiert un agrément et un contrôle *in fine* par le juge, s'avère être le modèle le plus pertinent et le plus respectueux des intérêts en jeu. Ces modalités d'agrément et de contrôle superviseraient le respect des obligations contractuelles, financières et médicales entre les parties. Cependant, ce modèle ne semble pas être à l'ordre du jour au sein de l'ordre juridique français. Cependant, cette problématique pourrait être résolue par l'ordre juridique européen, en tant que réponse complémentaire, en vertu d'une proposition de reconnaissance mutuelle de parentalité.

---

[545] BADINTER Élisabeth, *L'amour en plus*, Flammarion, 1980.
[546] *Cf.* n°219 sur la détermination professionnelle de la condition d'éligibilité de la mère porteuse.

CHAPITRE 2. UNE RECONNAISSANCE MUTUELLE DE PARENTALITÉ PROPOSÉE PAR L'ORDRE JURIDIQUE EUROPÉEN

227. Actions de l'UE – Si l'ordre juridique français ne semble pas être en mesure d'apporter une solution satisfaisante à la réception interne des GPA réalisées à l'étranger, cette réponse pourrait basculer sur le terrain de l'ordre juridique européen. Dans une communication du 24 mars 2021, la Commission européenne a de nouveau[547] présenté aux autres institutions européennes sa stratégie sur les droits de l'enfant sur la période 2021-2024[548]. L'objectif de cette stratégie est de protéger et de promouvoir les droits des enfants au sein de l'Union européenne (UE) et de « *placer les enfants et leur intérêt supérieur au cœur des politiques de l'UE* »[549]. Dès lors, la place de l'enfant demeure une préoccupation européenne et représente un des « *objectifs essentiels de l'action de l'UE* »[550].

228. Objectif étendu à la filiation – Pour mettre en œuvre cette stratégie européenne, l'UE déclare avoir pour objectif « *de définir des règles communes en droit de la famille afin que les citoyens européens ne soient pas gênés dans l'exercice de leurs droits parce qu'ils vivent dans différents pays de l'UE ou parce qu'ils ont déménagé d'un pays à l'autre au cours de leur vie* »[551]. Au regard des différents règlements européens déjà en vigueur, ces règles communes portent essentiellement sur la compétence juridictionnelle, la loi applicable ainsi que sur la reconnaissance des décisions de justice en ce qui concerne la responsabilité parentale, le droit de garde et de visite ou

---

[547] Communication de la Commission européenne, « *Vers une stratégie européenne sur les droits de l'enfant* », 4 juillet 2006, COM (2006) 367 ; Communication de la Commission au Parlement européen, au Conseil, au comité économique et social et au comité des régions, « *Programme de l'UE en matière de droits de l'enfant* », 15 février 2011, COM (2011) 60 final.

[548] Communication de la Commission européenne au Parlement européen, au Conseil, au Comité économique et social et au comité des régions, « *Stratégie de l'UE sur les droits de l'enfant* », 24 mars 2021, COM (2021) 142.

[549] *Ibid.*

[550] *Ibid.*

[551] https://e-justice-eu/content_family_matters-44-fr.do.

encore les obligations alimentaires[552]. La poursuite de cette stratégie pourrait favoriser l'établissement d'un règlement européen relatif à la filiation[553].

229. Reconnaissance mutuelle de la parentalité – En cette matière, la Commission européenne a présenté une proposition de règlement européen visant à faciliter la reconnaissance de la parentalité au sein de l'UE. Cette reconnaissance mutuelle de parentalité est devenue une nouvelle « *priorité* »[554] pour les institutions européennes alors même que le droit de la famille est un domaine dont la compétence appartient à chaque État membre. Dès lors, cette approche européenne nécessite d'étudier la place de la GPA dans le droit de la famille de l'espace judiciaire européen **(SECTION 1)** et de prévenir des incidences incontournables sur la GPA en cas d'adoption du règlement européen relatif à la filiation **(SECTION 2)**.

---

552 Résolution du Parlement européen, « *Sur les droits de l'enfant dans la perspective de la stratégie de l'UE sur les droits de l'enfant* », 11 mars 2021, 2021/2523 (RSP).
553 https://ec.europa.eu/commission/presscorner/detail/fr/IP_22_7509.
554 Résolution du Parlement européen, « *Droits des personnes LGBTQ dans l'UE* », 14 septembre 2021, 2021/2679 (RSP).

SECTION 1. LA PLACE DE LA GPA DANS LE DROIT DE LA FAMILLE DE L'ESPACE JUDICIAIRE EUROPÉEN

230. Abstraction des compétences initiales – Initialement, les institutions européennes ne sont pas supposées avoir des compétences directes en matière de droit de la famille[555]. Il s'agit d'une compétence appartenant aux États membres, mais qui a été attribuée, pour partie, à l'UE. Dès lors, ce domaine juridique est devenu une « *priorité* »[556] pour ces institutions puisque « *l'absence de règles communes [...] sur la reconnaissance des décisions de justice en matière de parentalité [...] peut entraîner une perte des droits parentaux, porter atteinte au droit de l'enfant d'être élevé et entretenir des relations avec ses deux parents, ainsi qu'à tout droit découlant de la parentalité* »[557]. Au vu de ces raisons variées, les institutions européennes ont développé une « *coopération judiciaire dans les matières civiles* »[558].

231. Fondements du droit européen de la famille – La coopération judiciaire en matière de droit de la famille répond à la philosophie européenne de construire progressivement un espace de liberté, de sécurité et de justice au sein de l'UE. Ces coopérations ont pour objectif « *d'établir des règles harmonisées* »[559] entre les États membres lorsque la situation présente un élément d'extranéité dans les familles. Pour parvenir à un espace judiciaire européen, les institutions européennes se fondent sur les libertés de circulation, d'une part, et sur les droits fondamentaux inscrits dans la Charte des droits fondamentaux de l'UE, d'autre part. De surcroît, l'UE a institué une citoyenneté européenne à l'issue du Traité de Maastricht en 1992. Cette citoyenneté a intensifié la liberté de circulation des personnes au sein de l'UE et également régie par le principe de non-discrimination européen[560].

---

[555] FAVIER Yann, *op. cit.*

[556] LECLERC Stéphane, *L'essentiel du droit des institutions de l'UE*, Gualino, Les carrés Rouge, 12ème Éd., 2022.

[557] Résolution du Parlement européen, « *Protection des droits de l'enfant dans les procédures relevant du droit civil, du droit administratif et du droit de la famille* », 5 avril 2022, 2021/2060 (INI).

[558] TFUE, art. 81.

[559] Résolution du Parlement européen, 2021/2060 (INI), *op. cit.*

[560] CDFUE, art. 21.

232. Annonce des parties – Par une étude des règlements européens en matière de droit de la famille, il est intéressant de remarquer que la filiation et, par conséquent, la GPA sont actuellement exclues de la réglementation européenne **(§1)**. Toutefois, il est possible d'affirmer que l'ordre juridique européen se préoccupe de manière indirecte au droit de la filiation **(§2)**.

§1. L'EXCLUSION DE TOUT TYPE DE FILIATION DANS LES RÈGLEMENTS EUROPÉENS

233. Mécanisme de la reconnaissance – Dès la création de la Communauté économique européenne par le Traité de Rome en 1957, les institutions européennes avaient pour objectif de faciliter la circulation transfrontière des décisions de justice[561]. Ainsi, la convention européenne de Bruxelles du 27 septembre 1968 a instauré une reconnaissance mutuelle au sein de l'UE pour toutes les décisions civiles et commerciales. Toutefois, cette convention excluait « *l'état et la capacité des personnes physiques* »[562] par principe de son champ d'application. Finalement, ce n'est qu'à partir des années 2000 que des règlements européens se sont attardés à définir des règles en matière de droit de la famille. À ces règlements européens s'ajoutent des conventions internationales rendues par la Conférence de la Haye de droit international privé qui est une institution internationale dont l'Union européenne est membre[563].

234. Exclusion totale de la filiation – Parmi tous ces règlements et toutes ces conventions internationales, aucun de ces textes ne régit le droit de la filiation. Pourtant, ces instruments juridiques s'attachent au droit de la famille qui est défini comme un « *ensemble de règles juridiques qui s'appliquent aux relations entre les personnes liées entre elles par la filiation [...] ou par le mariage* »[564]. Dès lors, tous ces

[561] Traité de Rome du 25 mars 1957, art. 220.
[562] Convention de Bruxelles de 1968 concernant la compétence judiciaire et l'exécution des décisions en matière civile et commerciale, art. 1 al. 3.
[563] https://www.hcch.net/fr/states/hcch-members.
[564] https://e-justice-europa.eu/content_family_matters-44-fr.do.

instruments juridiques instaurent des règles au sein d'une famille alors même que le lien fondateur de la parenté n'est ni concerné ni défini[565].

235. Liaison complexe – En raison de cette lacune juridique, le lien entre les règlements européens s'avère difficile et un éparpillement des sources européennes s'est produit. Dès lors, il est nécessaire de présenter un panorama des règlements européens en vigueur **(A)** et de démontrer que ces liaisons alambiquées sont, sans aucun doute, occasionnées par la complexité du processus législatif en matière de droit de la famille **(B)**.

A. LE PANORAMA DES DIFFÉRENTS RÈGLEMENTS EUROPÉENS

236. Premières conventions relatives aux obligations alimentaires – Le premier instrument juridique relatif à l'enfant est issu du droit international. En effet, ce premier texte a été adopté au sein de la Conférence de La Haye le 24 octobre 1956. Cette convention internationale concernait la loi applicable aux obligations alimentaires envers les enfants. Par cette convention, la loi applicable en la matière était par principe celle de la résidence habituelle de l'enfant[566]. Cette convention ajoute, de surcroît, que « *les décisions rendues en application de la présente Convention ne pourront préjuger des questions de filiation et des rapports familiaux entre le débiteur et le créancier* »[567]. En ce sens, cette convention excluait de son champ de compétence les questions relatives à la filiation. Cette exclusion s'est renouvelée lors de l'adoption de la Convention de La Haye du 2 octobre 1973. Cette seconde convention, relative aux obligations alimentaires également, n'a qu'étendu le champ d'application des obligations alimentaires à toutes les relations intrafamiliales. Aujourd'hui, les

---

565 Seul l'article 51 du Règlement (CE) n°4/2009 du Conseil du 18 décembre 2008 relatif à la compétence, la loi applicable, la reconnaissance et l'exécution des décisions et la coopération en matière d'obligations alimentaires enjoint aux autorités centrales d'assister les parties dans l'établissement de la filiation pour permettre le recouvrement des aliments.

566 Convention sur la loi applicable aux obligations alimentaires envers les enfants du 24 octobre 1956, art. 1.

567 Convention sur la loi applicable aux obligations alimentaires envers les enfants du 24 octobre 1956, art. 5.

obligations alimentaires sont désormais régies par un règlement européen du 18 décembre 2008[568] ainsi que par un Protocole de La Haye du 23 novembre 2007[569].

237. Succession des divers règlements – Au côté de ces règles en matière d'obligations alimentaires, les institutions européennes ont établi des règles juridiques européennes en matière de succession, de matière matrimoniale, de responsabilité parentale ou encore en matière d'enlèvement d'enfant. Le règlement européen qui se rapprocherait le plus de la question sur la filiation est celui portant sur la responsabilité parentale[570]. En effet, la responsabilité parentale représente l'« *ensemble des droits et des devoirs à l'égard d'un enfant et de ses biens* »[571]. Pour autant, ce règlement précise, en son douzième considérant, que la filiation est une « *question distincte* » de la responsabilité parentale.

238. Difficultés apparentes en droit de la famille – En excluant la filiation de tous les instruments juridiques européens, la restructuration de ce droit en matière de droit de la famille se révèle délicate. Pourtant, l'établissement d'un règlement général en droit de la famille permettrait d'assurer une meilleure sécurité juridique dans les relations familiales transfrontalières. Particulièrement, un agencement de l'ensemble des règles permettrait d'éviter de multiplier les renvois entre les différents instruments juridiques. Cela garantirait une cohérence générale apte à atténuer les difficultés constatées dans le cadre d'une situation familiale transfrontalière. L'exigence de sécurité juridique se heurte, cependant, à un processus législatif complexe qui requiert l'unanimité des États membres en droit de la famille.

---

568 Règlement (CE) n°4/2009, *op. cit.*

569 Convention de la Haye du 23 novembre 2007 sur le recouvrement international des aliments destinés aux enfants et à d'autres membres de la famille.

570 Règlement *B2 ter* (UE) n°2019/1111 du Conseil du 25 juin 2019 relatif à la compétence, la reconnaissance et l'exécution des décisions en matière matrimoniale et en matière de responsabilité parentale, ainsi qu'à l'enlèvement d'enfant.

571 https://e-justice-europa.eu/302/FR/parental_responsability__chlid_custody_and_contact_rights?clang=fr.

B. LA COMPLEXITÉ DU PROCESSUS LÉGISLATIF EN DROIT DE LA FAMILLE

239. Annonce – En vertu du principe d'attribution des compétences au sein de l'UE[572], un règlement européen qui traite d'une matière relevant des familles transfrontalières nécessite un vote à l'unanimité par les États membres **(1)**. Cependant, face aux difficultés pratiques, le Traité d'Amsterdam a instauré un mécanisme exceptionnel de coopération renforcée entre certains États membres de l'UE **(2)**.

1. UNE UNANIMITÉ NÉCESSAIRE ENTRE LES ÉTATS MEMBRES

240. Principe d'uniformité – Le Traité d'Amsterdam du 2 octobre 1997[573] a officiellement créé l'espace de liberté, de sécurité et de justice au sein de l'UE. Aujourd'hui, cet espace relève d'une compétence partagée entre l'UE et les États membres[574]. De plus, cet espace européen a pour objectif de créer des règles uniformes dans les relations transfrontalières et de faciliter la circulation des personnes au sein de l'Union européenne[575]. Pour parvenir à cet espace judiciaire européen, l'Union européenne assure une coopération judiciaire fondée sur un principe de reconnaissance mutuelle des décisions judiciaires et extrajudiciaires entre les États membres. Cette coopération judiciaire est prévue à l'article 81 du Traité sur le fonctionnement de l'UE qui énonce que « *cette coopération peut inclure l'adoption de mesures de rapprochement des dispositions législatives et réglementaires des États membres* ». Dès lors, tant l'UE que les États membres « *peuvent adopter des actes juridiques contraignants* »[576] dans le cadre de cet espace judiciaire européen.

241. Particularité du droit de la famille – Cependant, le troisièmement de cette même disposition prévoit une dérogation en

---

[572] LECLERC Stéphane, *op. cit.*

[573] Traité d'Amsterdam du 2 octobre 1997 modifiant le Traité sur l'UE, les traités instituant les communautés européennes et certains actes connexes.

[574] TFUE, art. 4.

[575] BASEDOW Jürgen, « L'espace judiciaire européen et ses voisins », *Rev. crit. de DIP* 2018/3 (n°3), p. 425 et s.

[576] SOLVEIG Henry, *Droit de l'UE*, Ellipses, Tout-en-un, 2020.

matière de droit de la famille. En effet, celui-ci énonce que « *les mesures relatives au droit de la famille ayant une incidence transfrontalière sont établies par le Conseil [...] à l'unanimité, après consultation du Parlement européen* ». Par conséquent, toutes les règles juridiques européennes qui portent sur les situations familiales transfrontalières doivent être acceptées à l'unanimité par les États membres. Cependant, le droit de la famille n'est pas défini par le droit européen. Dès lors, une problématique subsiste en ce qui concerne le champ d'application de ce troisième alinéa. Finalement, cette définition semblerait se dessiner au gré des propositions de règlement européen éparses. Les règlements européens relatifs aux obligations alimentaires et à la responsabilité parentale ont été adoptés à l'unanimité. Or, cette unanimité est relative puisque le Danemark est un État membre qui ne participe pas à l'espace judiciaire européen en vertu d'une clause de dispense dite d'« *opt-out* »[577].

242. Unanimité difficilement atteignable – L'État membre du Danemark est alors considéré « *comme un État tiers aux fins de l'application des actes relevant de la coopération judiciaire civile* »[578]. À travers cette dérogation, il est possible d'admettre que des difficultés sont présentes dans de tels domaines et que l'unanimité est exceptionnelle. C'est pour cette raison que, dès la signature du Traité d'Amsterdam, un mécanisme spécial de coopération renforcée a été institué.

2. LE MÉCANISME EXCEPTIONNEL DE LA COOPÉRATION RENFORCÉE

243. Indispensable assouplissement – L'objectif suivant lequel l'espace judiciaire européen définirait le droit de la famille de manière générale paraît illusoire. C'est pour cette raison que le Traité d'Amsterdam de 1997[579] a créé un mécanisme d'assouplissement dans

---

577 MONAR Jörg, « La mise en œuvre de l'espace de liberté, de sécurité et de justice : un défi pour l'UE et pour les EM », *Rev. française d'administration publique* 2009/1 (n°129), p. 15 et s.

578 PAULINO PEREIRA Fernando, « La coopération judiciaire en matière civile dans l'UE : bilan et perspectives », *Rev. crit. de DIP* 2010, p. 1 et s.

579 Traité d'Amsterdam du 2 octobre 1997 modifiant le Traité sur l'UE, les traités instituant les communautés européennes et certains actes connexes.

l'élaboration processuelle de ce domaine juridique. En effet, pour assouplir la rigidité de la règle de l'unanimité, le mécanisme de la coopération renforcée a été institué. La coopération renforcée est une procédure subsidiaire qui permet d'« *éviter tout blocage du processus décisionnel* »[580]. Elle vise « *à favoriser la réalisation des objectifs de l'Union, à préserver ses intérêts et à renforcer son processus d'intégration* »[581].

244. Procédure de coopération renforcée – Cette coopération renforcée a été modifiée par le Traité de Lisbonne du 13 décembre 2007[582]. Concernant la mise en œuvre de cette procédure[583], la Commission européenne peut émettre une proposition de règlement européen lorsqu'au moins neuf États membres sollicitent le recours à une telle procédure. Cette proposition doit être autorisée par le Conseil après avoir vérifié que l'unanimité était impossible dans un délai raisonnable. Dès lors, le Conseil pourra statuer, après avoir reçu l'approbation du Parlement européen, à la majorité qualifiée. *In fine*, les États membres participants à cette coopération voteront à la majorité qualifiée[584]. Malgré leur présence, les autres États membres ne participeront pas à ce vote. Toutefois, ces États non participants doivent pouvoir être en mesure d'adhérer à cette coopération à tout moment[585]. Il s'agit du mécanisme d'« *opting in* »[586].

245. Recours constant – « *Depuis l'entrée en vigueur du Traité de Lisbonne, la coopération renforcée devient d'usage courant lorsque le Conseil ne parvient pas à trouver suffisamment de soutien en son sein pour adopter une proposition* »[587]. En effet, cette procédure subsidiaire a été initiée pour la première fois dans le cadre du règlement européen

---

[580] COUTRON Laurent, « SECTION 3. L'exercice des compétences de l'Union par un nombre limité d'États membres : la coopération renforcée », in *Droit de l'UE : institutions, sources, contentieux*, Dalloz, Mémentos, 6ème Éd., 2021.
[581] TUE, art. 20.
[582] Traité de Lisbonne du 13 décembre 2007 modifiant le Traité sur l'Union européenne et le Traité instituant la communauté européenne (2007/C 306/01).
[583] TFUE, art. 329.
[584] TFUE, art. 330.
[585] COUTRON Laurent, *op. cit.*
[586] TFUE, art. 331.
[587] COUTRON Laurent, *op. cit.*

relatif au divorce en 2010[588]. Depuis lors, d'autres règlements européens ont été adoptés par la « *technique spécifique de la coopération renforcée* »[589] notamment en matière de régimes matrimoniaux[590] et d'effets patrimoniaux des partenariats enregistrés[591].

Aujourd'hui, malgré l'étendue du champ d'application du droit européen en droit de la famille, la filiation ne fait pas encore l'objet d'un règlement européen. Pour autant, cette thématique fait l'objet d'une préoccupation indirecte par l'ordre juridique européen en matière de filiation.

§2. UNE PRÉOCCUPATION INDIRECTE DE L'ORDRE JURIDIQUE EUROPÉEN EN MATIÈRE DE FILIATION

246. Moyens indirects – En dehors du processus législatif classique du droit de l'UE en matière de droit de la famille, les institutions européennes ont développé des techniques connexes pour s'immiscer dans ce domaine sensible. En effet, ces institutions usent de moyens particuliers notamment au travers d'une jurisprudence de plus en plus attachée aux libertés fondamentales et d'une extension du champ d'intervention de l'Union européenne sur le fondement de la Charte des droits fondamentaux de l'UE[592].

247. Fondements juridiques – Ainsi, la Cour de Justice de l'UE se fonde sur la notion de citoyenneté européenne et sur la liberté de circulation et d'établissement des personnes au sein de l'espace

---

588 Règlement *Rome III* (EU) n°1259/2010 du 20 décembre 2010 mettant en œuvre la coopération renforcée dans le domaine de la loi applicable au divorce et à la séparation de corps.

589 MARMISSE-D'ABBADIE D'ARRAST Anne, « Espace de liberté, de sécurité et de justice », *Rép. Droit Eur.*, avril 2017, point 56 (actualisation : décembre 2020).

590 Règlement (UE) 2016/1103 du Conseil du 24 juin 2016 mettant en œuvre une coopération renforcée dans le domaine de la compétence, de la loi applicable, de la reconnaissance et de l'exécution des décisions en matière de régimes matrimoniaux.

591 Règlement (UE) 2016/1104 du Conseil du 24 juin 2016 mettant en œuvre une coopération renforcée dans le domaine de la compétence, de la loi applicable, de la reconnaissance et de l'exécution des décisions en matière d'effets patrimoniaux des partenariats enregistrés.

592 Charte des droits fondamentaux de l'UE du 7 décembre 2000 (2000/C 364/01).

Schengen, notamment par la directive de 2004[593] ayant instauré aux citoyens européens un droit de circuler et de séjourner au sein des États membres de l'UE, pour se prononcer sur des situations familiales transfrontalières. Dès lors, une forme de théorie des compétences implicites[594] s'est créée dans la jurisprudence européenne. En parallèle, le droit de l'UE se fonde sur la CDFUE pour légiférer dans des matières spécifiques telles que la bioéthique. Les questions relatives à la bioéthique permettent à l'UE de se prononcer sur toutes les formes de filiation qu'elle soit naturelle, par adoption ou encore par procréation médicalement assistée dont la GPA.

248. Annonce – Si bien qu'il est opportun d'approfondir ces évolutions juridiques au sein de l'ordre juridique européen pour démontrer que l'UE tend vers la création d'un droit européen de la bioéthique **(A)** et que la jurisprudence de la CJUE a développé une « *portabilité du statut personnel* »[595] des citoyens européens au sein de l'Europe **(B)**.

A. LA CRÉATION D'UN DROIT EUROPÉEN DE LA BIOÉTHIQUE

249. « *Branche autonome* »[596] – *A priori*, l'UE ne disposait pas de compétences propres en matière de bioéthique. En ce domaine, les institutions européennes s'abstenaient d'élaborer des règles juridiques en faveur des marges d'appréciation laissées aux États membres[597]. Or, « *l'UE s'affirme de plus en plus comme source formelle et substantielle*

---

[593] Directive 2004/38/CE du Parlement européen et du Conseil du 29 avril 2004 relative au droit des citoyens de l'Union et des membres de leurs familles de circuler et de séjourner librement sur le territoire des États membres, modifiant le règlement (CEE) n°1612/68 et abrogeant les directives 64/221/CEE, 72/194/CEE, 73/148/CEE, 75/34/CEEE. 90/364/CEEE, 90/365/CEE et 93/96/CEE.

[594] La théorie des compétences implicites renvoie à des situations où la CJUE s'octroie certaines compétences non prévues institutionnellement pour réaliser d'autres objectifs légalement permis dans ses compétences attribuées.

[595] USUNIER Laurence, « Libre circulation des personnes et reconnaissance des filiations homoparentales », *RTD Civ.* 2022, p. 352 et s. (ss. CJUE 14 déc. 2021, aff. C-490/20, *Pancharevo*).

[596] NABLI Béligh, « Le « *biodroit* » de l'UE », *Rev. de l'UE*, 2022, p. 132 et s.

[597] MARGUET Laurie, « Bioéthique : une jurisprudence de la CJUE à la croisée des chemins », *Rev. de l'UE* 2022, p. 144 et s.

du droit de la bioéthique »[598] en créant une branche autonome du droit européen fondé sur la Charte des droits fondamentaux de l'UE. Ce droit de la bioéthique entend d'ailleurs recouvrir « *toutes les questions suscitées par le progrès scientifique en tant qu'il se rattache directement ou indirectement, à la vie humaine [ou au corps humain]* »[599].

250. Droit à l'intégrité de la personne – En ce sens, l'article 3 de ladite charte européenne, relative au droit à l'intégrité de la personne, impose des restrictions dans le domaine médical et biologique. Ces restrictions portent sur l'interdiction des pratiques eugéniques, l'interdiction de commercialiser le corps humain et ses parties et l'interdiction du clonage reproductif. De plus, cette disposition requiert obligatoirement le consentement libre et éclairé des patients. Par conséquent, l'UE a adopté une série de textes[600] sur le fondement de cet article ainsi que sur le fondement de la libre circulation des services. À travers une décision de 1984[601], les juges européens ont estimé que « *les activités médicales relèvent du champ d'application de l'article 60 du traité [sur le fonctionnement de l'UE]* »[602], soit de la libre circulation des services. Depuis, de nombreux instruments juridiques ont été adoptés notamment en matière d'essais cliniques[603], de protection des inventions biotechnologiques[604] ou encore en matière de recherche et de développement technologique[605].

---

598 FARTUNOVA-MICHEL Maria et NABLI Béligh, *Droit de l'UE de la bioéthique*, Bruylant, Droit de l'UE, 2021, p. 14.

599 BELLIVER Florence et HENNETTE-VAUCHEZ Stéphanie, *Bioéthique*, PUAM, Cahiers droit science et techno n°4, 2014.

600 BROSSET Estelle, « Ce que dit le droit de l'Union dans le domaine de la bioéthique (et inversement) », *Rev. de l'UE* 2019, p. 30 et s.

601 CJUE, 31 janvier 1984, *Luisi et Carbone c/ Ministero del Tesoro*, aff. jointes 286/82 et 26/83, *Rec.* 377.

602 Commission européenne, Guide de la jurisprudence de la Cour de justice de l'UE relative aux articles 56 et suivants du TFUE.

603 Règlement (UE), n°536/2014 du 16 avril 2014 relatif aux essais cliniques de médicaments à usage humain.

604 Directive n°98/44/CE du Parlement européen et du Conseil du 6 juillet 1998 relative à la protection juridique des inventions biotechnologiques, JOCE n° L. 213 du 30 juillet.

605 Règlement (UE), n°1291/2013 du Parlement européen et du Conseil du 11 décembre 2013 portant établissement du programme-cadre pour la recherche et l'innovation « Horizon 2020 » (2014-2020), JOUE n° L. 347.

251. Incidences sur la GPA – En vertu de cette libre circulation des services, les prestations médicales autorisées dans un État membre pourraient profiter aux ressortissants d'autres États membres. Cette question s'est notamment posée en jurisprudence en matière d'interruption volontaire de grossesse. Par une décision du 4 octobre 1991[606], les juges européens ont conféré la valeur de services à l'IVG. Cette qualification a alors légitimé les recours à l'IVG dans des États membres qui pratiquent cette prestation médicale alors même que l'État membre dont la personne est ressortissante interdit cette pratique. Cette qualification a également été admise en matière d'assistance médicale à la procréation en tant que soins de santé transfrontaliers[607]. Par conséquent, l'AMP est considérée comme un service au sens de l'article 60 du TFUE qui doit, par voie de conséquence, bénéficier du principe de liberté de circulation au sein de l'Union européenne. Dès lors, les citoyens européens peuvent recourir à une PMA dans un État membre qui autorise cette pratique et pourront imposer ce service médical au sein de leur État d'origine. Finalement, la méthode procréative de GPA pourrait pareillement être qualifiée de service par la CJUE et, de ce fait, bénéficierait *de plano* de cette même liberté de circulation.

En plus de cette liberté de circulation des services d'AMP au sein de l'UE, la jurisprudence de la CJUE développe une forme de portabilité du statut personnel dans l'espace européen.

B. LA PORTABILITÉ D'UN STATUT PERSONNEL JURISPRUDENTIEL

252. Prémices de la compétence juridictionnelle européenne – Avant de se prononcer sur une question relative à la filiation, la CJUE a été saisie dans une affaire concernant la libre circulation des couples de même sexe mariés au sein de l'UE[608]. En ce sens, il s'agissait d'une

[606] CJUE, 4 octobre 1991, *The Society for the Protection of Unborn Children Ireland Ltd c/ Stephen Grogan et autres*, C-159/90, *Rec.* 1999.

[607] CJUE, 28 avril 1998, *Raymond Kohll c/ Union des caisses de maladie*, C-158/96, *Rec.* I. 1931.

[608] CJUE, Gr. ch., 5 juin 2018, *Coman e. a.*, aff. C-673/16, *AJDA* 2018. 1127 ; *ibid.* 1603, chron. P. Bonneville, E. Broussy, H. Cassagnabère et C. Gänser ; *D.* 2018. 1674, note H. Fulchiron et A. Panet ; *ibid.* 2019. 347, obs. O. Boskovic, S. Corneloup, F. Jault-Seseke, N. Joubert et K. Parrot ; *ibid.* 856, obs. RÉGINE ; *ibid.* 910, obs. J.-

problématique relative au statut matrimonial des citoyens européens. La question posée devant la Cour de justice était de savoir si le terme de conjoint, au sens de la directive du 29 avril 2004[609], incluait également les couples de même sexe[610]. La Cour de justice s'est prononcée en indiquant que le terme de conjoint était neutre et, par voie de conséquence, comprenait cette forme d'union dans le champ d'application de la directive. Ainsi, les juges européens ont exclu l'ordre public roumain, invoqué en l'espèce, en vertu de la libre circulation des citoyens européens et de leur statut matrimonial.

253. Conséquence sur la filiation – Cette solution juridique a eu pour conséquence de présenter d'autres problématiques nouvelles devant la CJUE et notamment en matière d'assistance médicale à la procréation. En 2019, une ressortissante bulgare et sa femme non ressortissante de l'UE ont donné naissance à un enfant par le biais d'une PMA en Espagne. La ressortissante bulgare a demandé auprès des autorités bulgares de délivrer un acte de naissance de cet enfant aux fins qu'il puisse obtenir la nationalité bulgare. Or, ces autorités ont refusé de délivrer un tel acte de naissance en raison de l'inscription des deux mères sur l'acte de naissance espagnol. La CJUE a rendu une décision le 14 décembre 2021[611] conformément à laquelle les juges européens obligent les États membres à délivrer une carte d'identité ou un passeport à un enfant mineur citoyen de l'Union, sans qu'un acte de naissance soit préalablement établi par les autorités nationales, et

---

J. Lemouland et D. Vigneau ; *AJ fam*. 2018. 404, obs. G. Kessler ; *Rev. crit. DIP* 2018. 816, note P. Hammje ; *RTD civ*. 2018. 858, obs. L. Usunier ; *RTD Eur*. 2018. 673, obs. E. Pataut.

[609] Directive 2004/38/CE, *op. cit*.

[610] En l'espèce, il s'agissait d'un ressortissant roumain et d'un ressortissant américain qui se sont mariés en Belgique. Ces requérants ont sollicité auprès des autorités roumaines un titre de séjour de plus de 3 mois à l'égard du ressortissant américain sur le fondement de cette directive. Or, les autorités roumaines ont refusé cette demande aux motifs que la directive ne concernait pas les couples de même sexe et ont uniquement délivré au ressortissant américain un titre de séjour de 3 mois. Cette décision était également motivée sur l'interdiction du mariage entre personnes de même sexe en droit roumain.

[611] CJUE, Gr. ch., 14 décembre 2021, aff. C-490/20, *V.M.A. c/ Stolichna Obshtina, Rayon « Pancharevo »*, *D*. 2022. 331, note L. d'Avout et R. Legendre ; *ibid*. 565, chron. H. Fulchiron ; *ibid*. 872, obs. RÉGINE ; *AJ fam*. 2022. 5, obs. A. Dionisi-Peyrusse ; *RTD civ*. 2022. 352, obs. L. Usunier.

à reconnaître les documents d'état civil émis par les autres États membres pour assurer les droits de l'enfant.

254. « *Portabilité du statut personnel* »[612] – Cette obligation de délivrance d'un document d'identité ou d'un passeport a été renouvelée par la jurisprudence européenne dans un arrêt datant du 24 juin 2022[613]. À travers ces deux décisions, il est notoire de préciser que les ordres publics internes ont été écartés par les juges européens et que les citoyens européens bénéficient d'une libre circulation qui impose aux États membres de reconnaître les situations et les actes d'état civil créés au sein de l'UE. Dès lors, le statut personnel des citoyens européens devrait bénéficier d'une reconnaissance dans tous les États membres de l'UE malgré les interdictions d'ordre public interne. De plus, ces deux décisions sont inédites en ce qu'elle concerne la filiation des enfants nés par une assistance médicale à la procréation à l'égard de couples de personnes de même sexe. Ces solutions pourraient être transposées à l'égard de couples de sexe opposé sans difficulté. Par conséquent, la jurisprudence de la CJUE use de ce statut personnel portatif pour intervenir dans la sphère privée des citoyens européens.

255. Conclusion de section - Finalement, *a priori*, la GPA est une méthode procréative qui n'est juridiquement pas encadrée dans le droit de la famille de l'espace judiciaire européen. Cependant, cette thématique tend à être prise en considération au travers de nouveaux outils européens qui permettent aux institutions européennes de s'immiscer dans le droit de la filiation. En outre, cette problématique tend à être accentuée au regard des incidences potentielles que pourrait provoquer la proposition de règlement européen en matière de filiation.

---

[612] PFEIFF Silvia, *La portabilité du statut personnel dans l'espace européen*, Bruylant, 2017.
[613] CJUE, ord., 10e ch., 24 juin 2022, C-2/21.

SECTION 2. LES INCIDENCES INCONTOURNABLES DU RÈGLEMENT EUROPÉEN EN MATIÈRE DE FILIATION SUR LA GPA

256. Exemple en matière de succession – La prédominance du droit européen sur les ordres juridiques internes des États membres s'est parfaitement illustrée à l'occasion de l'adoption du règlement européen relatif à la succession[614], notamment en ce qui concerne la réserve héréditaire. En droit français, la réserve héréditaire est un principe d'ordre public. Toutefois, le règlement européen relatif à la succession prévoit que la loi applicable est celle du dernier domicile du défunt[615], qu'importe le lieu de situation des immeubles. L'intérêt de cette disposition était de convenir d'une loi unique pour assurer une sécurité juridique dans la liquidation d'une succession transfrontalière[616]. Par conséquent, lorsqu'une succession s'ouvre à l'étranger, la réserve héréditaire d'ordre public français s'éteint même si des immeubles sont situés en France[617]. Pour contourner cette règle européenne, le législateur français a de nouveau restauré un droit au prélèvement compensatoire[618]. Or, il s'agit d'un « *mécanisme incompatible avec l'esprit du règlement* »[619] et un conflit juridique est né entre ces deux ordres juridiques.

257. Effets similaires sur la filiation – Cette confrontation des incidences entre ordres juridiques pourrait être transposée en matière de filiation, et notamment en matière de GPA, si le règlement européen relatif à la filiation[620] venait à être adopté. En effet, ce règlement tend

---

[614] Règlement (UE) n°650/2012 du Parlement européen et du Conseil du 4 juillet 2012 relatif à la compétence, la loi applicable, la reconnaissance et l'exécution des décisions, et l'acceptation et l'exécution des actes authentiques en matière de successions et à la création d'un certificat successoral européen.
[615] Règlement européen relatif à la succession, art. 21.
[616] LAURENT-BONNE Nicolas, « Le nouveau droit de prélèvement compensatoire dans les successions transfrontalières : quand la fin ne justifie pas les moyens », *AJ Fam*. 2021, p. 548 et s.
[617] LAGARDE Paul, « Successions », *Rép. de droit intern.*, sept. 2015, point 91 et s. (actualisation : juin 2022).
[618] Loi n°2021-1109 du 24 août 2021 confortant le respect des principes de la République, JORF n°0197 du 25 août 2021.
[619] LAURENT-BONNE Nicolas, *op. cit.*
[620] Proposition du règlement du Conseil relatif à la compétence, à la loi applicable, à la reconnaissance des décisions et à l'acceptation des actes authentiques en matière

à mettre en application une reconnaissance mutuelle entre tous les États membres concernant les décisions de justice et les actes authentiques et établirait une loi universelle unique pour l'établissement des règles de filiation. Ces propositions occasionneraient de multiples conflits juridiques, notamment parce que cette proposition autoriserait indirectement la méthode procréative de GPA. Dès lors, il est nécessaire d'étudier les effets favorables à la reconnaissance de la GPA **(§1)** pour envisager les conséquences juridiques d'une telle reconnaissance **(§2)**.

§1. LES EFFETS INÉVITABLEMENT FAVORABLES À LA RECONNAISSANCE DE LA GPA

258. Objectifs poursuivis – Le 7 décembre 2022, la Commission européenne a présenté une proposition de règlement européen en matière de filiation pour répondre à diverses pétitions qui ont sollicité la libre circulation et la reconnaissance de la parentalité dans l'UE[621]. Cette idéologie du principe de reconnaissance répond au discours prononcé par la Présidente de la Commission européenne suivant lequel « *si vous êtes parents dans un pays, vous êtes parents dans tous les pays* »[622]. L'objectif poursuivi par cette proposition est d'assurer les mêmes droits à l'égard de tous les enfants qui se trouvent dans une situation transfrontalière « *indépendamment du mode de conception et du type de famille* »[623]. De plus, ce règlement européen permettrait d'assurer une sécurité juridique pour les familles transfrontalières, notamment au niveau procédural[624].

---

de filiation ainsi qu'à la création d'un certificat européen de filiation, 2022/0402 (CNS).

[621] Résolution du Parlement européen, « *Droits des personnes LGBTQ dans l'UE* », *op. cit.*

[622] Discours prononcé par la Présidente de la Commission européenne, Madame Ursula Von der Leyen, en septembre 2020 à l'occasion du discours sur l'état de l'Union en 2020.

[623] Déclaration de Monsieur Didier Reynders, Commissaire à la justice, à l'occasion de la proposition de règlement en matière de filiation le 7 décembre 2020.

[624] Communiqué de presse, 7 décembre 2022, « *Train de mesures sur l'égalité : la Commission propose de nouvelles règles en matière de reconnaissance de la filiation entre les États membres* ».

259. Apport de définitions essentielles – La sécurité juridique d'un tel règlement européen s'apprécierait notamment dans la liaison entre tous les règlements européens relatifs au droit de la famille. La proposition de la Commission européenne apporte notablement des définitions juridiques à la parentalité[625] et à l'enfant[626]. Aussi, cette proposition définirait officiellement l'établissement de la filiation comme une « *détermination juridique de la relation entre un enfant et chacun de ses parents* »[627]. Ces définitions juridiques s'appliqueraient au domaine du droit de la famille et permettraient d'affiner les règlements européens d'ores et déjà applicables en droit européen.

260. Annonce des parties – En plus de ces définitions, la proposition du 7 décembre 2022 distingue les actes authentiques avec ou sans effet contraignant. Ainsi, la reconnaissance s'appliquerait aux décisions de justice et aux actes authentiques ayant un effet contraignant **(A)** tandis que la procédure d'acceptation serait destinée aux seuls actes authentiques sans effet contraignant **(B)**.

A. LA RECONNAISSANCE DES DÉCISIONS DE JUSTICE ET DES ACTES AUTHENTIQUES AYANT UN EFFET CONTRAIGNANT

261. Reconnaissance classique – Classiquement, le mécanisme de la reconnaissance confère « *à une décision étrangère une efficacité substantielle, une force probante ou l'autorité de la chose jugée* »[628]. L'intérêt de cette reconnaissance porte sur une simplicité procédurale puisque la reconnaissance exclut le recours à la procédure d'*exequatur*. En effet, l'*exequatur* est un mécanisme lourd qui consiste à saisir un juge aux fins de faire reconnaître des effets à un jugement étranger en France[629]. À l'inverse, la reconnaissance des effets d'une décision

[625] Proposition de règlement européen en matière de filiation, art. 4 : « *le lien de parenté établi en droit* ».
[626] Proposition de règlement européen en matière de filiation, art. 4-1 : « *une personne de tout âge dont la filiation doit être établie, reconnue ou prouvée* ».
[627] Proposition de règlement européen en matière de filiation, art. 4-2.
[628] Fiche n°4 du CNB : « *Les règles applicables à la reconnaissance, l'acceptation et la force exécutoire des décisions, transactions judiciaires et actes authentiques* ».
[629] FARGE Michel, « Quid de l'*exequatur* de la filiation établie à l'étranger des enfants issus de GPA ? », *AJ Fam.* 2018, p. 582 et s.

étrangère s'applique de plein droit et seules les contestations à cette reconnaissance doivent être portées devant un juge. De plus, cette proposition de règlement innove en ce qu'elle prévoit uniquement la reconnaissance des décisions de justice en dehors du caractère exécutoire de ces décisions. En l'occurrence, les décisions de justice portant sur la filiation ne requièrent pas de mesures d'exécution forcée puisque cette matière touche à l'état des personnes.

262. Rapport à la GPA – En matière de GPA, rares sont les décisions de justice européennes[630] qui établissent un lien de filiation entre l'enfant et ses parents d'intention contrairement aux décisions judiciaires d'adoption qui pourraient bénéficier de cette reconnaissance[631]. Or, une convention internationale de La Haye de 1993 avait, d'ores et déjà, supprimé l'exigence de recours à l'*exequatur* pour les décisions d'adoption entre les États signataires de cette convention[632]. Au regard de cette convention, seules les demandes de nationalité en cas d'adoption simple ou le refus de transcription de la décision d'adoption par le Procureur de Nantes sont confrontées à cette exigence d'*exequatur*.

263. Effet contraignant des actes authentiques – Malgré l'absence de décision de justice obligatoire établissant la filiation d'une GPA, la proposition de règlement européen pourrait avoir une autre incidence sur les PMA réalisées par un couple de femmes. En effet, pour la première fois en droit européen, ce règlement relatif à la filiation dissocierait les actes authentiques à effet contraignant de ceux sans effet contraignant. En vertu de cette dissociation, le règlement proposé admettrait le mécanisme de la reconnaissance aux seuls actes authentiques ayant un effet contraignant[633]. Ces formes d'actes authentiques seraient composées principalement des actes notariés. Dès lors, en admettant la reconnaissance des actes notariés, cela signifierait

---

[630] En effet, les décisions judiciaires qui établissent un lien de filiation entre les parents d'intention et les enfants nés de GPA sont majoritairement prononcées à l'étranger. Dans ces circonstances, la procédure de reconnaissance ne pourrait pas être applicables étant donné que ces décisions sont issues d'un État tiers.

[631] *Ibid.*

[632] Convention du 29 mai 1993 sur la protection des enfants et la coopération en matière d'adoption internationale.

[633] NOURISSAT Cyril, « L'acte authentique au cœur de la proposition de règlement sur la filiation », *DEF* 16 mars 2023, n° DEF212w5, p. 27.

que les reconnaissances conjointes formulées par des couples de femmes devant un notaire en matière de PMA pourraient bénéficier de cette reconnaissance de plein droit au sein des États membres de l'UE. Dans le même sens, si l'ordre juridique français établissait une reconnaissance notariée similaire en matière de GPA, cet acte pourrait également faire l'objet d'une reconnaissance de plein droit dans l'UE. Toutefois, concernant les actes authentiques sans effet contraignant, le règlement prévoit que ces actes sont soumis au mécanisme de l'acceptation et créent un certificat de parentalité.

B. L'ACCEPTATION DES ACTES AUTHENTIQUES SANS EFFET CONTRAIGNANT ET CERTIFICAT EUROPÉEN DE PARENTALITÉ

264. Reconnaissance « *inappropriée* »[634] – La scission entre les actes authentiques selon leurs effets contraignants est une nouveauté surprenante. En effet, cette reconnaissance des actes authentiques générale avait été présentée pour la première fois à l'issue de l'adoption du règlement européen relatif aux successions transfrontalières[635]. Cette reconnaissance avait été établie conformément aux objectifs européens de mettre en place une libre circulation des documents administratifs et de reconnaître les effets des actes d'état civil au sein de l'UE[636]. Cette perspective européenne s'est achevée par un règlement européen de 2016[637] qui a autorisé cette liberté de circulation des actes publics sans toutefois permettre la reconnaissance des effets des actes d'état civil. Cette omission conforte une position doctrinale

---

634 FARGE Michel, « CH 512. Détermination du droit applicable », *Dalloz Action Droit de la famille* 2023-2024, point 512.105.

635 KOHLER Marius et BUSCHBAUM Markus, « La « *reconnaissance* » des actes authentiques prévue pour les successions transfrontalières », *Rev. crit. de DIP* 2010, p. 629 et s.

636 Livre vert de la Commission européen, « *Moins de démarches administratives pour les citoyens : promouvoir la libre circulation des documents publics et la reconnaissance des effets des actes d'état civil* », 15 décembre 2010, COM (2010) 747 final.

637 Règlement (UE) 2016/1191 du Parlement européen et du Conseil du 6 juillet 2016 visant à favoriser la libre circulation des citoyens en simplifiant les conditions de représentation de certains documents publics dans l'Union européenne, et modifiant le règlement (UE) n°1024/2012.

suivant laquelle seul le mécanisme de l'acceptation serait adapté aux actes authentiques[638].

265. Restriction à l'effet probatoire – L'acceptation est, par conséquent, un mécanisme parallèle à la reconnaissance. Cette acceptation a une portée plus réduite puisqu'elle ne confère aux actes authentiques qu'une certaine force probante[639]. Dès lors, tous les actes authentiques considérés comme n'ayant pas d'effets contraignants ne peuvent être qu'invoqués à titre de preuve. En ce sens les extraits d'état civil, les actes de naissance ainsi que les actes de filiation n'ont qu'une valeur probatoire au sein de l'UE[640]. En l'occurrence, les actes de naissance étrangers établis après le recours à une GPA ne pourront faire l'objet que d'une acceptation. Toutefois, la simple acceptation dans les droits nationaux est une innovation et réduirait la portée du nouvel article 47 du Code civil français[641].

266. Certificat facultatif – En ce sens, la simple force probatoire de ces actes authentiques pouvait facilement être contestée ou contournée par les États membres de l'UE. Toutefois, ce risque de conflit entre les ordres juridiques ne correspondrait plus à la philosophie poursuivie par le règlement européen présentée par la Commission européenne le 7 décembre 2022. C'est pour cette raison que ce même règlement propose d'aller plus loin en créant un certificat européen de parentalité[642]. Ce certificat renvoie idéologiquement au certificat successoral européen qui a été créé par le règlement de succession de 2012[643]. Nonobstant son caractère facultatif[644], ce certificat européen de parentalité est « *destiné à être utilisé par un enfant ou un représentant légal qui, dans un État membre, doit invoquer le statut parental de l'enfant* »[645]. En obtenant ce certificat auprès de l'État membre qui a reconnu la filiation, ce document permettrait d'outrepasser la simple force probante accordée aux actes de naissance, d'assurer la libre circulation des

638 FARGE Michel, *op. cit.*
639 *Ibid.*
640 NOURISSAT Cyril, *op. cit.*
641 *Cf.* n°156 sur la modification de l'article 47 du code civil français.
642 Proposition de règlement européen en matière de filiation, art. 47.
643 Règlement (UE) n°650/2012, *op. cit.*
644 HILT Patrice, « Droit de la filiation », *Recueil Dalloz* 2023, p. 662 et s.
645 https://www.hélènepéroz.fr/post/filiation-et-parentalité-proposition-de-règlement-européen.

documents et d'éviter les entraves à la circulation des personnes. Concernant le certificat successoral européen, cet instrument a été qualifié de « *meilleure [option] pour la sécurité juridique* »[646]. Dès lors, l'ordre juridique européen pourrait promouvoir la création d'un tel certificat de parentalité pour assurer une sécurité juridique dans le rapport de filiation entre les citoyens européens et leurs enfants. Ainsi, ces divers apports prévus par la proposition du règlement européen permettraient d'accepter voire de reconnaître toutes les formes de filiation en Europe, dont la GPA. Toutefois, cette reconnaissance de la GPA emporterait des conséquences juridiques importantes.

§2. LES CONSÉQUENCES JURIDIQUES DE LA RECONNAISSANCE DE LA GPA

267. Perspective d'aboutissement – En l'état actuel de sa rédaction et du droit européen, « *le chemin est encore long avant que cette proposition puisse se concrétiser, car les États hostiles à toute forme d'homoparentalité pourraient bien vouloir bloquer la procédure d'adoption du texte* »[647]. Seule une coopération renforcée paraît être envisageable[648], bien que certaines difficultés pourraient anéantir ce projet. En effet, la filiation est le domaine le « *plus sensible* »[649] en matière de droit de la famille.

268. Ouverture à la GPA contestée – La volonté de mettre en œuvre une reconnaissance automatique de la filiation dans les États membres risquerait d'aboutir à une légalisation implicite de la GPA en Europe. En effet, si le lien de filiation est établi par décision de justice ou si un EM de l'UE prévoit que ce lien est établi par acte authentique avec effet contraignant, les GPA pourront circuler dans tous les États membres de l'Union européenne. En France, le Sénat s'est d'ailleurs prononcé dans

---

646 LAGARDE Paul, « Les principes de base du nouveau règlement européen sur les successions », *Rev. Crit. de DIP* 2012, p. 691 et s.

647 HILT Patrice, *op. cit.*

648 https://www.hélènepéroz.fr/post/filiation-et-parentalité-proposition-de-règlement-européen.

649 *Ibid.*

une résolution européenne portant avis motivé le 22 mars 2023[650]. Pour cette institution française, la proposition de règlement européen est non conforme puisqu'elle présenterait de nombreuses imprécisions au niveau de son champ d'application et qu'elle empiéterait sur les compétences des États membres. Dans cet avis motivé, le Sénat reproche aux institutions européennes d'excéder les exigences recommandées par la jurisprudence de la Cour EDH en imposant une reconnaissance générale de toute forme de filiation avec les enfants nés de GPA.

269. Annonce des sous-parties – En effet, la mise en œuvre d'une reconnaissance générale entraînerait *de plano* un anéantissement de la règle de conflit des lois **(A)** et cette reconnaissance serait contraire aux objectifs poursuivis par le code de droit international privé qui est en cours d'élaboration **(B)**.

A. L'ANÉANTISSEMENT DE LA RÈGLE DU CONFLIT DES LOIS

270. Mécanisme du conflit des lois – L'opposition entre la règle du conflit des lois et le principe de reconnaissance est le « *dilemme d'origine du droit international privé* »[651]. En droit français, la méthode du conflit des lois permet au juge français de reconstruire la filiation selon son ordre juridique national lorsqu'il est saisi[652]. L'article 311-14 du Code civil dispose que la filiation est régie par la loi personnelle de la mère, en fonction de sa nationalité, au jour de la naissance de l'enfant. De plus, le conflit des lois autorise le juge français à invoquer ses règles d'ordre public face aux situations étrangères. À l'inverse, la reconnaissance oblige le juge à se conformer à « *la filiation telle qu'elle*

---

[650] Résolution européenne portant avis motivé sur la conformité au principe de subsidiarité de la proposition de règlement du Conseil relatif à la compétence, à la loi applicable, à la reconnaissance des décisions et à l'acceptation des actes authentiques en matière de filiation ainsi qu'à la création d'un certificat européen de filiation, 22 mars 2023, COM (2022) 695 final.

[651] PRETELLI Ilaria, « Les défis posés au DIP par la reproduction technologiquement assistée », *Rev. crit. de DIP* 2015, p. 559 et s. (ss. Cass. d'Italie, (1re sect. civ.), 26 sept. 2014, n° 24001/14 ; Tribunal de Rome (1re sect. civ.) (Ord.), 8 août 2014).

[652] Même note.

a été établie à l'étranger »[653] sans contrôle de la loi étrangère. Cette reconnaissance assurerait « *aux personnes en mobilité transfrontalière une stabilité juridique* »[654].

271. Effacement de l'ordre public – Dès lors, la reconnaissance « *permet de faire l'économie du conflit de lois* »[655] et entraîne, par voie de conséquence, un effacement de l'ordre public du *for*. Cet effacement doit être relativisé en vertu de l'article 22 de la proposition de règlement européen relatif à la filiation. En effet, cette disposition indique que « *la loi d'un État désigné par le présent règlement ne peut être écartée que si cette application est manifestement incompatible avec l'ordre public du for* »[656]. Toutefois, cette dérogation fait l'objet d'une atténuation puisque cette même disposition impose le respect de l'article 21 de la Charte des droits fondamentaux de l'UE relatif au principe de non-discrimination. En matière de GPA, il semblerait que cette AMP ne soit plus restreinte par l'ordre public international français et par la notion de fraude à la loi au regard de la jurisprudence française[657].

272. Risque d'une application universelle – Par conséquent, la GPA pourrait implicitement être admise à l'issue de l'adoption de ce règlement en l'état. L'article 17 dudit règlement prévoirait que la loi applicable est celle de la personne qui accouche, en fonction de sa résidence habituelle, au jour de la naissance de l'enfant. En plus de ne pas se référer à la notion de « *mère* »[658], ce règlement conférerait une application universelle à cette règle[659]. Ainsi, la naissance d'un enfant né d'une mère porteuse à l'étranger permettra aux parents d'intention d'invoquer la loi de ce pays pour reconnaître la filiation de l'enfant né de GPA à l'étranger dans l'ordre juridique français.

---

653 FULCHIRON Hugues et BIDAUD-GARON Christine, *op. cit.*

654 PRETELLI Ilaria, *op. cit.*

655 FULCHIRON Hugues et BIDAUD-GARON Christine, *op. cit.*

656 « *The application of a provision of the law of any State specified by this Regulation may be refused only if such application is manifestly incompatible with the public policy (ordre public) of the forum* ».

657 *Cf.* n°90 sur le fait que la GPA ne constitue plus à obstacle au prononcé d'une adoption ou d'une transcription de l'acte de naissance étranger.

658 https://www.hélènepéroz.fr/post/filiation-et-parentalité-proposition-de-règlement-européen.

659 Proposition de règlement européen en matière de filiation, art. 16.

Cette reconnaissance européenne de la GPA dans l'ordre juridique français semble être en contrariété avec les règles définies dans le projet de code de droit international privé français.

B. LA CONTRARIÉTÉ AVEC LE CODE DE DROIT INTERNATIONAL PRIVÉ FRANÇAIS

273. Projet de code – Le 31 mars 2022, un projet de code de DIP français, présidé par Jean-Pierre Ancel, a été déposé au ministère de la Justice. Ce projet est composé d'une centaine d'articles et, parmi ces articles, 36 d'entre eux concernent la matière du droit de la famille. Ce nombre important « *montre la place significative encore ouverte par le droit national* »[660] en la matière. Parmi ces articles, il est présenté que le choix de rattachement du statut personnel des individus porte sur la nationalité de ces derniers[661]. Toutefois, ce projet accepte de reconnaître des situations créées à l'étranger, notamment en matière de changement de nom[662] ou encore en matière de mariage[663]. L'article 62 de ce projet prévoirait également une reconnaissance en matière d'AMP, mais cette reconnaissance ne serait que partielle. En effet, lorsque l'AMP est réalisée en France, la loi française est applicable. En outre, lorsque les AMP sont réalisées à l'étranger et que la filiation a été établie dans cet autre pays, le droit français appliquerait le mécanisme de la reconnaissance. En revanche, si la filiation n'a pas été établie à l'étranger, cette filiation devra être établie selon les lois de police étrangères[664]. Finalement, cette reconnaissance partielle est à relativiser puisque la « *marge d'appréciation [des EM de l'UE] semble se restreindre aux yeux de la CJUE* »[665] au profit d'une acceptation *de plano* des situations étrangères.

---

[660] FOUSSARD Dominique, NIBOYET Marie-Laure, NOURISSAT Cyril, *op. cit.*
[661] Projet de code de DIP, Rapp. de groupe de travail présidé par Jean-Pierre Ancel, p. 19.
[662] Projet de code de DIP, art. 42 al. 2.
[663] Projet de code de DIP, art. 45.
[664] Projet de code de DIP, *op. cit.*, p. 40.
[665] FOUSSARD Dominique, NIBOYET Marie-Laure, NOURISSAT Cyril, *op. cit.*

274. Règle « *inédite* »[666] – En matière d'AMP, une autre particularité est présentée dans ce projet. En effet, une règle inédite porte exclusivement sur la GPA. L'article 63 dudit projet mettrait en place un contrôle de proportionnalité[667] pour pouvoir accepter ou non la réception d'une GPA réalisée à l'étranger. Il s'agit d'un progrès considérable en matière de GPA. L'objectif de cette disposition serait de « *ne pas s'incliner automatiquement ni devant le* ''fait accompli'' *à l'étranger [...] ni devant l'acte de naissance dressé à l'étranger* »[668]. Ainsi, la position française est de conserver un contrôle judiciaire sur ces types de situation.

275. Confrontation directe entre ordres juridiques – Dans l'éventualité où la proposition de règlement européen et le projet de code de DIP français venaient à être adoptés, un conflit direct entre l'ordre juridique français et l'ordre juridique européen serait observé. En effet, les objectifs poursuivis par ces deux ordres juridiques sont distincts. D'une part, l'ordre juridique français souhaiterait mettre en place un contrôle judiciaire des pratiques de GPA réalisées à l'étranger. D'autre part, l'ordre juridique européen pourrait mettre en place une reconnaissance directe des liens de filiation en fonction de la loi désignée par ledit règlement européen. Toutefois, il est opportun de préciser que le code de DIP français ne s'applique qu'en cas de non-application du droit de l'UE. En effet, la résolution européenne du 14 septembre 2021 a rappelé que « *le droit de l'Union a primauté sur tout droit national* »[669]. Dès lors, les règles du code de DIP français ne s'appliqueraient qu'à l'égard des pays tiers à l'UE. En revanche, les règles tenant à la reconnaissance des situations et à la loi applicable ne seraient applicables qu'au sein de l'UE, même si la loi désignée est celle

---

[666] *Ibid.*

[667] Projet de code de DIP, art. 63 : « *Lorsqu'une convention portant sur la procréation ou la gestation pour autrui a été conclue dans un État qui l'autorise, la filiation de l'enfant qui en est issu peut être établie par le juge selon la loi de cet État, si une partie en fait la demande. Le juge s'assure au préalable que la convention a été conclue et exécutée dans le respect des dispositions du droit de l'État en cause. Conformément au principe de proportionnalité, il tient compte des buts poursuivis, des intérêts en présence et notamment de l'intérêt supérieur de l'enfant, ainsi que des effets de l'application de cette loi dans l'ordre juridique français* ».

[668] FOUSSARD Dominique, NIBOYET Marie-Laure, NOURISSAT Cyril, *op. cit.*

[669] Résolutions du Parlement européen, « *Droits des personnes LGBTQ dans l'UE* », *op. cit.*

d'un État tiers. Cette correspondance entre les deux ordres juridiques démontre une nouvelle fois leur complémentarité.

276. Conclusion de chapitre – Pour conclure, l'ordre juridique de l'Union européenne pourrait avoir une incidence dans la légalisation interne des GPA. En effet, l'objectif européen de créer un statut juridique de l'enfant par l'établissement d'un règlement relatif à la filiation obligerait les États membres à accepter les liens de filiation créés au sein de cette union. Et, par conséquent, la reconnaissance de la GPA par l'un des États membres bénéficierait nécessairement d'une liberté de circulation au sein de l'Union européenne.

CONCLUSION GÉNÉRALE

277. Insécurité juridique permanente – L'interdiction de principe de la GPA par l'ordre juridique français est inadaptée, voire inefficace en raison de l'internationalisation de cette pratique. En ce sens, les règles d'ordre public internes sont instables. Face à la confrontation des ordres juridiques étatiques et institutionnels, le droit français est contraint de reconnaître ces situations étrangères notamment en déterminant un choix procédural qui permettra d'établir un lien juridique de filiation entre les enfants nés de GPA réalisées à l'étranger et leurs parents d'intention. La reconnaissance d'un tel lien juridique demeure cependant insuffisante. L'absence d'encadrement juridique de cette méthode procréative suscite de nombreuses insécurités juridiques subséquentes et n'apporte aucune réponse aux dérives occasionnées par cette pratique dans les pays étrangers.

278. Mode de conception discriminatoire – C'est pour cette raison que l'ordre juridique français devrait redevenir le maître de son office en établissant un régime juridique conforme à la notion d'éthique. L'idée suivant laquelle un renforcement de cet ordre public français serait envisageable paraît finalement dérisoire au regard de l'importance croissante accordée aux droits fondamentaux. Parmi ces droits, le principe de non-discrimination en fonction du mode de conception des enfants devrait être le nouvel argument en faveur d'une légalisation de la GPA. En ce sens, les ressortissants de l'ordre juridique français ne devraient pas subir de discrimination selon leur méthode de procréation si chaque parent d'intention ayant recours à une AMP apporte la preuve d'un projet parental qui constitue désormais l'unique condition légale pour y avoir recours. En plus de ce projet parental commun, de nombreuses similarités existent entre les PMA et la GPA au niveau technique de ces pratiques. Il en ressort que le seul fait qu'une femme étrangère au couple d'intention accouche de l'enfant né de ce processus procréatif constitue une différence sociale. Or, cette distinction sociale peut être justifiée par la notion de liberté procréative qui devrait être assurée à chaque citoyen français. Le droit français pourrait alors s'inspirer des régimes juridiques étrangers pour définir un encadrement juridique, éthique et respectueux des intérêts de chaque acteur de la GPA en droit interne.

279. Reconnaissance mutuelle incidente – De manière complémentaire, l'insécurité juridique maintenue par l'inaction de l'ordre juridique français pourrait être corrigée par l'ordre juridique européen. En tant qu'objectif essentiel du droit de l'Union européenne, la création d'un statut juridique de l'enfant aurait une incidence majeure dans les droits internes des États membres, notamment au travers du règlement relatif à la filiation. Actuellement, les chances d'aboutissement de ce règlement en l'état sont minimes et seule une coopération renforcée pourrait être envisagée. Toutefois, ce règlement est novateur en ce qu'il consacrerait une reconnaissance mutuelle de la parentalité au sein de l'Union européenne. De prime abord, la reconnaissance de la GPA ne semble pas être concernée par cette reconnaissance mutuelle. Pourtant, il s'agit d'une méthode procréative pratiquée au sein de certains États membres. Dès lors, cette reconnaissance mutuelle pourrait être invoquée et, de surcroît, celle-ci pourrait être confortée par les notions de liberté de circulation des personnes, des services médicaux et par une portabilité du statut juridique de l'enfant dans les États membres. En ce sens, la non-reconnaissance de la portabilité du statut juridique de l'enfant lui serait fortement préjudiciable. À titre d'exemple en Europe, les GPA réalisées en Grèce pourraient jouir de ces fondements juridiques pour imposer une telle reconnaissance dans les autres États européens. De plus, l'accès aux seuls couples hétérosexuels au sein de l'État grec pourrait être jugé discriminatoire envers les couples homosexuels puisque cette méthode procréative requiert, en tout état de cause, la participation d'une tierce personne dans le processus procréatif. Par conséquent, les liens de filiation créés au sein de cet État membre devraient profiter de la portabilité du statut de l'enfant.

280. Statut juridique de l'enfant dans l'UE – Avec une intensité accrue, la problématique juridique d'un statut européen de l'enfant est une préoccupation pour l'Union européenne dans le cadre de l'espace judiciaire européen. Cet ordre juridique européen tend à dessiner les contours de ce statut par le mécanisme de l'harmonisation des droits internes. L'élaboration d'un tel statut est confortée par la proposition de règlement en matière de filiation. Ce règlement permettrait de définir juridiquement ce qu'est un enfant et d'établir des liens sécurisés avec ses parents. L'innovation majeure de cette proposition est qu'elle pourrait permettre une harmonisation voire une unification des multiples règlements européens existants en la matière. Finalement, la

GPA est une thématique très spécifique qui illustre une des difficultés juridiques présentes lors de l'établissement du statut juridique de l'enfant au sein de l'Union européenne qui demeure à construire.

ANNEXE I. EXTRAIT D'UN CONTRAT COLOMBIEN DE GPA

GESTANTE SUBROGADA ("la PACIENTE"):
CÉDULA/PASAPORTE:
Celular:
Email:
Dirección:

CONSIDERANDO:

1.- Que el Padre Intencional suscribió en fecha 06 de septiembre de 2022 un Contrato Marco con [redacted] y que esta última tiene un contrato de servicios de [redacted] (el "Programa") suscrito con [redacted] (la "Clínica"), bajo el amparo del cual [redacted] ha adjudicado al Padre intencional el derecho a los servicios comprendidos en un Programa de Fertilidad Asistida "Bebé Feliz en Casa".

2.- Que el Padre Intencional en su búsqueda de conformar una familia por medio de la Fertilidad Asistida ha suscrito un acuerdo de Gestación Subrogada que cumple con los parámetros requeridos conforme la normativa y jurisprudencia vigente en Colombia conforme el cual la Gestante Subrogada de manera altruista convienen en colaborar con la formación de la familia de los Padres Intencionales mediante la gestación en su útero del embrión fertilizado in vitro que provendrá del óvulo de una donante anónima del Banco de Gametos de Repronat y material genético aportado por el Padre Intencional identificado en el encabezado de este documento.

3.- Que en el Banco de Gametos de la Clínica hay óvulos disponibles que coinciden con las características requeridas por el Padre Intencional.

4.- Que tanto el Padre Intencional (quien se convertirá en Padre Biológico al momento de la concepción) como la Gestante Subrogada han sido informados de la naturaleza del proceso y familiarizados con la matriz de riesgo asociada a los procedimientos a que van a someterse respectivamente.

5.- Que tanto el Padre Intencional como la Gestante Subrogada están en conocimiento del procedimiento clínico que involucra la Fertilidad Asistida compuesto por lo menos por los siguientes pasos:

A.- Evaluaciones médicas y psicológicas de los Padres Intencionales y la Gestante Subrogada para determinar la aptitud física y psicológica requerida para llevar adelante el proceso desde la fertilización hasta el nacimiento del menor fruto del embarazo logrado por Fertilización in Vitro (el "EMBARAZO") en los términos referidos a lo largo del presente documento,

B.- Paso en que el Padre intencional para convertirse en Padre Biológico hará entrega en la Clínica de una muestra de semen qué será conservada en el Banco de Gametos de la Clínica;

C.-Paso subsiguiente donde una vez identificadas las características especiales requeridas de los óvulos donados, los mismos serán retirados del Banco de Gametos y previo consentimiento informado del padre serán descongelados mediante procedimientos de laboratorio ejecutados por personal calificado de la Clínica se llevar a cabo un procedimiento de Fertilización In Vitro (FIV) para obtener como resultado embriones con componente genético masculino perteneciente al Padre Intencional quien a partir de ese momento se convierte en Padre Biológico;

D.- Transferencia o proceso en que la Gestante Subrogada quien a partir de entonces se denomina simultáneamente la "Paciente" ha suscrito un consentimiento informado y acepta que se proceda a la transferencia de los embriones con el propósito de que se genere en ella un embarazo y seguir adelante con el proceso de gestación hasta el nacimiento del menor en gestación, bajo el seguimiento y atención profesional de personal idóneo de la Clínica.

6.- Que la Paciente está afiliada a la EPS.

CLÁUSULAS:

PRIMERA. OBJETO DEL PROGRAMA. proveer los servicios médicos, psicológicos y científicos con el objetivo de lograr un embarazo en la paciente por medio de fertilización in Vitro con implantación de embriones logrados de la fecundación de óvulos anónimos provenientes del banco de gametos con espermatozoides del Padre Intencional, para lo cual realizará unos exámenes diagnósticos previos y se procederá conforme los protocolos de tratamiento apropiados bajo supervisión de los especialistas pertinentes. En adelante los "SERVICIOS" cuyo precio y forma de pago se especifica en el Anexo B que se considera formando parte integral de este contrato.

SEGUNDA: OBLIGACIONES DE [redacted]

a) Realizar en las instalaciones de la Clínica las consultas y controles requeridos para el diagnóstico, estimulación, realización de procedimientos y pruebas de embarazo, consultas que se realizarán según la disponibilidad de la Clínica y sus profesionales.

b) Realizar en las instalaciones de la Clínica los procedimientos clínicos y de laboratorio encaminados a lograr un embarazo de forma asistida.
c) Brindar asistencia telefónica para resolver dudas menores de los pacientes, llamadas que se realizarán en el horario laboral de la Clínica.
d) Las obligaciones de proveer servicios médicos de la Clínica y sus profesionales son de medio y no de resultado ya que la evolución de los tratamientos en cada ser humano se desarrolla de manera diferente en atención a sus condiciones particulares.
e) Realizar todos los procedimientos contratados en el Programa para lograr el embarazo clínico, el seguimiento ginecológico y acompañamiento psicológico durante el mismo, así como la atención por parte de un especialista en Obstetricia para el parto o cesárea (según las necesidades del caso), la atención primaria del recién nacido por parte de un pediatra neonatólogo y sólo si ello fuera necesario hasta cinco (5) días de hospitalización privada.

TERCERA. DURACIÓN: Los servicios del Programa se prestarán hasta el Nacimiento del bebe en conjunto con la EPS de la paciente; momento a partir del cual las obligaciones de la Clínica terminarán con excepción de la congelación embrionaria. Los embriones formados y no utilizados serán congelados por dos (2) años contados a partir del momento de formación de embrión. Queda entendido que si vencidos los dos (2) años aquí mencionados el Padre Intencional no ha comunicado por escrito a la Clínica su deseo de contratar la conservación de estos y cumplido con los requisitos vigente para ese entonces para la contratación, se entenderá que renuncia a sus derechos sobre tales embriones en el entendido que al no mantenerse congelados resultarán destruidos y que en atención a ello autoriza a la Clínica a descartarlos.

CUARTA. GARANTÍA. En el caso del embarazo clínico, las transferencias de embriones contentivos de los espermatozoides del Padre Intencional a la gestante, serán efectuadas en el número de intentos que sean necesarios para lograrlo sin que esto genere costos adicionales de honorarios médicos o por otros conceptos; de haber remanente de embriones ya generados en el proceso de FIV que no sean utilizados una vez logrado el EMBARAZO los mismos podrán ser conservados en el banco de gametos conforme se especifica en la cláusula anterior. En el caso perdida natural del embarazo o interrupción del embarazo por razones clínicas; el proceso se iniciará nuevamente sin que esto genere algún costo adicional para el padre intencional. Se utilizará para la nueva transferencia embrionaria, el material biológico congelado que reposa en el banco de gametos si fuera el caso (De requerir adicionalmente muestras de semen, se procederá de conformidad a la cláusula 5 de este contrato).

PARÁGRAFO ÚNICO: CONGELACIÓN DE EMBRIONES. USO Y CONSENTIMIENTO POSTERIOR. En cualquiera de los casos nombrados en esta cláusula la transferencia futura de los embriones congelados, podrán realizarse siempre y cuando medie autorización escrita (y previa a la futura transferencia) del Padre Biológico. Lo anterior se pacta teniendo en cuenta que las voluntades y el estado civil de los pacientes podrían variar a futuro.

las personas con quienes entre en contacto con motivo del Programa sin que medie autorización escrita previa de cada persona a ser citada o referida.

PROTECCIÓN DE DATOS PERSONALES: El Padre Intencional y la Gestante Subrogada autorizan expresa e irrevocablemente a la Clínica de conformidad con la Ley 1581 de 2012, el Decreto 1377 de 2013 y toda reglamentación conexa que amplié la materia, para realizar el tratamiento de la información de los datos personales que se le informen en el presente documento y todos aquellos que le entregue o se registren con ocasión del Programa. La información y datos personales suministrados a la Clínica podrán ser procesados, recolectados, almacenados, usados, circulados y suprimidos conforme con esta autorización. El Padre Intencional y la Gestante Subrogada declaran que conoce y acepta los derechos y deberes que le asisten como titular de los datos personales objeto de tratamiento como son: conocer, actualizar y solicitar la rectificación o supresión de datos, solicitar prueba del otorgamiento de esta autorización, solicita sin costo alguno el reporte de los datos personales almacenados por la Clínica. Para efectos de orden y control de gestión tanto el Padre Intencional como la Gestante Subrogada aceptan que como titular de los datos personales al momento de ejercer sus derechos lo hará conforme los procedimientos que la Clínica tenga establecidos dentro de su política de tratamiento, protección y manejo de base de datos.

PARAGRAFO UNICO: Autorización para telemedicina: Las partes dejan expresa constancia que están interesados en tener acceso remoto por medios informáticos a los elementos del Programa para los que de tiempo en tiempo sea posible aplicar las previsiones de la Telemedicina por lo que hacen extensivas todas las disposiciones de este contrato y los consentimientos informados suscritos en relación al Programa para que surtan efecto a los fines de los previsto en el artículo 7 de la Resolución No 2654 del 3 de Octubre de 2019 del Ministerio de Salud y Protección Social que regula la práctica de la Telemedicina.

OCTAVA. MANIFESTACIÓN PATERNIDAD. Los pacientes entienden que la realización de tratamientos de fertilidad asistida, inclusive cuando se acude a óvulos donados por terceros anónimos, tiene implicaciones legales de paternidad para el padre biológico también identificado en este documento como Padre Intencional y que los derechos de filiación amparan al menor en gestación desde la concepción.

NOVENA – TUTOR LEGAL- RESPONSABLE EN AUSENCIA DEL PADRE BIOLÓGICO: El PADRE BIOLOGICO, manifiesta que en caso de su fallecimiento, interdicción o incapacidad es su voluntad, designar como tutor legal expresamente a tutor legal principal del menor por

DÉCIMA -NO CESIÓN: Este contrato es de naturaleza INTUITU PERSONAE y en consecuencia bajo ningún motivo se podrá ceder total o parcialmente las obligaciones o derechos del presente contrato.

DECIMOPRIMERA- NOTIFICACIONES : Para todo lo relacionado con el Programa y este contrato, las Partes recibirán notificaciones en las siguientes direcciones, las notificaciones se considerarán entregadas al primer día (hábil para Colombia) pasadas que sean las 24 horas siguientes de la fecha y hora de su remisión si se trata de correos electrónico y al día (hábil para Colombia) siguiente a la fecha que indique cómo "entregado" la página Web del servicio de correos certificados por el cual se envía.

[redacted]

DECIMOSEGUNDA: JURISDICCIÓN APLICABLE y **DOCUMENTOS INTEGRANTES DE ESTE CONTRATO:** Todo lo referente a la formación, interpretación y ejecución de este contrato se regirá por la legislación vigente de la República de Colombia a cuyos tribunales ordinarios las partes acuerdan acogerse.

PARÁGRAFO UNICO: Hacen parte Integrante de este contrato los siguientes documentos:
1) La Matriz de Riesgos que se acompaña como Anexo A,
2) Adjudicación de servicios [redacted] con especificaciones del contenido del Programa que se acompaña marcada B.

Para constancia se firma el día 06 de septiembre de 2022.

[redacted]

[redacted]

ANNEXE II. MATRICE DES RISQUES

ANEXO A

MATRIZ DE RIESGOS

MATRIZ DE RIESGO – ACEPTACION DE RIESGO Y RESPONSABILIDAD.

El presente documento contiene la matriz de riesgo que conlleva la realización del procedimiento médico para dar como resultado el objeto del presente contrato, en caso de no ser comprendido en su totalidad, la parte deberá abstenerse de firmar el presente contrato y aceptar la presente matriz de riesgo y su responsabilidad, hasta que sean explicadas y comprendidas las dudas que le surgen con referente al presente documento por parte del médico tratante.

A continuación se exponen los riesgos a los que se encuentran expuestos las partes en razón del procedimiento médico de fertilidad que dará como resultado, un embarazo y un posible parto, más sin embargo es necesario indicar que la obligación que posee el llevar a cabo el objeto del presente contrato, en el cual la partes acuerdan que el medio y la obtención del presente contrato queda sujeto a las posibilidades expuestas dentro de la presente, por lo tanto, en pro del bienestar de las partes y del nasciturus se brinda mediante este acápite toda la información pertinente a la madre subrogada y advertencia de los riesgos que posee al someterse al presente procedimiento de fertilidad humana asistida científicamente, por tanto se explican los siguientes riesgos y/o posibles escenarios que podrían incurrir a lo largo del proceso. Con la aceptación de éstos, las partes también aceptan de manera consciente e informada que asume todos los riesgos, responsabilidades y resultados que se obtengan de someterse al presente procedimiento y el resultado deseado.

CONCIENCIA DEL RIESGO.

A continuación, se mencionan los posibles o hipotéticos riesgos más comunes a los que se enfrentará en razón del procedimiento de fertilidad humana asistida científicamente de maternidad subrogada o maternidad por sustitución y los cuales mediante la aceptación del presente documento están dispuestos a asumir bajo su propia responsabilidad, exonerando de la misma a el padre biológico y a La madre subrogada mutuamente, sin embargo, se advierte que este documento no abarca todos los riesgos existentes debido a la gran cantidad de riesgos que se ven involucrados por tratarse de temas médicos y biológicos.

Riesgos generales para las partes al someterse al procedimiento de maternidad subrogada, tanto como para la madre gestante como para el padre(s) biológico(s).

- Que el objetivo es la fertilización in vitro (FIV) con útero subrogado; es una técnica compleja de Tratamientos de Reproducción Asistida, que permite que una mujer de manera altruista y sin ánimo de lucro, preste su útero para gestar un hijo que no posee su material genético.

- La subrogada entiende que, en la legislación colombiana, así como en la mayoría de las demás naciones; se presume por madre legal a aquella mujer que da a luz, por ende, se recomienda el acompañamiento de un área jurídica y psicológica durante todo el proceso, para darle claridad y seguridad legal al proceso.

- EXPLICACIÓN: La fecundación de los gametos, se realizará por medio del procedimiento médico de fecundación in vitro (FIV) con material genético de un(a) donante anónimo, con material genético del padre biológico, con el fin de que la fecundación ocurra en el laboratorio.

- La transferencia embrionaria consiste en la implantación de los embriones más viables en el útero de La madre subrogada, los cuales se posicionarán en el endometrio (capa interna del útero de la mujer) y el desarrollo del embarazo.

- OBTENCIÓN DE MATERIAL GENÉTICO DEL PADRE BIOLÓGICO.

1. EL/ELLA debe aportar las muestras de semen/óvulos directamente desde su casa o tomarla en el centro de fertilidad, debe tener al menos tres (3) días de abstinencia sexual y no de siete (7) días en caso del semen. Si la muestra es traída desde la casa, está deberá ser entregada en el laboratorio idealmente dentro de una (1) hora posterior a la toma y teniendo en cuenta los lineamientos entregados por el personal de la [redacted], En ciertos casos se puede utilizar una muestra del paciente previamente obtenida, congelada y almacenada en la [redacted]

2. El semen es procesado en el laboratorio para seleccionar los espermatozoides de más alta movilidad y los óvulos de mejor calidad.

- FECUNDACIÓN DE MATERIAL GENÉTICO DONADO CON EL MATERIAL GENÉTICO

DE EL PADRE BIOLÓGICO

1. La fecundación es un proceso que inicia con el contacto de los espermatozoides con la cubierta que rodea al óvulo (zona pelucida) y termina con la unión de los pre núcleos; masculino con el Material genético aportado por el padre biológico y femenino con el material genético de la donante.
2. Para que ocurra la fecundación, se incuban en un mismo medio de cultivo un óvulo, con aproximadamente cien mil (100.000) a ciento cincuenta mil (150.000) espermatozoides, previamente capacitados en el laboratorio. Al momento en que un espermatozoide logra penetrar la zona pelúcida, el óvulo reacciona activando esta capa celular para bloquear la entrada de más espermatozoides.
3. La fecundación se confirma con el examen visual con asistencia de un microscopio, de dieciséis (16) a veinte (20) horas después de realizado el procedimiento In Vitro.
4. La tasa de fecundación promedio es de aproximadamente de un setenta por ciento (70%), Esta tasa varía de acuerdo a la calidad de los gametos, a la edad de la mujer, la causa de infertilidad puede variar y podría variarse y deber ser a factores ambientales o externos.

- MICROINYECCION CITOPLASMATICA (ICSI)

1. En caso de requerirse para realizar este procedimiento, se necesitará un equipo de micromanipulación y con la ayuda de una delgada aguja de vidrio, se inyectará un espermatozoide en un óvulo. Los óvulos óptimos para inyección son los que se encuentran en el estado de maduración adecuado.

- Aproximadamente una cuarta parte de los óvulos de las mujeres jóvenes y sanas tienen anomalías cromosómicas, al igual que la cuarta parte de los espermatozoides en hombres jóvenes y sanos, por ello no todos los óvulos de los que se fecundan, no todos son normales y se detiene su desarrollo. De los embriones que siguen creciendo, no todos alcanzan a llegar a blastocisto. La técnica de fecundación In Vitro y la del cultivo de blastocistos permite identificar aquellos embriones que tienen mayor probabilidad de dar lugar al embarazo.

- PREPARACION ENDOMETRIAL DE LA GESTANTE SUBROGADA.

1. Consiste en la administración de medicamentos que disminuyen la función del ovario (agonistas de GnRH, una hormona).
2. Esto permite que el cuerpo de la Gestante Subrogada se prepare para poder gestar los embriones implantados.
3. En el tiempo de una a cuatro (1-4) semanas, se administran otras hormonas (estrógenos), que son las responsables de que el endometrio crezca (se engruese) y se encuentre en condiciones parecidas a la que tienen cuando ocurre una ovulación natural.
4. En ocasiones se pueden administrar anticonceptivos para programar un ciclo más regular.
5. Cuando se estén administrando los estrógenos se realizarán varias ecografías para determinar el grosor endometrial y así evaluar el momento de desarrollo óptimo; en ese momento se dará inicio al tratamiento con progesterona.

- SOPORTE DE LA FASE LÚERA.

1. Existen evidencias que sugieren que la implantación embrionaria y el mantenimiento del embarazo se ven favorecidos por la administración de progesterona suplementaria (soporte a la fase lútera).
2. La administración de progesterona inicia en la gestante subrogada cuando se llega al desarrollo óptimo del endometrio.
3. La mayor vía de administración de dicha hormona se llevará a cabo intramuscularmente o vaginal; también existe progesterona micronizada por vía oral.
4. La administración de la progesterona se mantiene diariamente hasta la detección de embarazo.

5. Si la Gestante Subrogada está embarazada, la administración de progesterona se continúa por otras cuatro o seis (4-6) semanas.

- TRANSFERENCIA DE LOS EMBRIONES A GESTANTE SUBROGADA.

1. La transferencia de embriones al útero es un procedimiento que consiste en depositar los embriones (gametos) en el interior de la cavidad uterina de la mujer que será la Gestante Subrogada.

- RIESGOS, MOLESTIAS Y EFECTOS SECUNDARIOS.

1. RIESGO DE CANCELACIÓN DEL TRATAMIENTO

Hay ciertos riesgos de cancelación del tratamiento por razones médicas o personales de la Gestante Subrogada, para estos casos siempre se puede contar con criopreservación de embriones.

- RIESGOS PSICOLÓGICOS. Debido a que esta es una decisión importante, se recomienda que siempre se cuente con la asesoría emocional antes, durante y después del tratamiento. Hay estudios que indican que las Gestantes Subrogadas no tienen más riesgos de padecer problemas psicológicos como ansiedad y depresión, y que, por el contrario, tienen unos índices de satisfacción altos, tras ayudar a otras mujeres o individuos que no pueden tener hijos.

- RIESGOS QUE CONLLEVA EL EMBARAZO. La gestante tiene los mismos riesgos de cualquier embarazo, los cuales son:

a). Embarazos bioquímicos: en ocasiones se puede detectar un embarazo como positivo en la primera determinación de la hormona BhGC, pero no logra progresar normalmente y detiene su crecimiento, por lo cual no se detecta ecográficamente a los 21 días.

b). Embarazo múltiple: el porcentaje de embarazo múltiple está relacionado con el número mayor de embriones transferidos, la edad de la madre genética y la gestante subrogada. El bienestar de la gestante subrogada y los hijos en casos de embarazo múltiple dependerá de la atención con profesionales especializados y un hospital equipado adecuadamente. La posibilidad de complicaciones para la Gestante Subrogada y los hijos aumenta a mayor número de fetos. La incidencia de enfermedades y complicaciones de la gestante subrogada aumenta a mayor número de fetos: enfermedad hipertensiva del embarazo, diabetes gestacional; complicaciones durante el parto (desprendimiento prematuro de placenta, ruptura prematura de membranas, hemorragia post-parto, cesárea, etc.), La incidencia de enfermedades y complicaciones para los hijos también aumenta a mayor número de fetos, ya que hay mayor número de malformaciones fetales y complicaciones tardías como parálisis cerebral, retardo de desarrollo intelectual, etc. Estudios indican en 1995 que hay secuelas neurológicas en el 1,4% de recién nacidos vivos únicos, 3,7% de recién nacidos gemelares, 8,7% para los trillizos, y 11,1 % para cuatrillizos. Estudios en 1996 indican que la parálisis cerebral infantil se presenta en cada 1000 recién nacidos vivos en 2,3 cuando son únicos, 12,6 cuando son gemelares y 44,8 cuando son trillizos. Los resultados en Latinoamérica muestran que la probabilidad de tener un embarazo múltiple es de hasta un 30% (dependiendo del número de embriones transferidos y de la edad de la madre) para ciclos en fresco, y de casi un 22% cuando se trata de embriones descongelados.

c). Defectos de nacimiento: El porcentaje de malformaciones de los recién nacidos producto del FIV no es mayor al de la población en general. En la información publicada a nivel mundial y Latinoamérica, la tasa de malformaciones no supera 2% a 2,4% de los nacidos examinados.

- POSIBILIDAD DE RETIRAR EL CONSENTIMIENTO.

1. La firma de este documento no le compromete a usted en forma definitiva. Es usted totalmente libre de revocar o modificar en cualquier momento su consentimiento, mientras no se haya iniciado el procedimiento. Sin embargo, si acepta ser gestante subrogada de este procedimiento, está aceptando que al término de la gestación entregará el infante a El padre biológico, estos acuerdos se llevan a cabo de forma voluntaria, libre y responsable, entre La madre subrogada y el padre biológico.

2. Es importante reafirmar que en la mayoría de los países existe un vacío legal sobre el tema del útero subrogado (lo que quiere decir que no existen leyes que lo prohíban, pero tampoco hay leyes que lo regulen). Ya que en la mayoría de las legislaciones y en especial en la colombiana; se considera como madre legal a la que da a luz, se recomienda contar con la asesoría legal y psicológica durante el proceso.

Nosotros, el padre biológico y la madre subrogada, entendemos que el resultado del tratamiento o procedimiento no garantiza un embarazo viable, y que no se puede dar garantía de éxito. Aceptamos la posibilidad de un embarazo múltiple, con conocimiento del incremento del riesgo obstétrico del mismo; también entendemos que, si se establece un embarazo por este método, tiene los mismo riesgos genéticos y congénitos de la población en general que un embarazo obtenido por el método natural.

Declaramos en forma libre, consciente, espontáneamente e informada que conocemos y adicionalmente hemos comprendido una a una las implicaciones de riesgo que conlleva el sometimiento al procedimiento médico y al medio de gestar al niño que estar por nacer y también al finalizar el proceso el resultado del mismo el cual está descrito en el cuerpo del presente contrato, riesgos los cuales mediante la firma del presente contrato estamos dispuestos a asumir bajo nuestra propia responsabilidad, exonerando de responsabilidad alguna a los encargados de realizar el procedimiento y/0 tratamiento médico en dado caso que estos u otros cualesquiera que sean lleguen a ocurrir.

ANNEXE III. DESCRIPTION DU PROGRAMME

Anexo 3

Descripción del Programa Bebé Feliz en Casa

Tratamiento de Reproducción Asistida PROGRAMA BEBE FELIZ EN CASA

Este programa consiste en procesos de fecundación in Vitro con óvulos de donante anónima. Este paquete de procedimientos se contrata a un precio menor a la sumatoria individual de cada procedimiento. Algunos pacientes requerirán realizarse todos o varios de los procedimientos contratados, así como algunos lograrán embarazo clínico en el primer ciclo del procedimiento. En número de intentos hasta obtener un embarazo clínico es ilimitado en cuanto a honorarios médicos y costos directos por parte de la Clínica, siendo necesario únicamente que exista disponibilidad de óvulos donados y que el padre intencional suministre más material genético de ser necesario.

PROGRAMA BEBE FELIZ EN CASA SERVICIOS INCLUIDOS:	
SERVICIO	DESCRIPCIÓN
❖ Exámenes de diagnóstico de la pareja Denominado también Protocolo diagnóstico	Incluye los siguientes exámenes: Perfil hormonal, Perfil serológico de la pareja, Perfil inmunológico, Perfil coagulación y trombofilias, Perfil tiroideo, Perfil Metabólico, Perfil Andrologico, ecografías transvaginal, Histerosonografia y/o histeroscopia, Perfil Infeccioso o Fertilex, biopsia de endometrio.
❖ Exámenes de la donante	Incluye los siguientes exámenes para la donante: Perfil hormonal, Perfil serológico, Perfil Genético, valoración psicológica.
❖ Tratamiento de Fecundación In Vitro con Donante	Los procedimientos necesarios de FIV con ovodonación para obtener embriones con los espermatozoides del Padre intencional. Los costos relacionados con la donación/preservación de óvulos a través del Banco de Gametos están incluidos en el Programa.
❖ Ecografías y controles correspondientes al tratamiento	Se incluyen todas las ecografías y controles de gestación de la Gestante Subrogada.

❖ Transferencias embrionarias	Las transferencias de embriones a' la Gestante Subrogada se incluyen en el Programa. Se congelan los embriones no transferidos, los cuales sin que genere honorarios adicionales, en caso de no lograrse embarazo al primer intento, podrán transferirse (sin costo) a la misma u otra Gestante Subrogada hasta lograr el embarazo clínico.
❖ Medicamentos de preparación endometrial y suplemento del embarazo.	Los medicamentos de preparación endometrial para la Gestante Subrogada están incluidos en el programa, al igual que los necesarios durante el desarrollo embarazo.
❖ Diagnóstico Genético preimplantacional o cribado diagnóstico preimplantacional ❖ Atención clínico-hospitalaria del parto o cesárea* y evaluación del recién nacido por neonatólogo, hospitalización* **de ser requerida la hospitalización el paquete cubre hasta 5 días de hospitalización privada, los cuales de no ser necesarios no comportan derecho a disminución de precio*	

SERVICIOS NO INCLUIDOS	
❖ Tiquetes y hospedaje en caso de pacientes que viajen desde otras ciudades	Respecto a Padres intencionales que viajen a Bogotá desde otras ciudades para realizarse el tratamiento, los costos de traslado y hospedaje no están incluidos en el costo del programa contratado y deben ser coordinados y contratados por los interesados de manera independiente.
❖ Costes asociados a complicaciones médicas que requieran atención médica externa	En el caso remoto en que la paciente presente complicaciones durante los procedimientos, los costos generados por atención médica externa serán asumidos por el seguro de la paciente.
❖ Biopsia testicular	Toda biopsia testicular deberá ser contratada por separado y cubierto su precio por el paciente sujeto del examen.

Evaluación y selección de óvulos del Banco de Gametos según coincidencia del perfil de donante

Con el fin de garantizar la máxima idoneidad y seguridad del procedimiento de donación de óvulos, como parte del servicio, en **CELAGEM** se lleva a cabo un estudio estricto y exhaustivo de las candidatas a donantes que incluye su evaluación psicológica, clínica y genética como de describe a continuación:

1. **Evaluación Psicológica** efectuada por una Psicóloga clínica. La evaluación incluye una entrevista personal y la aplicación de nuestro Cuestionario de Evaluación Psicológica EMAE para evaluar la personalidad de la candidata.
2. **Evaluación de la historia médica personal y familiar** efectuada por un ginecólogo experto en fertilidad, así como un examen físico y ginecológico para garantizar el buen estado de salud general de la candidata y descartar la presencia de patología ginecológica.
3. Estudios cromosómicos y genéticos para descartar la posible presencia de las enfermedades hereditarias más comunes en esta área geográfica que pudieran ser trasmitidas a la descendencia: Cariotipo (incluyendo polimorfismos cromosómicos relacionados con un mayor riesgo de aborto), cribado de la fibrosis quística, síndrome de X-Frágil, estudio genético de Talasemias y atrofia muscular espinal (AME). En casos particulares se puede realizar un estudio expandido de 300 genes.
4. **Analítica general**: Grupo sanguíneo y factor Rh, serología de Sífilis, serología de Hepatitis B y Hepatitis C, serología de VIH y pruebas de coagulación.
5. Estudio para Citomegalovirus **(CMV)**

Screening para descarte de las 10 enfermedades de transmisión sexual más habituales (Clamidia, gonorrea, herpes I y II, tricomonas, treponema, micoplasma)

Guía de control prenatal aplicado a la Gestante:
Desde la admisión de la candidata a gestante subrogada al programa se explican criterios de diagnóstico, manejo e intervención de tal forma que esté informada y coadyude en que los procesos se sigan de forma natural dentro de parámetros óptimos de calidad permitiendo:

- Identificar e intervenir oportunamente los principales factores de riesgo materno y perinatal.
- Establecer parámetros que guíen la manera como se realiza el control prenatal.
- Disminuir la morbimortalidad materna y perinatal

Identificación de factores de riesgo

- El factor de riesgo es toda aquella característica biológica, ambiental o social que cuando se presenta se asocia con el aumento en la probabilidad de presentar un evento sea en el feto o en la madre o en ambos.
- En el marco de la perinatología, los factores que contribuyen con mayor frecuencia a la morbilidad del recién nacido son la prematuridad, la asfixia perinatal, las malformaciones congénitas y las infecciones. Por tanto, la identificación de las patologías que generen estas situaciones debe constituirse en una de las prioridades del control prenatal.
- Por otro lado, las patologías que afectan a la madre son las hemorragias ante, intra y posparto, la hipertensión inducida por el embarazo y, desde luego, las patologías de base que presentan las pacientes al iniciar su embarazo.
- La identificación oportuna de factores de riesgo permite la planeación estratégica de los controles prenatales.

ALCANCE

Control prenatal se define como: "el conjunto de acciones y actividades que se realizan en la mujer embarazada con el objetivo de lograr una buena salud materna, el desarrollo normal del feto y procurar un recién nacido en óptimas condiciones desde el punto de vista físico, mental y emocional". Como parte del programa está previsto realizar un control prenatal paralelo a la entidad prestadora de salud, de revisión y soporte a todas las pacientes embarazadas mediante procedimientos de reproducción asistida dentro de la unidad de [redacted]

En ningún momento el control prenatal realizado en [redacted] pretende sustituir o reemplazar el control prenatal que la paciente debe hacerse en el sistema de salud nacional (EPS, plan complementario o medicina pre-pagada) esto con la intención de que la paciente sea reconocida por el sistema de salud para el momento de atención en caso de alguna emergencia que amerite intervención por la EPS. (Atención de parto pretérmino que amerite unidad de cuidados intensivos neonatales y/o maternos)

El parto o cesárea electiva deberá ser atendido y programado por el personal médico de [redacted] siempre y cuando cumpla con los criterios médicos establecidos. En caso de emergencia el sitio de atención de la gestante dependerá de las semanas de gestación, residencia de la paciente y diagnóstico en el momento de la emergencia.

El control prenatal tiene los siguientes componentes:

- El análisis temprano y continuo del riesgo.
- La promoción de la salud, detección temprana y protección específica.
- Las intervenciones médicas y psicosociales

Con base en estos componentes se define una serie de objetivos generales que, a su vez, caracterizan a un buen control prenatal. Tales objetivos son:

- Identificación de factores de riesgo.
- Diagnóstico de la edad gestacional.
- Identificación de la condición y crecimiento fetal.
- Identificación de la condición materna.

El control prenatal debe ser:

- **Precoz:** Inicio desde la atención pre-concepcional
- **Periódico:** varía según los factores de riesgo, los recursos disponibles en cada región y las normas establecidas.
- **De buena calidad:** determinación adecuada de los factores de riesgo.
- **Integral:** incluyendo el fomento, la prevención, educación y recuperación de la salud.

Seguimiento y periodicidad de loscontroles

Las consultas de seguimiento serán por parte de [redacted] de la siguiente manera y realizadas por los siguientes especialistas:

- Semana 5 y/o 6 de gestación, (visualizar saco gestacional y embrión con actividad cardiaca) (obstetra).
- Semana 9 a 10 de gestación (valoración y ecografía con exámenes de ingreso e identificación del riesgo prenatal) se toma muestra de TPNI (estudia el riesgo de cromosomopatías como trisomía 21, 13 y 18 y sexo del embrión) (Obstetra).
- Semana 11 a 13, de gestación (realizar sonoluscencia nucal) y suspender medicación de fertilidad. (Perinatólogo y Obstetra)
- Semana 16 (seguimiento, ecografía y valoración de sonoluscencia nucal) (obstetra)
- Semana 20 Ecografía de II nivel (ecocardiografía y morfología fetal) (perinatólogo)
- Semana 24 a 26 (valoración, ecografía y solicitar curva de tolerancia glucosada y serología) (obstetra)
- Semana 28 a 30 (valoración, ecografía y revisión de exámenes solicitados, cumplimiento de betametasona (esquema de

maduración pulmonar), (Obstetra)

- Semana 34 a 36 (ecografía fetal y valoración) (Obstetra).
- Semana 37 a 39 (valoración y ecografía) programación de parto o cesárea según sea el caso.

Descripción de las consultas de control prenatal

La duración de la consulta de control prenatal es, en promedio, de 40 a 50 minutos. La consulta inicial en la semana 4 de gestación va dirigida al establecimiento de edad gestacional y realización de la historia de control prenatal.

La consulta de seguimiento incluye:

Revisión de la historia clínica anterior y controles previos

Se realizará examen físico completo dirigido a:

- Interrogatorio de síntomas
- Toma de presión arterial
- Peso e IMC.
- Medición de la altura uterina.
- Revisión de exámenes realizados por la institución prestadora de servicios de salud (EPS, complementario o medicina prepagada).
- Prescripción de terapia según sea el caso.
- Ecografía obstétrica. semanas 5, 6, 9, 16, 24, 28, 36 y 38 de gestación por obstetricia y en la semana 11 a 13,6 y 20 de gestación por perinatología.

En la semana 37 el obstetra tomará la decisión en cuanto a la fecha de intervención del parto o cesárea según sea el caso. (en los casos electivos).

- La paciente debe continuar control paralelo con la EPS correspondiente, para seguimiento de control prenatal, esquema de vacunación y exámenes de laboratorio que son normativa de la EPS correspondiente.
- En caso de emergencia el sitio de atención de la gestante dependerá de las semanas de gestación, residencia de la paciente y diagnóstico en el momento de la emergencia (parto pretérmino que amerite unidad de cuidados intensivos neonatales y/o maternos).
- En el momento del nacimiento del recién nacido (pretérmino y/o a término) la clínica [redacted] ya no se hace responsable económicamente por el seguimiento del recién nacido, sin embargo, facilitará las herramientas para la seguridad de la madre y el niño con las instituciones aliadas del programa.

Exámenes de laboratorio clínico típicamente ordenados durante el control prenatal

Los exámenes de laboratorio serán indicados por el médico de la EPS (seguimiento de protocolo nacional) y por el obstetra de [redacted]

[redacted] (uroanálisis, urocultivo (en caso de considerarse necesario) curva de tolerancia glucosada; exámenes especiales como TPNI.)

- **Ecografía.** Según lo explicado anteriormente realizará ecografía en cada consulta para verificar crecimiento del embrión y luego del feto. La primera ecografía será para verificar saco gestacional a los quince días de la prueba de embarazo positiva, la segunda ecografía luego de un mes de la prueba de embarazo para verificar actividad cardíaca y luego las consultas como se describió anteriormente. Estas ecografías serán realizadas por el especialista obstetra de [redacted] sin que esto suplante las ecografías indicadas en la entidad prestadora de servicios de salud. Serán enviados los resultados de cada informe.

- **Ecografías especiales:** Se realizarán por un Perinatólogo entre la semana 11 y 13, de gestación para evaluar translucencia nucal y morfología embrio-fetal y en la semana 20 de gestación para ecogradiografía y morfofología fetal detallada.

Vacunación durante el control prenatal: De ser necesaria vacunación, el esquema de vacunación para la Gestante Subrogada será realizado por el sistema de salud correspondiente a su afiliación a sistema de medicina general (EPS).

Recomendaciones Generales

Alimentación:

Se aconsejará sobre la alimentación durante el embarazo la cual debe ser completa y variada para conservar la salud materna y fetal A lo largo del embarazo su peso debe aumentar entre 9 y 13 k. Es recomendable:

- Los alimentos como la carne y el pescado se cocinen a la plancha o hervidos, sobre todo si el aumento de peso es excesivo.
- Aumentar en forma moderada las frutas, verduras, pan (preferiblemente integral), arroz, pasta y legumbres.
- Tomar entre medio y un litro de leche al día, o su equivalente en yogur o queso fresco.
- Reducir los alimentos con excesiva grasa de origen animal, como tocino, mantequilla, embutidos. .
- Reducir los alimentos con mucho azúcar, como pasteles, dulces, especialmente aquellos prefabricados, caramelos, chocolate, etc.

acompañamiento son aquellas personas que sujeto a un acuerdo de subrogación con los padres biológicos se someten a la evaluación de idoneidad de manera voluntaria, con el fin de hacer parte de un proceso de GS, una vez habiendo aprobado la primera etapa de información y aclaración de conceptos, así como de valoración de las condiciones básicas físicas y del historial ginecobstétrico requeridas para el proceso.

PROCESO DE ATENCIÓN INTEGRAL

El proceso de atención psicológica para pacientes de GS se ha establecido bajo el enfoque sistémico y una visión holística del ser humano. Lo anterior permite establecer una línea de cuidado y seguimiento de cada paciente incluyendo los procesos emocionales, biológicos y comportamentales individuales, así como el sistema familiar y social en el que se desenvuelven, desde el momento del ingreso a valoración hasta el cierre del proceso en etapa post parto.

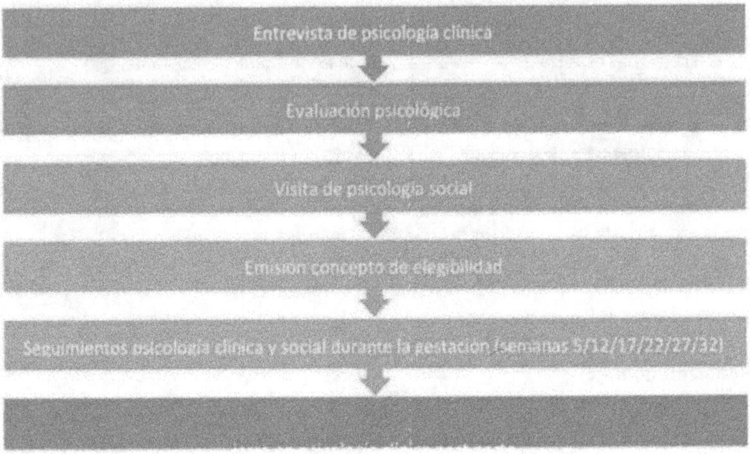

VALORACIÓN INICIAL

- Entrevista de psicología clínica: Entrevista de una hora de duración donde se realiza una valoración del estilo de vida, entorno familiar, historial de gestación, red social de apoyo, sueños y proyectos de la paciente.
- Evaluación psicológica: Prueba psicométrica que mide rasgos de personalidad. Los resultados establecidos para definir elegibilidad para el proceso de GS en [redacted] se encuentran por encima de la media.

- Visita de psicología social: Visita de acompañamiento inicial en la que se corrobora la información dada por la paciente en la clínica y se observa que las condiciones sociofamiliares que la rodean brinden un ambiente saludable para el desarrollo del proceso de gestación.

Una vez realizados estos pasos, se emite por parte del equipo de psicología el concepto de elegibilidad de la paciente para su participación en el proceso de GS.

Los siguientes temas son valorados en cada momento del proceso:

- Claridad en la comprensión y conceptualización de las etapas del proceso y sus riesgos
- Potencialidad de cuidado del proceso
- Representación social y familiar de la maternidad
- Fortaleza de la estructura y dinámicas familiares, así como de la red social de apoyo.
- Construcción conceptual que la familia realiza del proceso.

SEGUIMIENTOS

- Durante cada seguimiento se tratan los siguientes temas:
  - Estado emocional de la paciente
  - Posibles riesgos o impactos que la gestación ha traído sobre el sistema familiar.
  - Mantenimiento de la claridad del objetivo del proceso
  - Enfoque de la paciente y la familia en sus propios proyectos.
  - Manejo de la afectividad desarrollada respecto al bebé en gestación
  - Otros aspectos de la vida cotidiana, no necesariamente relacionados con la gestación, que puedan incidir en el estado emocional de la paciente, así como modificar la dinámica familiar de manera significativa respecto a los hallazgos en la valoración inicial.
- Durante las visitas de seguimiento se observan los siguientes elementos:
  - Corroboración en sitio del sostenimiento de condiciones de vivienda y estructura familia.
  - Apoyo a miembros de la familia en la elaboración del proceso de gestación, en caso de ser necesario.
  - Observación en terreno de posible afectación social de la familia en relación con el proceso de GS

CIERRE

Una vez pasado el parto, la paciente debe acudir a la cita de cierre con el área de psicología, donde se valora el estado de procesamiento emocional de la separación, tanto por parte de ella como de los miembros del sistema familiar y se evalúa si está lista para el alta o si se requieren citas de cierre adicionales. En éstas se perfila el ciclo de recuperación del estado de equilibrio individual y familiar de acuerdo con las características de cada caso y se generar una

estrategia para ello en caso de ser necesario.
La cita de cierre hace parte del proceso. Sin embargo, en caso de estimarse necesaria una serie de citas complementarias y de recibir una negativa por parte de la paciente, ésta deberá firmar un acta de alta del área psicológica donde asume la responsabilidad.

Protocolos de nacimiento Clínica

- Los padres Intencionales y la gestante subrogada deben ubicarse en las cercanías de La clínica seleccionada de entre las opciones disponibles para la fecha estimada, 2 a 4 días antes del nacimiento (semana [illegible] a [illegible]).
- Hacemos una pre-admisión, en una clínica privada, informando que es un caso de gestación subrogada y se informa la identidad del padre biológico por adelantado.
- Los padres intencionales, hacen un recorrido por la clínica privada, así antes del nacimiento pueden familiarizarse con las instalaciones.
- Se tiene una habitación adicional para los padres intencionales, lo cual está incluido en el presupuesto.

Los recién nacidos van directamente a los padres intencionales y permanecen en su habitación hasta que en 24 a 48 horas se les da de alta (si no existe ninguna complicación).

ANNEXE IV. FINANCEMENT DE LA GPA

Anexo A

Desglose de costos del Proceso y Forma de Pago

El padre Intencional, declara que ha recibido suficiente información y acepta que conforme lo establecido en la cláusula QUINTA del Contrato, el Proceso de Fertilidad Asistida a ser desarrollado en la República de Colombia, tiene un precio de USD $65.000, coste total, que comprende el paquete de servicios médicos, logísticos y científicos pertinentes y necesarios para completar el Proceso (el "PRECIO BASE"). El PRECIO BASE del Proceso incluye los siguientes servicios:

- Pruebas médicas y psicológicas pertinentes para validar la aptitud de los Padres Intencionales para determinar la aptitud de éstos a fin de contribuir con material genético a la Fertilización In Vitro de un óvulo de donante anónima, con la finalidad de generar embriones capaces de iniciar su desarrollo una vez transferidos a una gestante subrogada para que se complete la gestación y parto de un menor con filiación genética demostrable del Padre Intencional que haya aportado el material genético a través de la fertilización en laboratorio.
- Pruebas médicas y psicológicas pertinentes para validar la aptitud de la gestante subrogada ("GS"), incluyendo la detección de infecciones de transmisión sexual, evaluación de la cavidad uterina;
- Tarifa de transferencia de la GS y tarifa de inicio de medicamentos;
- Recepción y almacenamiento de embriones durante dos años;
- Intentos sucesivos de transferencia de embriones hasta agotarse los viables;
- Medicamentos de apoyo después de la transferencia de embriones para GS;
- Prueba Beta HCG para embarazo y confirmación de ultrasonido cardíaco;
- Medicamentos para GS durante el embarazo;
- Visitas médicas regulares y pruebas durante el embarazo para GS;
- Asignación de manutención mensual para GS por 12 meses;
- Seguro de vida GS y mensualidad de afiliación a la EPS;
- Presupuesto de transporte GS;
- Tarifas del hospitalización de maternidad, incluyendo nacimiento (parto natural o cesárea a criterio del médico tratante), honorarios médicos, medicamentos regulares requeridos para la condición de parto o cesárea y recuperación.

- Hospitalización adicional hasta por 5 días (de ser requerida por las condiciones de salud del menor recién nacido) del día 6 en adelante la cobertura corresponde a la EPS de afiliación correspondiente.

Asistencia legal (certificado de nacimiento, inscripción en el registro civil Colombiano, acompañamiento para la obtención del pasaporte del menor recién nacido y asistencia para proporcionar documentos de identidad colombianos a la embajada correspondiente, proceso judicial para rectificar la filiación y eliminar el nombre y derechos y obligaciones de la gestante de la certificación de nacimiento);

* IMPORTANTE: Los asuntos relacionados con la nacionalidad diferente de la Colombiana que recibe el menor por efecto de su registro civil de nacimiento y la adquisición de pasaportes no están comprendidos en el Proceso contratado, siendo de la responsabilidad exclusiva del Padre Intencional/Biológico. El Padre Biológico debe entender sus derechos legales y responsabilidades para obtener la ciudadanía para su hijo en su país de ciudadanía y gestionarlos directamente.

FORMA DE PAGO: El precio del Proceso de Fertilidad Asistida a que se refiere este Contrato es: USD $65.000 que pagar el(los) Padre(s) Intencional(es) a [redacted] de la siguiente manera:

Inicial (50%) $32.500 Fecha: a la firma del contrato

Segundo Pago (50%) $32.500 Fecha de cumplirse la semana No 12 de embarazo*

*Entendiéndose por EMBARAZO la confirmación del embarazo clínico de la Gestante Subrogada con el Embrión contentivo de material genético del Padre Intencional.

NO ESTÁN INCLUIDOS EN EL PRECIO BASE

Los cargos adicionales que puedan surgir y no comprendidos en el detalle del PRECIO BASE se pagarán por separado según sea necesario:

Clínica de Fertilidad/Banco de Gametos:

- Almacenamiento anual de embriones después del segundo año **_300**
- Cualquier tratamiento, procedimiento o cuidado más allá de lo que se incluye en el PRECIO BASE del Paquete o más allá del alcance de la atención prenatal normal será un cargo adicional que incluye, pero no limitado a, hospitalización adicional para los bebés o la madre sustituta, honorarios médicos para el parto de múltiplos, etc. Las opciones de seguro pueden estar disponibles para complicaciones después del nacimiento, pero no son responsabilidad del Consultor a menos que se describa expresamente en este Contrato.

BIBLIOGRAPHIE

(*Mémoire rendu en juin 2023*)

1) OUVRAGES

BATTEUR Annick, *Droit des personnes, des familles et des majeurs protégés*, LGDJ, Manuel (Paris), 10e Éd., 2019.

BATTEUR Annick et MAUGER-VIELPEAU Laurence, *Droit des personnes, des familles et des majeurs protégés*, LGDJ, Manuel (Paris), 11e Éd., 2021.

BEIGNER Bernard et BINET Jean-René, *Droit des personnes et de la famille*, LGDJ, Cours (Montchrestien), 4e Éd., 2019.

BELLIVIER Florence, *Droit des personnes*, LGDJ, Lextenso éd., Domat droit privé, 2015.

BÉNABENT Alain :

- *Droit de la famille*, LGDJ, Précis Domat droit privé, 4e Éd., 2018.
- *Droit de la famille*, LGDJ, Précis Domat droit privé, 5e Éd., 2020.

BENILLOUCHE Mikaël (coord.), *Leçon de droit de la famille*, Ellipses, Leçons de Droit, 2012.

BONFILS Philippe et GOUTTENOIRE Adeline, *Droit des mineurs*, Dalloz, Précis (Dalloz. En ligne), 3e Éd., 2021.

BONNET Vincent, *Droit de la famille*, Bruylant, Paradigme (Manuels), 7e Éd., 2018.

BRUSORIO-AILLAUD Marjorie, *Droit des personnes et de la famille*, Bruylant, Paradigme (Manuels), 12e Éd., 2022.

CARBONNIER Jean, *Droit civil. Volume 1, [Introduction. Les personnes. La famille, l'enfant, le couple]*, PUF, Quadrige. Manuel, 2004.

CORNU Gérard, *Les personnes*, Montchrestien, Domat droit privé, 13e Éd., 2007.

COURBE Philippe, *Droit de la famille*, Dalloz, Sirey Univ., 5e Éd, 2008.

COURBE Patrick, GOUTTENOIRE Adeline et FARGE Michel, *Droit de la famille. Droit interne, européen et international*, Sirey, Sirey université. Série droit privé, 8e Éd., 2022.

COURBE Patrick et JAULT-SESEKE Fabienne :

- *Droit civil : les personnes, la famille, les incapacités*, Dalloz, Mémentos, 9e Éd., 2015.
- *Droit des personnes, de la famille et des incapacités*, Dalloz, Mémentos Dalloz. Série droit privé, 10e Éd., 2018.

COURBE Patrick et GOUTTENOIRE Adeline, *Droit de la famille*, Sirey Dalloz, Université (Sirey. En ligne), 7e Éd., 2017.

ÉGÉA Vincent, *Droit de la famille*, LexisNexis, Manuels (Paris. 2001), 4e Éd., 2022.

GARÉ Thierry et RAYNAUD Anaïs, *Droit des personnes et de la famille*, Ellipses, Spécial droit, 3e Éd., 2021.

HESS-FALLON Brigitte et SIMON Anne-Marie, *Droit de la famille*, Sirey, Aide-Mémoire, 9e Éd., 2014.

LECLERC Stéphane, *L'essentiel du droit des institutions de l'UE*, Gualino, Les carrés Rouge, 12e Éd., 2022.

LOISEAU Grégoire, *Le droit des personnes*, Ellipses, 1 vol., 2e Éd., 2020.

MALAURIE Philippe et FULCHIRON Hugues, *Droit de la famille*, LGDJ, Droit civil, 7e Éd., 2020.

MALAURIE Philippe et MORVAN Patrick, *Introduction générale*, Defrénois, Droit civil, 2e Éd., 2005.

MAUCLAIR Stéphanie, *Droit des personnes*, Ellipses, 100% droit, 2019.

MIKALEF-TOUDIC Véronique, *Droit de la famille et des régimes matrimoniaux*, Bruylant, Collection Paradigme, 2017.

RENAULT-BRAHINSKY Corinne, *Droit des personnes et de la famille*, Gualino, Fac universités. Série Mémentos, 17e Éd., 2018.

RENAULT-BRAHINSKY Corinne, *L'essentiel du droit de la famille*, Gualino, Les Carrés, 20e Éd., 2021.

SOLVEIG Henry, *Droit de l'UE*, Ellipses, Tout-en-un, 2020.

TERRÉ François et LASZLO-FENOUILLET Dominique, *Droit civil : les personnes : personnalité, incapacité, protection*, Dalloz, Précis Dalloz. Série droit privé, 8e Éd., 2012.

TERRÉ François, GOLDIE-GENICON Charlotte et LAZSLO-FENOUILLET Dominique, *Droit civil : la famille*, Dalloz, Précis Dalloz. Série droit privé, 9e Éd., 2018.

VOIRIN Pierre et GOUBEAUX Gilles, *Droit civil. Tome 1, Introduction au droit, personnes, famille, personnes protégées, biens, obligations, sûretés*, Manuel LGDJ, Manuel (Paris), 40e Éd., 2020.

2) OUVRAGES SPÉCIAUX, MONOGRAPHIES, TRAVAUX COLLECTIFS, ACTES DE COLLOQUE, THÈSES, COURS

ALLIX Nathan et TOUZAIN Antoine, *Les sources, le droit des personnes et de la famille en cas pratiques : plus de 40 exercices corrigés sur les notions clés du programme*, Dalloz, Réussir !, 2021.

ANCIAUX Nicolas, *Essai sur l'être en droit privé*, LexisNexis, Perspective(s). (Paris. 2016), 2019, préf. TEYSSIÉ Bernard.

ANDRÉ-SALVINI Béatrice, *Le code de Hammurabi*, RMN, Solo, 2008.

ARNOUX Irma, *Les droits de l'être humain sur son corps*, PUB, 1 vol., 1995, préf. AUBY Jean-Marie.

Association Henry Capitant, *Droit du Portugal*, LGDJ, Bibl. de l'Assoc. Henry Capitant, 2022, p. 61.

BADINTER Élisabeth, *L'amour en plus*, Flammarion, 1980.

BANDRAC Monique, « Réflexions sur la maternité », in *Mélanges en l'honneur de P. Raynaud*, Dalloz Sirey,1988, p. 27.

BATTEUR Annick (dir.), *Les grandes décisions du droit des personnes et de la famille*, LGDJ-Lextenso éd., Les Grandes décisions, 2012.

BELLIVER Florence et HENNETTE-VAUCHEZ Stéphanie, *Bioéthique*, PUAM, Cahiers droit science et techno n°4, 2014.

BERNARD-XÉMARD Clara, *Cours de droit des personnes et de la famille*, Gualino, Amphi LMD, 8e Éd., 2022.

BOLLÉE Sylvain et PATAUT Étienne, *L'identité à l'épreuve de la mondialisation*, Institut de recherche juridique Sorbonne, Entreprise, économie & droit, 2016.

BORRILLO Daniel, *Bioéthique*, Dalloz, À savoir, 2e Éd., 2022, p. IX.

BRUNETTI-PONS Clotilde (dir.), *Le* « droit à l'enfant » *et la filiation en France et dans le monde : rapport final*, LexisNexis, 1 vol, 2018.

CABRILLAC Rémy, « *Libertés et droits fondamentaux* », Dalloz, Hors collection Dalloz, 20e Éd., 2014.

CANTO-SPERBER Monique et FRYDMAN René, *Naissance et liberté. La procréation. Quelles limites ?*, Plon, 2008.

COTTIER Michelle, « Représentations juridiques de la mère porteuse et modèles de régulation de la gestation pour autrui » in *La gestation pour autrui. Approches juridiques internationales,* Limal / Bâle : Anthemis / Helbing Lichtenhahn, 2018. p. 15–27.

COUTRON Laurent, « SECTION 3. L'exercice des compétences de l'Union par un nombre limité d'États membres : la coopération renforcée », in *Droit de l'UE : institutions, sources, contentieux*, Dalloz, Mémentos, 6e Éd., 2021.

DEBARD Thierry et GUINCHARD Serge, *Lexique des termes juridiques 2022-2023*, Dalloz, Lexique, 30e Éd., 2022.

DEKEUWER-DÉFOSSEZ Françoise, *Les droits de l'enfant*, PUF, Que sais-je ?, 2010.

DIONISI-PEYRUSSE Amélie, *Le droit de la famille en schémas*, Ellipses, Le Droit en schémas, 2e Éd., 2020.

DOUCHY-OUDOT Mélina, *Droit civil. 1re année : introduction, personnes, famille*, Dalloz, HyperCours, 10e Éd., 2019.

DRUFFIN-BRICCA Sophie et LASSERRE Marie-Cécile, *Introduction générale au droit : droit des personnes et de la famille : licence 1 : droit objectif, droits subjectifs, droit des personnes, droit de la famille*, Gualino, Annales corrigées et commentées, 2022.

DUBERNAT Sandrine-Alexia, La non-patrimonialité du corps humain [en ligne], Thèse de doctorat, Droit, Univ. Bordeaux 4, 2000, résumé [consulté le 15.04.2023].

DUMOULIN Antoine, *Le droit de la famille : en cartes mentales*, Ellipses, Le Droit en cartes mentales, 2021.
FARTUNOVA-MICHEL Maria et NABLI Béligh, *Droit de l'UE de la bioéthique*, Bruylant, Droit de l'UE, 2021, p. 14.
JAUNAIT Alexandre, « Échographie de la liberté procréative française. Identité des enfants, sexualité des parents et politiques de la nation », *HAL open*, juillet 2016, p. 2.
LAZSLO-FENOUILLET Dominique, *Droit de la famille*, Dalloz, Cours Dalloz. Série droit privé, 4e Éd., 2019.
LAVROFF-DETRIE Sandra, *De l'indisponibilité à la non-patrimonialité du corps humain* [en ligne], Thèse de doctorat, Droit, Univ. Paris 1, 1997, résumé [consulté le 15.04.2023].
LE COZ Pierre, « La libre disposition de son corps par la personne », in *Principes de protection du corps et Biomédecine. Approche internationale*, ss. dir. de FEUILLER-LIGER Brigitte et SCHAMPS Geneviève, Bruylant, Droit bioéthique et société, 2015.
LEROYER Anne-Marie, *Droit de la famille*, PUF, Licence, 2011.
LOUBERSAC Romain, *La maternité de substitution internationale : étude des interactions entre systèmes juridiques européens*, Thèse de doctorat, Droit, Univ. Paris-Est, 2020.
MARAIS Astrid, *Droit des personnes*, Dalloz, Cours (Éd. Dalloz), 3e Éd., 2018.
MARIGNANI Ambra, Le principe d'égalité en DIP de la famille : étude à partir d'une comparaison franco-italienne des statuts familiaux, Thèse de doctorat, Droit privé et sciences criminelles, Univ. Paris 10, 2021.
MARZANO Michela, *Je consens donc je suis... : Éthique de l'autonomie*, PUF, Hors collection, 2014.
MÉCARY Caroline, *La GPA, données et plaidoyers*, Dalloz, À savoir, 2020.
MÉCARY Caroline, « CH. II. Vers une ouverture aux couples de femmes et aux femmes célibataires ? », *in* PMA et GPA 2019, p. 21-38.

MÉCARY Caroline, « CH. III. Et à l'étranger, c'est comment ? », *in* PMA et GPA 2019, p. 74 -102.
MURAT Pierre (dir.), *Droit de la famille*, Dalloz, Dalloz action, 8e Éd., 2019.
PFEIFF Silvia, *La portabilité du statut personnel dans l'espace européen*, Bruylant, 2017.
VANNIER Patricia, *Le droit de la famille en tableaux*, Ellipses, Le Droit en fiches et en tableaux, 2018.
VANNIER Patricia, *Fiches de droit de la famille : rappels de cours et exercices corrigés*, Ellipses, Fiches, 6e Éd., 2021.

Dalloz – Actualité ou À la Une

Autant en emporte la PMA pour toutes : enfin reconnues mères !, Dalloz Actualité, 6 septembre 2022, obs. Mesnil M.
CEDH : les États bénéficient d'une « marge d'appréciation étendue » sous conditions, Dalloz actualité, 21 décembre 2017, obs. Coustet T.
Condamnation de la Suisse pour atteinte à la vie privée d'un enfant né d'une GPA à l'étranger, Dalloz À la Une, 2 décembre 2022, obs. Hervieu M.
GPA : c'est l'intention qui compte, Dalloz À la Une, 17 octobre 2022, obs. HERVIEU Merryl.
GPA : impossibilité d'obtenir le retrait de l'autorité parentale de la mère porteuse aux fins d'adoption de l'enfant par le conjoint du père, Dalloz À la Une, 21 octobre 2022, obs. Hervieu M.
GPA : l'intérêt de l'enfant l'emporte sur la vérité biologique, Dalloz actualité, 27 septembre 2019 ; obs. GAREIL-SUTTER L.
GPA et transcription de l'acte de naissance de l'enfant : la Cour de cassation persiste et signe, Dalloz actualité, 3 décembre 2020, obs. Gareil-Sutter L.

3) CHRONIQUES ET ARTICLES DE DOCTRINE

ALFANDARI Elie, « Associations d'encouragement aux mères porteuses. Illicéité de l'activité », *RDSS.* 1990, p. 223.

ANCEL Pascal, « Dénationaliser l'enseignement du droit civil ? Réflexions autour d'une expérience québécoise », *RTD Civ.*, 2011, p. 701 et s.

AUSTIN Candice, COLMAN Sarah, DURET Isabelle et al., « Au cœur du don, la dette ? Étude exploratoire autour de la motivation des mères porteuses », *Dialogue* 2016/3 (n°213), p. 105 et s.

AVENA-ROBARDET Valérie, « Quid des demandes d'aide médicale à la procréation transnationale ? », *AJ Fam.* 2021, p. 602.

BASEDOW Jürgen, « L'espace judiciaire européen et ses voisins », *Rev. crit. de DIP* 2018/3 (n°3), p. 425 et s.

BATTEUR Annick, « Loi bioéthique ouvrant l'AMP aux couples de femmes et célibataires : révision en droit de la famille ? », *LEFP* sept. 2021, n° 200h1, p. 1.

BATTEUR Annick, « L'âge limite pour pouvoir bénéficier de l'AMP ou de l'autoconservation des gamètes », *LEFP* déc. 2021, n° 200l2, p. 3.

BATTEUR Annick, « Les conditions du recours à l'AMP : un changement sociétal », *LEFP* sept. 2021, n° 200h0, p. 3.

BATTEUR Annick, « Accès aux origines personnelles des enfants nés par AMP », *LEFP* oct. 2021, n° 200i5, p. 4.

BENMIMOUNE Stéphane, « Incidences de la loi du 2 août 2021 relative à la bioéthique sur l'état civil : deux pas en avant, un pas en arrière », *AJ Collect. Territ.* 2022, p. 259 et s.

BERTHIAU Denis et BRUNET Laurence, « L'ordre public au préjudice de l'enfant », *Recueil Dalloz* 2011, p. 1522 et s.

BIDAUD Christine, « La force probante des actes de l'état civil étranger modifiée par la loi bioéthique : du sens à donner à l'exigence de la conformité des faits à la réalité ''appréciés au regard de la loi française''… », *Rev. Crit. DIP* 2022, p. 35 et s.

BILLIER Jean-Cassien, « Libéraliser la GPA », *Les cahiers de la justice* 2010/4 (n°4), p. 117 et s.

BOLLÉE Sylvain, « Enfant conçu à l'étranger : prévisions sur l'établissement de la filiation d'une GPA », *Rev. crit. DIP* 2015, p. 144 et s.

BOLLÉE Sylvain, « L'ouverture de l'adoption à la mère d'intention d'un enfant issu d'une GPA », *Rev. Crit. de DIP* 2018, p. 143 et s.

BOUZIDI Abdelbaki, « La gestation pour autrui », *Justice et Cassation* 2011, p. 39 et s.

BRÉHAUX Karine et DÉLÉPINE-PANISSET Béatrice, « Questionnement autour de la GPA », *Rev. d'éthique et de théologie moral* 2014/5 (n°282), p. 37 et s.

BROSSET Estelle, « Ce que dit le droit de l'Union dans le domaine de la bioéthique (et inversement) », *Rev. de l'UE* 2019, p. 30 et s.

BRUNET Laurence, « Le recul de l'ordre public face aux pratiques transfrontières de GPA : trop… ou pas assez ? », *AJ Fam.* 2018, p. 572 et s.

BRUNET Laurence, « Affaire Mennesson : épilogue », *AJ Fam.* 2019, p. 481 et s.

BRUNET Laurence et JOUAN Marlène, « Rémunérer la GPA : contexte, enjeux, limites », *Regards croisés sur l'économie* 2020/2 (n°27), p. 174 et s.

BRUNETTI-PONS Clotilde, « Le "*tourisme procréatif*", porte ouverte au trafic d'enfant et à l'exploitation de la misère ? », *Les cahiers de la justice* 2016/2 (n°2), p. 249 et s.

CAIRE Anne-Blandine, « L'ultime condamnation de la France par la CEDH en matière de filiation des enfants issus d'une GPA ? À propos de l'affaire Laborie contre France », *Recueil Dalloz* 2017, p. 1229 et s.

CAP Sylvie, COHEN Laura, DANDOY Nathalie et al., « Mariage, divorce, filiation et autorité parentale, obligations alimentaires », *JCl. Droit comparé*, V° Belgique, fasc. 20, 2020.

CARAYON Lisa, « Arlésienne bioéthique – La procréation *post mortem* en débats », *Journal du droit de la santé et de l'assurance – Maladie (JDSAM)* 2020/1 (n°25), p. 45 et s.

CARVAIS Robert, « L'indisponibilité du vivant », *Hypothèses* 2007/1 (n°10), p. 391 et s.

CATHELINEAU-ROULAND Anne, « Les discordances du droit français en matière de GPA », *LPA* 10 juillet 2020, n°153w7, p. 20.
CHAIGNEAU Aurore, « Pour un droit du lien : le débat sur la GPA comme catalyseur d'un droit de la filiation renouvelé », *RTD civ.* 2016, p. 263 et s.
CHÉNEDÉ François, « De l'abrogation par refus d'application de l'article 16-7 du Code civil », *AJ Fam* 2017, p. 375 et s.
CONTIS Maïalen, « Une atteinte à la filiation : quand la réalité juridique rejoint la fiction », *Journal des droits de l'enfant* 2003/9 (n°229), p. 13-18.
DE SAINT-PERN Laure, « La conception génétique de la filiation de l'enfant né d'une GPA ou la seule garantie de demeurer au sein de la famille d'intention », *Recueil Dalloz* 2017, p. 897 et s.
DELMAS-MARTY Mireille et IZORCHE Marie-Laure, « Marge national d'appréciation et internationalisation du droit. Réflexions sur la validité formelle d'un droit commun pluraliste », *Rev. Intern. du droit comparé*, n°52-4, 2000, p. 753 et s.
DUMITRU Speranta, « Liberté de procréation et manipulation génétique pour une critique d'Habermas », *Raisons politique* 2003/4 (n°12), p. 31 et s.
EPELBOIN Sylvie, « GPA : une AMP comme les autres ? », *L'information psychiatrique*, 2011/7 (vol. 87), p. 573 et s.
ESKENAZI Delphine, LUDOVICA DE'SANNA Maria, VALENTIN Maria et al., « Le statut légal de la GPA en Europe », *AJ Fam.* 2022, p. 329 et s.
FABRE-MAGNAN Muriel, « Les trois niveaux d'appréciation de l'intérêt de l'enfant. À propos de la gestation pour autrui », *Recueil Dalloz* 2015, p. 224 et s.
FARGE Michel, « Quid de l'*exequatur* de la filiation établie à l'étranger des enfants issus de GPA ? », *AJ Fam.* 2018, p. 582 et s.
FARGE Michel, « CH 512. Détermination du droit applicable », *Dalloz Action Droit de la famille* 2023-2024, point 512.105.
FAVIER Yann, « La famille et l'Europe : la concurrence des droits dans la vie privée et familiale », *Rech. Fam.* 2008/1 (n°5), p. 79 et s.

FEDERICI Sylvia, « Analyse. Le marché mondial des ventres. GPA et violence de classe », *Z : Rev. Itinérante d'enquête et de critique sociale* 2016/1 (n°10), p. 150 et s. (Traduit de l'américain par IZOARD Célia et illustrations par LOEVE Anne).

FOUSSARD Dominique, NIBOYET Marie-Laure, NOURISSAT Cyril, « Réflexions méthodologiques sur le projet de code de DIP », *Rev. Crit. de DIP* 2022, p. 477 et s.

FOYER Jacques, « Filiation - Effets en France des filiations établies à l'étranger par GPA et PMA », *Rép. DIP*, 2015 (actualisation : 2023), p. 216 et s.

FRISON-ROCHE Marie-Anne, « L'impossibilité de réguler l'illicite : la convention de maternité de substitution », *Recueil Dalloz* 2014, p. 2184 et s.

FULCHIRON Hugues, « Interactions entre systèmes ou ensembles normatifs et "dynamique des normes". L'exemple du droit de la famille », *RTD Civ.* 2017, p. 271 et s.

FULCHIRON Hugues et BIDAUD-GARON Christine, « Reconnaissance ou reconstruction ? À propos de la filiation des enfants nés par GPA, au lendemain des arrêts Labassée, Mennesson et Campanelli-Paradiso de la CEDH », *Revue crit. DIP*, 2015, p. 1 et s.

FULCHIRON Hugues, « Premier avis consultatif de la CEDH : un dialogue exemplaire ? », *Recueil Dalloz* 2019, p. 1084 et s.

GARDEY DE SOOS Blandine, « L'influence du droit européen sur le droit de la famille : vers la fin du droit français de la filiation ? », *RJPF* 2015/9 (n°4), p. 6.

GIRAUD Thomas, « Enfance – Règlement - Quelles sont les conséquences de la réforme du 5 octobre 2022 », *JA* 2022, n°655, p. 8.

GOSSELIN-GORAND Armelle, « Responsabilité délictuelle de l'hébergeur français d'un site internet étranger rendant accessible la gestation pour autrui sur le territoire français », *LEFP* janv. 2019, n°DFP201g9.

GOSSELIN-GORAND Armelle, « Gestation pour le compte d'autrui et le lien de filiation avec le parent d'intention », *LEFP* fév. 2023, n°DFP201iO, p. 3.

GUÉRIN Marie-Cécile, « L'interdiction de la GPA : quelles qualifications pénales, quelles victimes ? », *Droit de la famille* n°10, 2016, étude 18.

HAFTEL Bernard, « GPA : éclairage du droit international privé », *AJ Fam.* 2011, p. 265.

HAMMJE Petra, « Maternité pour autrui, possession d'état et état civil », *Rev. crit. DIP* 2011, p. 722 et s.

HAUSER Jean, « L'externalisation et la délocalisation de la fabrication des enfants : arrêt sur image de la maternité pour autrui », *RTD Civ.,* 2011, p. 340 et s.

HILT Patrice, « Droit de la filiation », *Recueil Dalloz* 2023, p. 662 et s.

HOUSSIER Jérémy, « La filiation du parent d'intention au lendemain des arrêts du 18 déc. 2019. Le TJ de Paris sème le doute », *AJ Fam.* 2021, p. 359 et s.

HUET-WEILLER Danièle, « Détournement de l'adoption. L'illicéité de la maternité de substitution et de l'adoption subséquente », *RTD Civ.* 1991, p. 517 et s.

JAVERZAT Sophie, « La gestation pour autrui (approche médicale) », *Les cahiers de la justice* 2016/2 (n°2), p. 205 et s.

JOUAN Marlène, « L'acceptabilité morale de la GPA », *Travail, genre et sociétés* 2017/2 (n°38), p. 32 et s.

KARYDIS Georges, « L'ordre public dans l'ordre juridique communautaire », *RTD Eur.* 2002, p. 1 et s.

KESSLER Guillaume, « Un nouveau mode d'établissement de la filiation : la consolidation de la parenté de fait », *AJ Fam.* 2019, p. 592 et s.

KESSLER Guillaume, « Un an de droit comparé de la famille », *Dr. fam.* 2024, n°2, chron. 2.

KOHLER Marius et BUSCHBAUM Markus, « La « *reconnaissance* » des actes authentiques prévue pour les successions transfrontalières », *Rev. crit. de DIP* 2010, p. 629 et s.

LAGARDE Paul, « Successions », *Rép. de droit intern.*, sept. 2015, point 91 et s. (actualisation : juin 2022).

LAGARDE Paul, « Les principes de base du nouveau règlement européen sur les successions », *Rev. Crit. de DIP* 2012, p. 691 et s.

LANCE Delphine et MERCHANT Jennifer, « Réglementer les corps : la GPA en Ukraine et aux États-Unis », *Les cahiers de la justice* 2016/2 (n°21), p. 231 et s.

LASSERRE-KIESOW Valérie, « L'ordre des sources ou Le renouvellement des sources du droit », *Recueil Dalloz* 2006, p. 2276 et s.

LAURENT-BONNE Nicolas, « Le nouveau droit de prélèvement compensatoire dans les successions transfrontalières : quand la fin ne justifie pas les moyens », *AJ Fam.* 2021, p. 548 et s.

LAURICHESSE Floriane et PONTICELLI Adèle, « Mariage, PMA, GPA : faire évoluer l'esprit des lois », *Vacarme* 2019/3 (n°88), p. 96 et s (entretien avec MÉCARY Caroline).

LE GAC-PECH Sophie, « Pour une indispensable légalisation des conventions de mère porteuse », *AJ Fam. 2016*, p. 486 et s.

LEBRETRON Gilles, « Le droit de l'enfant au respect de son ''intérêt supérieur''. Critique républicaine de la dérive individualiste du droit civil français », *Les titulaires particuliers des droits fondamentaux, Cahiers de la Recherche sur les Droits fondamentaux* 2003/2, p. 77 et s.

LEMOULAND Jean-Jacques, « AMP : dispositif transitoire d'adoption en cas de refus de reconnaissance conjointe », *LEFP* avril 2022, n° DFP200s3, p. 3.

LEROYER Anne-Marie, « GPA : un avis faussement salvateur de la maternité d'intention », *RTD Civ.* 2019, p. 307 et s.

MARGUET Laurie, « Bioéthique : une jurisprudence de la CJUE à la croisée des chemins », *Rev. de l'UE* 2022, p. 144 et s.

MARMISSE-D'ABBADIE D'ARRAST Anne, « Espace de liberté, de sécurité et de justice », *Rép. Droit Eur.*, avril 2017, point 56 (actualisation : décembre 2020).

MAUGER-VIELPEAU Laurence, « GPA : la persévérance fait la règle », *LEFP* novembre 2019, n°DFP112j6, p. 2.

MAUGER-VIELPEAU Laurence, « L'adoption plénière d'enfants nés par AMP après la séparation du couple de femmes », *LEFP* déc. 2021, n° 200l4, p. 3.

MARGUÉNAUD Jean-Pierre, « La revalorisation de l'intérêt de l'enfant né à l'étranger d'une GPA », *RTD Civ.* 2014, p. 835 et s.

MEHL Dominique, « La famille contemporaine au prisme des procréations médicalement assistées », *Cliniques méditerranéennes* 2011/1 (n°83), p. 95 et s.

MÉSA Rodolphe, « Refus de transcription de l'acte de naissance étranger et remise en cause de la reconnaissance d'un enfant né consécutivement à une GPA », *AJ Collectivités territoriales* 2013, p. 517 et s.

MONAR Jörg, « La mise en œuvre de l'espace de liberté, de sécurité et de justice : un défi pour l'UE et pour les EM », *Rev. française d'administration publique* 2009/1 (n°129), p. 15 et s.

NABLI Béligh, « Le « *biodroit* » de l'UE », *Rev. de l'UE*, 2022, p. 132 et s.

NEIRINCK Claire, « Enfance », *Rép. Droit civil*, oct. 2016 (actualisation : fév. 2023).

NORD Nicolas et PROCHERON Delphine, « GPA, panorama de droit comparé », *AJ Fam.* 2018, p. 586 et s.

NOURISSAT Cyril, « L'acte authentique au cœur de la proposition de règlement sur la filiation », *DEF* 16 mars 2023, n° DEF212w5, p. 27.

PAULINO PEREIRA Fernando, « La coopération judiciaire en matière civile dans l'UE : bilan et perspectives », *Rev. crit. de DIP* 2010, p. 1 et s.

PHILIPPOT Alice, « La famille en droit international privé », *Droit de la famille* n°1 janv. 2018, doss. 1.

POISSON-DROCOURT Élisabeth, « Recours à une mère porteuse de substitution et refus de l'adoption », *Recueil Dalloz* 2004, p. 1998 et s.

ROGUE Fanny, « Impossibilité pour les hommes transgenres d'accéder à la PMA, pas d'inconstitutionnalité de la loi bioéthique », *LEFP* sept. 2022, n° DFP200y7, p. 2.

ROGUE Fanny, « Nom de famille de l'enfant né d'une PMA par un couple de femmes », *LEFP* oct. 2021, n° 200i1, p. 2.
ROGUE Fanny, « Précisions sur les modalités d'accès de l'enfant né de l'AMP aux données du tiers donneur », *LEFP* oct. 2022, n° DFP201a5, p. 4.
ROMAN Diane, « ''*A corps défendant*''. La protection de l'individu contre lui-même », *Recueil Dalloz* 2007, p. 1284 et s.
ROMAN Diane, « La GPA, un débat féministe ? », *Travail, genre et société* 2012/2 (n°28), p. 191 et s.
SALVAT Christophe, « L'éthique à l'épreuve de la Gestation pour autrui (GPA) », *Raison publique* 2018/1 (n°23), p. 161 et s.
SINDERS David, « Le tourisme procréatif et le droit international privé », *Journal du droit international (Clunet) n°2*, 2015, doct. 4.
SPIELMANN Dean, « En jouant sur les marges. La Cour européenne des droits de l'homme et la théorie de la marge d'appréciation nationale : abandon ou subsidiarité du contrôle européen ? », *Institut grand-ducal, Actes de la Section des Sciences morales et politiques*, vol. XIII, Luxembourg, 2010, p. 205.
TOURAME Pierre, « Quelle liberté pour la mère porteuse ? », *Les cahiers de la justice* 2016/2 (n°2), p. 275 et s.
VERDIER Pierre, « Le nouveau droit de la filiation », *Journal du droit des jeunes* 2005/7 (n°247), p. 25 et s.
WEYEMBERGH Anne, « Introduction », *Rev. Intern. de droit pénal*, 2006/1 (Vol. 77), p. 185 et s.
ZIMMERMANN Reinhard, « Le droit comparé et l'européanisation du droit privé », *RTD Civ.* 2007, p. 451 et s.

4) JURISPRUDENCE - COMMENTAIRES, OBSERVATIONS ET NOTES

AUBERT Jean-Luc, « Nullité de la convention par laquelle une femme s'engage à concevoir et à porter un enfant pour l'abandonner à sa naissance », *D.* 1991, p. 318 et s. (ss. Ass. Plén, 31 mai 1991, n°90-20.105).

PRETELLI Ilaria, « Les défis posés au DIP par la reproduction technologiquement assistée », *Rev. crit. de DIP* 2015, p. 559 et s. (ss. Cass. d'Italie, (1re sect. civ.), 26 sept. 2014, n° 24001/14 ; Tribunal de Rome (1re sect. civ.) (Ord.), 8 août 2014).

THOUVENIN Dominique, « Nullité de la convention par laquelle une femme s'engage à concevoir ou à porter un enfant pour l'abandonner à sa naissance », *D.* 1991, p. 417 et s. (ss. Ass. Plén, 31 mai 1991, n°90-20.105).

USUNIER Laurence, « Libre circulation des personnes et reconnaissance des filiations homoparentales », *RTD Civ.* 2022, p. 352 et s. (ss. CJUE 14 déc. 2021, aff. C-490/20, *Pancharevo*).

5) RAPPORTS

Cass., Rapp. annuel, 2013.

CCNE, Rapp. de synthèse, juin 2018.

Projet de code de DIP, Rapp. de groupe de travail présidé par Jean-Pierre Ancel.

Rapp. Noëlle Lenoir, Aux frontières de la vie : éthique biomédicale à la française, 11 juin 1991.

6) SITES INTERNET

https://www.ieb-eib.org/fr/actualite/debut-de-vie/gestation-pour-autrui/la-gpa-commerciale-desormais-autorisee-a-new-york-1778.html.

https://www.francetvinfo.fr/societe/loi-sur-la-famille/gestation-pour-autrui/carte-la-gestation-pour-autrui-en-europe-qui-l-autorise-et-sous-quelles-conditions_708845.html.

https://www.genethique.org/portugal-un-veto-presidentiel-contre-la-gestation-pour-autrui/.

https://dre.pt/dre/detalhe/acordao-tribunal-constitucional/225-2018-115226940.

https://www.ieb-eib.org/fr/actualite/debut-de-vie/gestation-pour-autrui/le-portugal-autorise-a-nouveau-la-gpa-pour-raison-medicale-2092.html.

https://www.legislation.gov.uk/ukpga/1985/49/pdfs/ukpga_19850049_en.pdf.
https://www.legislation.gov.uk/ukpga/2008/22/pdfs/ukpga_20080022_en.pdf.
https://www.youtube.com/watch?v=tsnRb6Kb2T0.
https://www.gynger.fr/meres-porteuses-il-y-a-30-ans-elle-fut-la-premiere-en-france/index.html.
https://www.ccne-ethique.fr/node/351?taxo=48.
https://www.constituteproject.org/constitution/Colombia_2015.pdf?lang=en.
https://worldcenterofbaby.fr/droit-sur-la-maternite-de-substitution-en-colombie/.
https://www.francebleu.fr/infos/societe/gpa-un-couple-de-girondins-condamne-pour-provocation-l-abandon-d-enfant-1435763976.
https://www.genethique.org/gpa-en-colombie-un-homme-obtient-un-conge-de-paternite/.
https://www.legislation.gov.uk/ukpga/1985/49.
https://www.legislation.gov.uk/ukpga/1990/37/pdfs/ukpga_19900037_en.pdf.
https://www.lawcom.gov.uk/project/surrogacy/.
https://www.lawcom.gov.uk/surrogacy-reforms-to-improve-the-law-for-all/.
https://www.lepoint.fr/societe/le-plaidoyer-d-elisabeth-badinter-pour-les-meres-porteuses-19-12-2012-1604001_23.php#11.
https://www.ifop.com/publication/la-position-des-francaises-sur-la-pma-la-gpa-et-le-don-de-gametes/.
https://www.elle.fr/Societe/Les-enquetes/Elisabeth-Badinter-Je-suis-pour-une-GPA-ethique-2383496.
https://www.mereporteuse.info/services-prix/#proposition-de-gpa.
https://www.service-public.fr/particuliers/vosdroits/F2435.
https://e-justice-eu/content_family_matters-44-fr.do.
https://ec.europa.eu/commission/presscorner/detail/fr/IP_22_7509.
https://www.hcch.net/fr/states/hcch-members.
https://e-justice-europa.eu/content_family_matters-44-fr.do.
https://e-justice-europa.eu/302/FR/parental_responsability__chlid_custody_and_contact_rights?clang=fr.
https://www.hélènepéroz.fr/post/filiation-et-parentalité-proposition-de-règlement-européen.

https://france.representation.ec.europa.eu/informations/la-commission-propose-de-nouvelles-regles-en-matiere-de-reconnaissance-de-la-filiation-entre-etats-2022-12-07_fr.
https://www.reforme.net/actualite/2021/06/29/quels-sont-les-pays-de-lunion-europeenne-qui-autorisent-la-pma/.

INDEX ALPHABÉTIQUE

(*Les numéros renvoient aux pages*)

A

B

C

D

E

F

G

I

L

M

O

P

R

S

T

TABLE DES MATIÈRES

Structures éditoriales du groupe L'Harmattan

L'Harmattan Italie
Via degli Artisti, 15
10124 Torino
harmattan.italia@gmail.com

L'Harmattan Hongrie
Kossuth l. u. 14-16.
1053 Budapest
harmattan@harmattan.hu

L'Harmattan Sénégal
10 VDN en face Mermoz
BP 45034 Dakar-Fann
senharmattan@gmail.com

L'Harmattan Cameroun
TSINGA/FECAFOOT
BP 11486 Yaoundé
inkoukam@gmail.com

L'Harmattan Burkina Faso
Achille Somé – tengnule@hotmail.fr

L'Harmattan Guinée
Almamya, rue KA 028 OKB Agency
BP 3470 Conakry
harmattanguinee@yahoo.fr

L'Harmattan RDC
185, avenue Nyangwe
Commune de Lingwala – Kinshasa
matangilamusadila@yahoo.fr

L'Harmattan Congo
219, avenue Nelson Mandela
BP 2874 Brazzaville
harmattan.congo@yahoo.fr

L'Harmattan Mali
ACI 2000 - Immeuble Mgr Jean Marie Cisse
Bureau 10
BP 145 Bamako-Mali
mali@harmattan.fr

L'Harmattan Togo
Djidjole – Lomé
Maison Amela
face EPP BATOME
ddamela@aol.com

L'Harmattan Côte d'Ivoire
Résidence Karl – Cité des Arts
Abidjan-Cocody
03 BP 1588 Abidjan
espace_harmattan.ci@hotmail.fr

Nos librairies en France

Librairie internationale
16, rue des Écoles
75005 Paris
librairie.internationale@harmattan.fr
01 40 46 79 11
www.librairieharmattan.com

Librairie des savoirs
21, rue des Écoles
75005 Paris
librairie.sh@harmattan.fr
01 46 34 13 71
www.librairieharmattansh.com

Librairie Le Lucernaire
53, rue Notre-Dame-des-Champs
75006 Paris
librairie@lucernaire.fr
01 42 22 67 13

www.ingramcontent.com/pod-product-compliance
Lightning Source LLC
LaVergne TN
LVHW010920061026
849535LV00007B/2163